Tore Persson

TAIPING

När Jesu yngre bror skulle frälsa Kina

Bitterligen, bitterligen. Åren går långsamt.
Men när Taiping kommer,
Ska livet äntligen bli gott.
Jorden ska delas,
Och kontrakten strödda på marken.
Alla människor ska bli jämlika.
Det kommer inte att finnas några rika hem.

(Ett folkligt poem från södra Kina i mitten av 1800-talet. Ur Kathryn Bernhardt: *Elite and Peasant during the Taiping Occupation of the Jiangnan, 1860–1864*, min övers.).

TAIPING
När Jesu yngre bror skulle frälsa Kina
© 2015 Tore Persson
(www.torepersson.se)
Förlag och tryck: BoD
ISBN 9789176990032

INNEHÅLL

7

...och samla dem till striden, och deras antal är som havets
sand. Och de drog upp till den höga slätten på jorden och
omringade de heligas läger och den älskade staden. Och eld föll
från himlen...
(Uppenbarelseboken 20:8–10 i Nya Testamentet)

1. Staden – de goda och de onda

Den 19 juli 1864 är den dag då avgörandet ska ske – det slutliga slaget mellan de goda och de onda. Platsen för detta Harmagedon är en kinesisk stad, det nya Jerusalem.

Stadens mur reser sig hög och bastant över marken. Från muren, där en del av stadens försvarare står, kan man skymta delar av den armé som sedan ett par år belägrar staden. Men fienden håller sig på säkert avstånd, i alla fall de soldater som är synliga. Under marken gräver en del av dem tunnlar, men från muren kan man inte se var det grävs. Kanske har några tunnlar redan nått fram in under stadsmuren? Kanske håller de just nu på att fyllas med sprängmedel?

Det är inte många kvar av den forna stadsbefolkningen, de flesta hus står tomma. De vanliga ljuden från en livlig stad, framför allt ljuden från försäljare av alla slags varor och tjänster, tystnade för flera år sedan. Nu är det extra tyst, på grund av svälten avstår man från allt som är ansträngande, till och med från att tala.

Man svälter för övrigt också i den belägrande armén och dess befälhavare inser att staden snabbt måste intas. Annars kan de sista resterna av soldaternas disciplin helt upplösas i den vattniga grynvälling de allt oftare fått nöja sig med.

Kungen är död, den förste kungen som skapade drömmen om ett himmelskt rike och ett nytt Jerusalem. Det finns en ny kung, men han är bara fjorton år gammal.

Staden är Nanjing (Nanking) och det som står på spel är ett kungarike, *Fullkomliga fridens himmelska rike* (Taiping Tianguo). Det är ett rike som tretton år tidigare utropades av Guds andre son och Jesu yngre bror. På den andra sidan, utanför stadsmuren, finns ett kejsardöme som bildades mer än två tusen år tidigare.

Klibbigt ris i murbruket

Nanjing är en storstad vid Långa floden (Changjiang) i Kina. Långa floden är den flod som i västvärlden är känd som Yangzi-jiang, Yangtze Kiang eller Yangtze-floden. Det är världens tredje längsta flod och med dess sju hundra bifloder och otaliga kanaler bildar den ett rikt förgrenat nätverk av vattenvägar. Staden Nanjing är minst 2500 år gammal. Liksom de flesta andra gamla kinesiska städer har den en stadsmur som skydd mot utländska trupper, upprorsstyrkor och rövarband. Den mur som omgärdar Nanjing 1864 byggdes under förste Ming-kejsarens tid, under senare delen av 1300-talet.

Det är den vid den här tiden längsta stadsmuren i världen, 33 676 meter lång och krönt med 13 616 bröstvärn. Den är 14–21 meter hög, vid basen nästan femton meter bred och högst upp nästan fem meter. Den är välbyggd och varje mursten är märkt med namnen på både stenens tillverkare och dess kontrollant. Det lär ha tagit 200 000 arbetare 21 år att bygga muren.

Muren är så bastant att inte ens kanoner rår på den. Enda sättet tycks vara att spränga den underifrån. Det är en taktik

som försvararna själva är mästare på; de har tillämpat den ett
flertal gånger när de under de senaste tretton åren intagit mer
än sex hundra städer. Men det krävs stora mängder sprängmedel.
Murstenarna i Nanjings stadsmur är sammanfogade med en extra stark
blandning av kalk, vatten, olja och klibbigt ris.

Till skillnad från nästan alla andra stadsmurar i Kina följer
Nanjings stadsmur terrängen istället för att vara byggd i en
fyrkant. Sedan gammalt uppfattar kineserna himlen som rund
och jorden som fyrkantig. Följaktligen är fyrkantiga städer de
enda som anses harmonisera med kosmos.

Nanjings stadsmur är dock inte den längsta i Kinas historia.
Den nästan kvadratiska muren runt Chang'an, Tang-dynastins
huvudstad, var 36 kilometer lång fram till stadens förstörelse år
904. Den mur som år 893 byggdes runt Hangzhou i södra Kina
var 35 kilometer lång. Hangzhou är den stad om vilken Marco
Polo 1299 i sin fångenskap berättade för nedtecknaren Rusti-
chello från Pisa att …*allt i den är så enormt (…) att det inte är lätt
att ens beskriva det i text och att det förefaller otroligt för den som bara
hör talas om det.*

Den över huvud taget längsta muren är förstås Långa
muren (Changcheng) eller Kinesiska muren, som är en serie
murar byggda och återuppbyggda under olika perioder
(systemet av murar gör skäl för sitt namn; den mur som
byggdes under Ming-dynastin, 1368–1644, är nästan lika lång
som fågelvägen Stockholm–Beijing och den sammanlagda
längden av alla murar är ännu mycket längre). Dessa murar
konstruerades som skydd mot de nomadiserande folken i norr,
mongoler och andra. Men vid den här tiden, på 1800-talet,
sträcker sig Kina långt bortom Långa muren och landet styrs
av en kejsar-dynasti – Qing – grundad av ett av dessa nordliga
folk.

Långhåriga och välklädda

Omkring år 1860 skiljer sig Nanjing från nästan alla andra städer i Kina. Det som även tillfälliga besökare framför allt lägger märke till är de långhåriga männen, många vanliga kinesers extravaganta klädedräkter, kvinnliga soldater med stora fötter, avsaknaden av de i Kina så vanliga gudabilderna och tystnaden.

Överallt i Kina har männen vid denna tid främre delen av hjässan rakad medan håret baktill är samlat i en så kallad hårpiska – helt enligt den lag som förbjuder allt annat hårmode och som straffar överträdelse med döden. Men inte iNanjing...

En annan iakttagelse är männens och kvinnornas färggranna och dyrbara kläder, i slående kontrast till de blå och grå kläder som bärs av vanligt folk i övriga Kina. Engelsmannen Thomas W. Blakiston noterade följande efter ett besök 1861: *Dessa färger, och vävnaderna av glänsande siden och satin, vittnade om plundring och stöld...*

I Nanjing kan man också se truppenheter med enbart kvinnliga soldater. Utanför staden, i den belägrande armén, syns däremot inga kvinnor – i alla fall inga stridande kvinnor. De soldaternas kvinnor befinner sig i sina hembyar, i praktiken ofta begränsade till sina hus och de närmaste omgivningarna. Deras små liljefötter gör varje längre promenad till en plåga. I Nanjing är det förbjudet att ha bundna fötter; de kvinnor som vägrar att avlägsna bindorna riskerar att få fötterna avhuggna.

I Kina är det vanligt med gudabilder av olika slag, inte bara i daoist- och buddhisttempel utan också på ytterdörrar, i hemmen etc. Men inte i Nanjing... För övrigt tycks det över huvud taget inte finnas några daoist- eller buddhisttempel i staden.

Det är också en tyst stad, i alla fall hör man inte det vanliga larmet och ropen från affärer och gatuförsäljare. Nanjing betraktas som en helig stad som inte bör störas av skrän från handelsfolk.

På en av Nanjings portar kunde den nämnde Thomas W. Blakiston vid sitt besök 1861 läsa följande proklamation: *Den himmelske fadern, Kristus, jag själv och min son är för evigt härskare. Det himmelska kungadömet är grundat överallt och strålglansen från fadern, brodern, jag själv och den unge härskaren sprids över jorden i oräkneliga, oräkneliga höstar. Låt oss betänka oss innan vi försöker beskriva den himmelska strålglansen, för annars skulle beskrivningen kunna förblinda mänskligheten.*

Gudsdyrkare

Namnet Nanjing betyder *Södra huvudstaden.* Staden var Kinas huvudstad under bland annat den förste Ming-kejsarens tid och hans grav ligger strax utanför staden. Efter hans död blev Beijing (Peking) huvudstad och i dess närhet ligger övriga Ming-kejsares gravar.

År 1864 är Nanjing återigen huvudstad, men nu för Fullkomliga fridens himmelska rike och inom detta kungarike kallas staden Tianjing (Himmelska huvudstaden). Fullkomliga fridens himmelska rike grundades av en före detta fattig men begåvad bondson från södra Kina. Han tog sig titeln *himmelsk kung* och har utsett ett par tusen biträdande kungar.

Fyra misslyckade examensförsök, egna drömvisioner och några kristna skrifter på kinesiska övertygade bondsonen om att han är Guds andre son. Gud är Yehova, Gamla Testamentets gud, och Guds förste son är Jesus. Denna uppenbarelse fick han 21 år tidigare, 1843. När han senare fick möjlighet att läsa hela Bibeln på kinesiska blev han bland annat starkt påverkad av en annan uppenbarelse, Johannes apokalyptiska undergångsvision i den sista boken i Nya Testamentet. Där står det bland annat att ...*jag såg den heliga staden, det nya Jerusalem, komma ner ur himlen, från Gud, redo som en brud som är smyckad för sin man* (Uppenbarelseboken 21:2).

Den fattige bondsonens följeslagare – de kallar sig gudsdyrkare – ser honom som utsänd av Himlen för att frälsa dem från fattigdom, förnedring och demoner. Som en kines skrev efter att ha hört honom tala, ...*då föll vi helhjärtat för honom och vi trodde att våra böner hade blivit hörda och att han hade sänts av Himlen för att komma med bättre tider.* Det är den tron och den förhoppningen som tretton år tidigare fick gudsdyrkarna att lämna sina hem i sydvästra Kina för att bege sig iväg på en exodus, en lång marsch på drygt ett och ett halvt år mot det utlovade landet och mot Nanjing – det nya Jerusalem.

Flera av de västerländska missionärer som verkar i Kina drabbades av vilda förhoppningar och fantasier när de först fick höra talas om Gudsdyrkarnas sällskap, som knappt tjugo år tidigare grundades av en av bondsonens kusiner. Kanske skulle det trots allt bli möjligt att inom överskådlig tid kunna räkna in flertalet av Kinas över fyra hundra miljoner invånare bland de kristnas skara? Så drömde inte så få missionärer, framför allt protestantiska missionärer. De katolska, med längre erfarenhet av Kina, var mer skeptiska.

En annan av bondsonens kusiner döptes av den svenske missionären Theodore Hamberg 1853. För Hamberg berättade han att hans kusin, bondsonen, av Gud fått veta att han inte kommer att misslyckas i sin heliga mission, med sitt korståg. Den kusinen skulle senare, 1859, bli premiärminister i Fullkomliga fridens himmelska rike. I den rollen utarbetade han bland annat ett reformprogram som omfattade inrättandet av moderna tidningar, livförsäkringar, en human behandling av brottslingar etc.

Omdömena om bondsonens kristna lära skiftar. Robert James Forrest, en samtida brittisk tolk, skriver exempelvis om ...*the grotesque monstrosity of his belief* (...hans läras groteska monstruositet), medan bondsonen för sinologen C. P. Fitzgerald är ...*the most outstanding Christian prophet known to history* (...den mest framstående kristna profeten i världshistorien).

Inspiration till Mao?

Fullkomliga fridens himmelska rike är en teokrati där den härskande kungen betraktas som direkt tillsatt av Gud. Ja, egentligen är han tillsatt för att styra över hela världen, över de tiotusen rikena, det vill säga över *Allt under himlen*. År 1864 styr han i praktiken över en mindre del av södra Kina. Befolkningen i kungariket samlas till dagliga böner och avkrävs sexuell avhållsamhet. Prostitution straffas med att inte bara den prostituerade avrättas utan även hennes familj; den betraktas som medansvarig för hennes syndfulla leverne. Det är också ett rike där opium och andra droger är förbjudna – under en tid då Storbritannien tvingat resten av Kina, kejsardömet, att tillåta import av opium som betalning för det te som engelsmännen blivit beroende av. De kinesiska myndigheterna har visserligen försökt stoppa denna opiumhandel, men brittiska flottans moderna kanoner är effektiva övertalningsmedel.

Inom Fullkomliga fridens himmelska rike ska egendomslöshet råda, liksom jämlikhet mellan könen. Att arbeta är en social skyldighet och lättja betraktas som synd. Man arbetar för det gemensamma, det vill säga för kungariket, och det är förbjudet att samla förmögenheter. All jord ska delas lika mellan alla vuxna, även kvinnorna, efter en modell från riket Norra Wei under 300- till 500-talen. Kanske har man också inspirerats av Apostlagärningarnas *...åt var och en efter hans behov* (4:35)? En av de biträdande kungarna, östra kungen, skrev till exempel: *Nu, solande oss i Himlens djupa nåd, är vi alla en familj. Varför skulle det vara skillnad mellan du och jag, eller mellan andra och vi själva, när vi alla är bröder och systrar av samma härkomst, födda av en andlig fader?*

När programmet blev känt inspirerade det inte bara många kineser utan även Karl Marx som kallade rörelsen en *formidabel revolution*. Tidningen The Times i London gick ännu längre och kallade det *den hittills största revolutionen i världen* (Tan Chung).

Senare kom rörelsen även att inspirera den som skulle bli Kinas förste president efter kejsardömets fall, han som i Europa och Amerika blev känd som Sun Yat-sen och i Kina som Sun Zhongshan.

Ännu senare kom Gudsdyrkarnas sällskap och Fullkomliga fridens himmelska rike att inspirera en ung bondson vid namn Mao Zedong från provinsen Hunan. Denne skulle bli ledare för 1900-talets största revolutionära rörelse. Hans program för Kina kom att uppvisa flera likheter med det som bondsonen från södra Kina utarbetade hundra år tidigare.

Korrigerad Bibel

Fullkomliga fridens himmelska rike ska styras i enlighet med tio Guds bud och en bibel som korrigerats för diverse felaktigheter av Guds andre son. Till exempel har alla hänvisningar i Nya Testamentet till *Guds enfödde son* ändrats till *Guds förste son*.

Den himmelske kungen predikar att det sjätte budet, du skall icke döda, är ovillkorligt; inga människor får dödas. Däremot är det en plikt att döda de onda, demonerna. De som belägrar staden betraktas som demoner. Belägrarna betraktar i sin tur de innanför stadsmuren som ...*den värsta katastrofen sedan universums skapelse*... Det är så som *demonernas* överbefälhavare kallar gudsdyrkarna.

Sedan Fullkomliga fridens himmelska rike utropades tretton år tidigare har striderna mellan detta rike och det kejserliga Kina kostat fler liv än kanske något annat krig före första världskriget. Hundratusentals eller ännu fler av offren, framför allt kvinnor, har dessutom valt att dö för egen hand istället för att utlämna sig till fienden.

Konfuciansk armé

Demonernas överbefälhavare är konfucian, som alla kejserliga ämbetsmän. Han är till och med ättling efter en av Konfucius lärjungar som levde sjuttio generationer tidigare. Konfucianismen har i Kina haft ställning som statsfilosofi under två tusen år, speciellt inom den bildade eliten. Denna elit utgörs av de män som klarat av de krävande och åtta dagar långa examinationer som den himmelske kungen misslyckades med – examinationer som under tusen år pågått nästan utan avbrott. En av de största anläggningarna för examinationer ligger för övrigt i Nanjing. Den anlades 1168 och byggdes ut efterhand. I mitten av 1800-talet kan över 17 000 kandidater samtidigt examineras i detta komplex.

Tack vare de examinationer som överbefälhavaren klarat av har han gjort en strålande karriär från bondson i södra Kina till en av kejsarens mest betrodde rådgivare. Han har dessutom gjort sig känd som en uppriktig rådgivare, vilket inte alltid tilltalar kejsaren. Men han förklarar sin inställning med att han vill bevisa sin lojalitet mot kejsaren genom att ärligt säga vad han tänker – helt i Konfucius anda.

Överbefälhavaren är en civil ämbetsman. I enlighet med kinesisk tradition läggs det högsta ansvaret för krigföringar på en civil ämbetsman istället för på en general. Av kejsaren fick han uppdraget att leda kampanjen mot gudsdyrkarna medan han åtnjöt den sedvanliga 27 månader långa tjänstledigheten för att sörja att hans moder gått bort.

I det konfucianska Kina är militärer ingen respekterad grupp, därför att de anses vara brutala och obildade. Som ett talesätt lyder: *Man använder inte bra stål för att tillverka spikar; man låter inte bra män bli soldater.* Handelsmän åtnjuter för övrigt inte heller något nämnvärt anseende, de anses per definition vara giriga. Bönder står däremot högre på den sociala rankningskalan, oavsett hur fattiga de är. Hantverkare befinner sig strax under bönderna men över köpmännen.

Präster står lågt, till och med lägre än handelsmännen. Högst står de skriftlärda, med de som klarat av alla examensnivåer allra högst. Mest beundrade är de som klarat av examena, men trots det väljer att leva sina liv i all enkelhet utan att sträva efter ära och rikedom.

Under denna tid, mitten av 1800-talet, har kejsardömets professionella armé visat sig vara allt annat än kompetent i det militära hantverket. På grund av en mer än hundra år lång fredsperiod saknar armén helt enkelt erfarenhet av storskalig krigföring. Den armé som nu står utanför Nanjings stadsmur består emellertid av frivilliga, de flesta bondsöner. Det är en armé vars sammanhållning i alla led, uppifrån och ner, bygger på personliga relationer – en konfuciansk armé. Varje officer och underofficer har själv rekryterat och valt sina direkt underlydande, utgående från vars och ens kompetens och personliga karaktär.

Manna från Himlen?

Det är högsommar i Nanjing. Men Nanjing-borna har denna dag annat att bekymra sig över än värmen. Sommaren 1864 är staden sedan två år belägrad av den frivilliga kejserliga armén och är sedan några månader avskuren från kontakter med omgivningen och med det himmelska rikets övriga arméer. Befolkningen får leva på det den kan odla innanför den höga stadsmuren, som inte bara rymmer stadsbebyggelse utan även trädgårdar och åkrar, till och med några små sjöar och lite skog.

Men människor svälter. Man äter allt som går att äta – och en del man inte borde äta. Nanjings härskare, den himmelske kungen, har lovat folket att Gud ska skydda dem genom att låta det regna *manna*, så som han räddade det israeliska folket från att svälta ihjäl under vandringen i öknen efter flykten från Egypten: *Israeliterna åt manna i fyrtio år tills de kom till bebott land; de åt manna tills de nådde gränsen till Kanaan* (Andra Moseboken

16:35). Den himmelske kungen har samlat in ogräs på marken
och sagt till folket att det är manna. Det är Guds gåva till sitt
folk, sitt utvalda folk. Hur många som verkligen äter denna manna vet man inte,
men kungen själv blir sjuk. Den 30 maj tillkännages att den
himmelske kungen har besökt himlen för att be sin Himmelske
Fader och sin Himmelske Äldre Broder att skicka en gudomlig
armé för att försvara Nanjing. Någon sådan armé uppenbarar
sig aldrig och några dagar senare meddelas från palatset att
kungen avlidit den 1 juni 1864. Han blev femtio år och fem
månader.

Ingen vet om kungen dog av sviterna efter att ha ätit sin
manna eller om han tog sitt eget liv. I alla fall efterträds han av
sin äldste son, fjorton år gammal.

Den sista striden eller...?

Natten till den 19 juli gör Nanjings försvarare ett försök att
förstöra de tunnlar man vet att fienden har grävt in under
stadsmuren. Ett tusental soldater i den belägrade staden klär
sig i fiendens uniformer och smyger ut, men motståndaren
låter sig inte luras.

Klockan ett den 19 juli 1864 öppnar sig marken under
Taiping-porten, där fienden fyllt en av tunnlarna med spräng-
medel – tjugo ton sägs det. Dånet från explosionen har knappt
hunnit klinga av innan tusentals soldater ur den belägrande
armén fyller öppningen. Många fler följer efter och sprider sig i
olika riktningar när de väl kommit innanför muren.

Vid kvällstid har alla portar in till staden fallit i händerna
på de anfallande styrkorna. Under tiden har den kejserliga
flottan på Långa floden intagit de sista befästningarna längs
flodbanken. Försvararna kan inte längre komma undan. De
som inte faller i striden avrättas när de infångas. Nanjing, den
södra huvudstaden i det kinesiska riket, är återigen i händerna

på de kejserliga trupperna efter att under elva år ha varit himmelsk huvudstad.

De flesta av försvararna vägrar att ge upp utan kämpar in i det sista. Tiotusentals väljer att dö framför att bli tillfångatagna. När den kejserliga arméns överbefälhavare anländer till staden några dagar senare rapporterar han till kejsaren:

Inte en enda av de 100 000 rebellerna i Nanjing gav sig då staden togs, utan samlades i många fall och brände sig själva och omkom utan ånger. En sådan enastående grupp rebeller har knappast varit känd från forntid till nutid. (Hans Hägerdal)

Vad som inte nämns i rapporten – men som alla kände till, även rebellerna – är kejsarens order om att alla ursprungliga upprorsmän ska avrättas, oavsett om de frivilligt ger sig eller ej. När alla flyktvägar är avskurna återstår således inget annat för dessa långhåriga rebeller än att välja sättet att dö på.

Däremot har de kejserliga styrkorna ännu inte lyckats fånga den himmelske kungen. Efter kungens död den 1 juni blev hans äldste son ny himmelsk kung för Fullkomliga fridens himmelska rike. I stridens hetta lyckas den unge härskaren fly och undkomma de anfallande trupperna. Han är fjorton år gammal och har sedan han var elva år fyra unga hustrur, som är kvar i palatset i Nanjing. Bakom sig lämnar han också palatsets alla kvinnliga tjänare som varit strängt förbjudna att varken gråta, höja sina röster eller vara avundsjuka.

Tillsammans med den unge kungen lyckas också kungadömets nu främste general fly från Nanjing. Han är son till en fattig lantarbetare i sydvästra Kina. Som ung anslöt han sig till rebellerna och tack vare sin dristighet och sin militära begåvning avancerade han till general och blev utnämnd till *lojal kung.*

Och utanför Nanjing, men längre bort, finns andra arméer med minst 200 000 man som är trogna den himmelske kungen...

NOTER

Kinesiska namn på personer, städer etc återges i den här boken med *pinyin*, det idag vanliga systemet för att transkribera, överföra, kinesiska tecken till skrift med vårt alfabet. Det finns även äldre transkriberingssystem (främst Wade-Giles) och för mer allmänt kända personer och platser anges inom parentes vid första förekomsten även hur namnet tidigare brukade skrivas. Se vidare *Register med ordförklaringar*.

Källor som anges med enbart författarnamn återfinns i bilagan *Referenser och källor*. Notera att för författarnamn använder jag samma stavning som i respektive bok, vilket för lite äldre litteratur innebär att kinesiska författarnamn återges med andra transkriberingssystem än pinyin.

Översättningar av citat från engelska till svenska är gjorda av mig om inte annat anges.

子不學 *Om ett barn inte studerar,*
非所宜 *det är inte som det borde vara.*
幼不學 *Om han inte studerar som ung,*
老何為 *hur kommer han att bli som vuxen?*

(Ur *San Zi Jing*, Tre Teckens Klassiker, en första läsebok
för barn i form av en sammanfattning av det
konfucianska tänkandet. Boken skrevs på 1200-talet och
användes fram till slutet av 1800-talet. Texten är
uppställd i rader om tre tecken för att lätt kunna
memoreras.)

2. Drömmen – två bondsöner med ambitioner

Under 1700-talet blev Kina omtalat i Europa som en mönster-
stat, präglad av fred, effektiv och upplyst administration, för-
finad kultur etc. Det intensiva kinesiska jordbruket väckte
också förvåning och beundran i ett Europa där jordbrukets
avkastning var betydligt mindre och där jorden dessutom
regelbundet måste ligga i träda för att återhämta sig. I Kina
odlades jorden sedan ett par årtusenden, år efter år, utan
uppehåll – vilket var både en förklaring till och en förutsätt-
ning för den stora befolkningen. Orsaken till detta kinesiska
under var framför allt den intensiva gödslingen med allt som
kunde berika myllan. Som en fransk besökande, agronomen
Pierre Poivre, på 1720-talet noterade gödslades kinesernas
åkrar med allt det vi i Europa slänger i våra vattendrag.

En del av de rykten som spreds om Kina var överdrivna och tjänade som ammunition för kritikerna av Europas absoluta monarker. Men ändå var Kina under 1700-talet det kanske mest välmående landet i världen, med den genomsnittligt högsta levnadsstandarden, relativt låga skatter, en för tiden hög social trygghet, med karriärmöjligheter för nästan alla män, ett i stort fredligt århundrade etc. Följden av detta välstånd blev en befolkningsökning som förmodligen var snabbare än någonsin tidigare.

Det var också ett kejsardöme där administrationen av imperiet sköttes av ämbetsmän som utmärkt sig genom mångåriga studier och genom att klara av krävande examinationer, vardera omfattande åtta dagar. Kina var också större än någonsin förr eller senare. Förutom de områden som idag utgör Folkrepubliken Kina ingick även Mongoliska Folkrepubliken, Taiwan och delar av sydöstra Sibirien i 1800-talets Kina. Kina hade också en större folkmängd än någonsin tidigare.

Folkökningen fortsatte under första hälften av 1800-talet. Handeln ökade och de första kinesiska bankerna etablerades. Efterfrågan på porslin, te och siden i Europa bidrog också till den ökande handeln och kommersialiseringen av den inhemska ekonomin.

Ett land i kris

Men på 1800-talet är Kina ett land i djup kris. Produktionen av livsmedel förmår sedan flera decennier inte att öka i samma takt som den snabbt växande befolkningen – som å andra sidan är ett resultat av tidigare framgångar men som således också skapar nya problem. Underhållet av infrastrukturen är eftersatt. Valutasystemet är i gungning, vilket framför allt drabbar småodlare. Inkomstskillnaderna ökar och många skuldtyngda bönder tvingas sälja sin mark till jordägare som kan bygga upp

förmögenheter i lantegendomar. Konkurrensen om det be-
gränsade antalet kejserliga ämbeten blir allt hårdare.
Krisen leder bland annat till att antalet banditer till lands
och sjöss ökar – och till ett antal uppror.

Dessutom är Kina under attack från aggressiva västmakter,
framför allt Storbritannien, som vill tvinga riket att öppnas
upp för fri handel och import av opium. Det är nationer som är
kolonialistiska, kapitalistiska och expansiva; i Kina möter de
ett rike vars grundläggande värderingar bygger på stabilitet,
långvariga relationer och harmoni. Samtidigt är den kinesiska
armén relativt liten, omodernt utrustad samt försvagad på
grund av korruption och brist på krigserfarenhet efter många
års fred.

I Kina är man van vid att attackeras av militärt överlägsna
nomadiska folk från norr, vilka ett par gånger till och med
lyckats erövra hela landet. Dessa erövrare var visserligen mili-
tärt överlägsna – men de beundrade Kinas konst, ekonomi,
statsskick, administration etc och de blev snart uppslukade av
den kinesiska kulturen. Den styrande kejsardynastin på 1800-
talet – Qing – är till exempel manchurer, som ursprungligen
kom från områdena nordost om kinesiska muren och som
erövrade Kina 1644. Liksom tidigare erövrare sinofierades
manchurerna och blev nästan mer kinesiska än kineserna
själva.

Västerlänningarna kommer däremot inte till Kina för att
bli kineser...

Handelsmän, opiumsmugglare, missionärer...

De kriser som drabbar Kina under 1840-talet blir särskilt all-
varliga i södra Kina. Här finns många etniska minoriteter och
subetniska grupper, som ofta befunnit sig i samhällets utkan-
ter, både geografiskt och socialt. En av dessa subetniska
grupper är hakka-folket. Det är ett folk som egentligen är han-
kineser, det vill säga majoritetsfolket, och som ursprungligen

kommit från norra delen av Kina, från områden kring Gula floden och som etappvis har migrerat söderut.

Det är långt till kejsaren i Beijing, men nära till Guangzhou (Kanton), den första stad som öppnades för handel med Storbritannien och andra västländer. Det är här som kineser först i någon större utsträckning möter européer – i form av handelsmän, sjömän, opiumsmugglare och soldater men också i form av missionärer. Det är i Guangzhou som det så kallade opiumkriget startar, 1839, och det är också där som andra opiumkriget, eller Arrowkriget, bryter ut 1856.

Det är förbjudet att importera opium till Kina, men det hindrar inte brittiska handelsmän från att smuggla opium från Indien och göra stora förtjänster. Även Storbritannien tjänar på opiumsmugglingen. På sjuttonhundratalet började engelsmännen – och även till exempel Sverige – importera stora mängder te, porslin och siden från Kina. Men européerna hade själv inget att erbjuda som lockade kineserna – utom silver, som används som betalningsmedel i Kina.

Storbritannien, liksom överiga västmakter, fick således en negativ handelsbalans med Kina. Tills man fann att opium, tillverkad billigt i Indien, hade en marknad i Kina – och att denna marknad dessutom blir större och större i takt med att missbruket sprider sig. Opium är visserligen sedan länge välkänt i Kina, men har bara odlats och använts för medicinskt syfte. All annan användning är förbjuden, liksom import av opium.

När Kina försöker stoppa smugglingen av opium attackeras landet av den brittiska flottan. De brittiska styrkorna visar sig vara betydligt effektivare än den kinesiska armén. Det avtal som Kina tvingas underteckna 1842 öppnar fler städer i landet för handel med västländerna.

Som följd av opiumkriget 1839–42 ersätter Shanghai Guangzhou som Kinas viktigaste hamn. Flera hundra tusen bärare, roddare med flera förlorar sina gamla jobb, många av

dem hakka-folk. De har bland annat fraktat siden till Guang-
zhou via några pass i Nan Ling-bergen. Guangzhou är huvudstad i provinsen Guangdong, som är
knappt hälften så stor som Sverige. Generellt är situationen
inte lika illa i Guangdong som i dess västra grannprovins
Guangxi, som ganska sent – under Yuan-dynastin (1279–1368)
– blev en del av Kina. Här leder de ekonomiska problemen och
befolkningstrycket till att stora delar av befolkningen, också
många hakka, tvingas bli arrendatorer eller lantarbetare och
beroende av jordägare. Den provinsen drabbades dessutom
extra svårt av ett inbördeskrig 1673–81, *Tre vasallernas uppror.*

På grund av att brittiska flottan är effektivare än den
kinesiska i att jaga pirater i Sydkinesiska sjön tar många av dem
sin tillflykt till floderna i Guangxi, där de fortsätter sin gamla
verksamhet. Korruptionen bland lokala ämbetsmän blir dess-
utom allt värre och befolkningen är i stort hänvisad till att
skydda sig själv mot pirater och andra rövare.

De försämrade ekonomiska villkoren kommer också att
skärpa motsättningarna mellan olika folkgrupper, såsom
mellan olika minoritetsfolk och han-kineser. I provinsen
Guangxi råder exempelvis en gammal rivalitet mellan hakka-
folket och majoriteten som ibland urartar i våldsamma strider.

Det finns flera andra minoriteter i Guangxi – Miao, Yao
med flera – liksom vissa yrkesgrupper som organiserar sig i
försvar av sina intressen och med sina egna normer. Det är
exempelvis båtfolk, som svarar för transporter längs vatten-
farleder, och kolare, som tillverkar träkol i skogarna på bergen.

Himmel- och jordsällskapet

Det finns sedan länge också så kallade hemliga sällskap. En del
är religiösa sekter – daoistiska, buddhistiska eller blandreligiösa
– och inte alls särskilt hemliga. Andra, hemliga brödraskap, är
desto hemligare och har inte så få likheter med senare tiders
europeiska maffiaorganisationer.

Ett av dessa hemliga brödraskap är det som kallas *Triaderna* eller *Himmel- och jordsällskapet* (tiandihui). *Triad* syftar på uppfattningen om världen som bestående av tre krafter: himlen, jorden och människan.

Himmel- och jordsällskapet bildades förmodligen på 1760-talet i sydöstra Kina som en slags proteströrelse mot den manchuriska Qing-dynastin och för att återställa den gamla kinesiska Ming-dynastin (1368–1644). Under 1800-talet är sällskapet framför allt starkt i provinserna Guangdong och Guangxi i sydväst, men lokala grupper finns över hela södra Kina.

Himmel- och jordsällskapet är en löst sammanhållen konfederation, bestående av lokala och regionala grupper. Det fungerar som en kinesisk folkrörelse som ger trygghet till medlemmar när staten är alltför korrupt eller svag. Flertalet kineser har normalt ett rimligt skydd mot olyckor etc tack vare sina klaner eller yrkesorganisationer. De hemliga brödraskapen ger motsvarande stöd för de längst ned i samhällshierarkin, de som kanske är utstötta ur sina familjer eller på kant med lagen. Många är förmodligen fattiga män som inte lyckats finna någon äktenskapspartner i ett samhälle som favoriserar söner och där det följaktligen finns ett underskott av kvinnor.

De som är med i sällskapet kan räkna med dels skydd mot rövare och andra övergrepp, dels bidrag för att bekosta bröllop, begravningar o.dyl. Framför allt begravningar kan bli kostbara tillställningar för att förhindra att avlidna blir så kallade hungriga spöken. Under de oroliga tiderna på 1800-talet blir rörelsen populär och den ligger, enligt Jonathan D. Spence, bakom mer än femtio lokala uppror och attacker i södra Kina under första hälften av seklet (God's Chinese Son).

Sällskapet fungerar som klansällskap, vilket bland annat markeras genom att alla medlemmar får ett extra hemligt klannamn, *Hong* (flod), som användes som ett pseudonym för rörelsens grundare i mitten av 1700-talet. Man använder sig av

hemliga tecken, för att medlemmarna ska kunna ge sig till-
känna för varandra, exempelvis tecknet för *hong*. Sällskapet
kallas också Hong-ligan...

Himmel- och jordsällskapet saknar en central ledning,
vilket å ena sidan gör det svårt för de lokala och regionala
grupperna att samarbeta men å andra sidan också gör det svårt
för myndigheterna att bekämpa sällskapet. För dessa grupper
revolterar som nämnts ofta, men det får sällan annat än lokala
konsekvenser. När de inte gör uppror ägnar de sig åt diverse
kriminella aktiviteter.

Som Susan Mann Jones och Philip A. Kuhn skriver: *I en
miljö av överbefolkning och våldsam ekonomisk konkurrens erbjöds
bönder på gränsen till total fattigdom en möjlighet att överleva genom
medlemskap i ett lokalt Triad-sällskap* (Cambridge History of
China, Volume 10).

Röda turbanerna

I mitten av 1850-talet, under 1854–56, drabbas södra Kina,
framför allt provinsen Guangdong, av en serie uppror av
Himmel- och jordsällskapet. Efter deras röda huvudbonader
kallas de *Röda turbanerna*. Deras mål sägs vara att störta Qing-
dynastin och återupprätta Ming-dynastin. Men enligt Jaeyoon
Kim är det rörelsens krav på att avskaffa alla extra skatter som
är det som får dem att vinna visst stöd i byarna.

De extra skatter man vill slippa är en följd av Qing-
dynastins ständiga finansiella problem. De ordinarie skatte-
intäkterna är – möjligen – tillräckliga för att täcka statens
behov under lugna och harmoniska tider utan större katastro-
fer. Men under 1800-talet råder inga lugna tider och landet
befinner sig i kris. Dessutom drabbas befolkningen av ett antal
översvämningar och torkperioder vilka driver många att i
desperation ansluta sig till rebell- eller banditrörelser.

Så som varit alltför vanligt urartar också Röda turbanerna
till att bli en plåga för befolkningen istället för deras sista hopp.

Byarna tvingas förse rebellerna med både föda och nya rekryter, frivilligt eller ej. Egentligen är det logiskt; även rebellrörelser som bildas för att bekämpa orättvisor måste överleva. Om upproren inte snabbt leder till seger måste de skaffa mat, kläder, nya rekryter, skydd etc där det går att få, det vill säga från den omgivning där de verkar.

På grund av dynastins svaghet klarar den reguljära armén inte av att bekämpa några uppror, varken några mindre och lokala uppror som Röda turbanerna eller de större som samtidigt plågar stora delar av övriga landet. Istället blir det frivilliga miliser, organiserade av den lokala eliten, som slutligen besegrar rebellerna.

"Feministiska" sekter och uppror

Som nämnts är en del av de organisationer som i väst kallas hemliga sällskap egentligen religiösa sekter. De har ofta existerat i flera hundra år, som *Gula himlens sekt*, vilken bildades på 1500-talet och kom att överleva in på 1940-talet. Dessa grupper startade vanligen som buddhistiska sekter, som exempelvis *Vita lotusen*, som uppstod på 1100-talet, och utvecklades till att bli blandreligiösa, påverkade av både daoismen och gammal folklig tro. Vita lotusens sekt kom att få en påtaglig feministisk prägel med en moderlig gudinna, *Eviga modern*, som främsta gudom. Den Eviga modern betraktades som den ursprungliga anmodern till hela mänskligheten.

Kvinnor verkar inte diskrimineras i dessa sekter. Det är vanligt med kvinnliga sektledare. *Drakportens sekt* i början av 1800-talet sägs exempelvis ha bildats av en anmoder tolv generationer tidigare (Overmyer: Alternatives).

Bara ett mindre antal av kineserna har någonsin varit med i sådana religiösa sekter. Men sekterna tycks vara tillräckligt väl spridda och kända för att intresserade inte ska ha några svårigheter att söka upp dem. En del bygger till och med tempel och härbärgen för sina medlemmar. Det som framför allt lockar intresserade att bli medlemmar är de helande krafter som sektledarna ofta påstår sig ha. En del sekter praktiserar fysisk träning, exempelvis boxning, och några hävdar att träningen gör medlemmarna osårbara.

Det finns inget centralt ledarskap, inte ens för de grupper som tillhör samma rörelse, och varje sektledare utformar den egna läran enligt hans eller hennes idéer. De olika sekterna konkurrerar med varandra om själarna och samarbetar bara i undantagsfall. Därför utgör de vanligen inget hot mot den regerande dynastin eller samhällsordningen, trots att de bryter mot de konfucianska idealen. Sekterna är som regel också fredliga, men inte alltid…

Inte så få av de uppror som under historiens gång drabbat Kina har varit religiöst färgade. När 1800-talet inleddes pågick *Vita lotusens uppror* (1796–1804) och seklet skulle komma att avslutas med ett uppror på initiativ av *Den förenade rättfärdighetens knytnävar* (i väst känt som Boxarupproret), då rebellerna trodde att de genom fysisk träning och böner skulle bli osårbara mot svärdshugg och kulor. Däremellan utbryter ett antal lokala eller regionala uppror, några av dem muslimska. Det allvarligaste blir *Taiping-upproret* 1850–66.

Religionen kan inte i sig ses som orsak till dessa uppror. Det som ligger bakom är istället ekonomiska och sociala kriser som drabbar stora delar av folket och som den regerande dynastin visar sig vara oförmögen att hantera. Religiösa föreställningar och frälsningsläror ger däremot ofta nödvändig energi till rörelsen och visioner om en bättre framtid.

Hungersnöd är den vanligaste anledningen till att folk tar till vapen och i China Readings 1 – Imperial China skriver C. K. Yang: *We may say that no major politico-religious upheavel in Chinese history was without some form of extensive agricultural crisis as a backdrop* (Vi kan påstå att ingen större politisk-religiös omvälvning i Kinas historia kom till utan någon form av omfattande jordbrukskris i bakgrunden).

Under 1840-talet råder det kris för Kinas jordbrukare...

Hong Xiuquan

Lördagen den 1 januari 1814 föds en hakka-pojke som senare
ska bli känd som Hong Xiuquan, i en liten by, Fuyuanshui, i
provinsen Guangdong. Senare flyttar familjen till en annan by,
Guanlubu, ca 50 km norr om storstaden Guangzhou. Hong är
familjenamnet och Xiuquan egennamnet, men när han föds får
han namnet Renkun. Han får även, som brukligt är på den här
tiden, ett så kallat hövlighetsnamn, Huoxiu, som ska börja
användas från 20-årsåldern. Namnet Xiuquan kommer han
själv att välja när han är 23 år gammal och eftersom det är
under det namnet han kommer att bli känd i vida kretsar får
han här, för enkelhets skull, heta så även som barn och yngling.
Kinesiska personnamn består av familjenamnet följt av
egennamnet. Hong Xiuquans familjenamn är således Hong
medan hans egennamn är Xiuquan. I det moderna Kina har
kineser vanligen ett och samma namn under hela livet. Men
under 1800-talet fick pojkar vanligen ett barnnamn som de
skulle bära tills de blev vuxna då de bytte till ett hövlighets-
namn. Detta valdes oftast av föräldrarna men kunde också
väljas av en lärare eller av en själv.

Det kunde emellertid bli mer komplicerat. Den utanför
Kina kände Sun Yat-sen (som i början av 1900-talet ledde
kampen mot kejsardömet och blev Kinas förste president) fick
som nyfödd egennamnet Wen men hans officiella namn var
Deming. Under barndomen användes dock ett annat namn,
Dixiang, medan hans hövlighetsnamn var Zaizhi. Han hade
dessutom ett litterärt namn, Rixin, som senare ändrades till
Yixian. Eftersom tecknen för Yixian på kantonesiska uttalas
som Yat-sen var det under det namnet han blev känd utom-
lands, Sun Yat-sen. Men – för att inte göra det för enkelt – i det
moderna Kina kallas han vanligen Sun Zhongshan efter hans
hemby Zhongshan i provinsen Guangdong.

I alla fall, Hong Xiuquan är fjärde barnet och tredje sonen i en familj som lever under enkla förhållanden. Men han tillhör en släkt som kan spåra sitt ursprung tillbaka till Han-dynastin (ungefär samtida med romarriket) och i släkten har funnits några ämbetsmän i den kejserliga administrationen. Tack vare denna bakgrund är Hong Xiuquans familj respekterad och hans far är både byledare och ansvarig för klanens ägor i byn. Familjen Hongs hemtrakter är ett tätt befolkat område med små risfält. De små byarna ligger nära varandra som öar i ett bördigt och välbevattnat landskap. Hakka-familjerna i detta område har bott där sedan början av 1700-talet och betraktas som väl etablerade.

Hong Xiuquans hemby, Guanlubu, har vid den tiden ungefär fyra hundra invånare; flertalet tillhör släkten Hong. Den svenske missionären Theodore Hamberg, som verkar i södra Kina på uppdrag av Baselmissionen i Schweiz från 1847 fram till sin död 1854, beskriver senare Hong Xiuquans bakgrund och hans by, enligt de samtal han haft med Hong Rengan, en av Hong Xiuquans kusiner:

Där finns bara ett halvt dussin hus på framsidan, men bakom dem finns två andra rader med hus med smala gränder som leder till dem och i tredje raden på västra sidan hittar man det oansenliga boningshus som hör till Hongs föräldrar. Före byn, framför husen, ligger en stor damm med gyttjigt vatten dit byns skräp och avfall forslas med regnet och som bildar ett rikt förråd av gödningsvatten trots att lukten är obehaglig för dem som är ovana vid kinesisk jordbrukshushållning. På vänster sida från byn och vid sidan av dammen ligger skolbyggnaden där varje pojke kan studera samma kinesiska klassiker som studeras överallt och av varje student i hela landet, med förhoppningen att slutligen kunna höja sig upp från nuvarande enkla samhällsställning till de högsta ämbetena i imperiet. (Theodore Hamberg: The Visions of Hung-Siu-tshuen...)

33

Baselmissionen, bildad i Basel i Schweiz 1815, är ett internationellt och samkyrkligt samfund av främst luthersk karaktär. Baselmissionen anländer till Hongkong 1847, senare än andra protestantiska missionssällskap. Det är enligt Nicole Constable anledningen till att sällskapet inriktar sin missionsgärning på den stora hakka-gruppen. Under de första åren har man vissa men blygsamma framgångar, räknat i antal hakka som bekänner sig till kristendomen. Men från 1850-talet ökar antalet proselyter dramatiskt som följd av händelser som kommer att skildras längre fram i den här boken.

Hong Xiuquan studerar

Kinesiska bönder har traditionellt små jordlotter, som odlas intensivt, inte minst av risbönderna i södra Kina. Avkastningen är hög, men det krävs mycket arbete året runt. Så är det även för Hongs familj. Familjens lilla åkerlapp, kanske en femtedels hektar, ger två risskördar om året och dessutom en med kål och andra grönsaker. Familjen har också en liten terrass på en kulle i närheten där man odlar sötpotatis, jordnötter och vattenmeloner. Familjen äger en eller två bufflar. Några grisar, ankor och höns förser dem med lite kött då och då liksom extra gödning för jorden; det är de vanliga husdjuren bland bönder i södra Kina.

Xiuquans två äldre bröder hjälper föräldrarna med jordbruket, medan den unge Xiuquan visar sig ha läsbegåvning och sätts i skola vid sju års ålder. Efter fem eller sex år kan han recitera de *Fyra klassiska romanerna*, de som varje någotsånär bildad kines förväntas ha läst, både i början av 1800-talet och i det moderna Kina:

• *Romanen om de tre kungadömena* (San Guo Yan Yi), om de oroliga tiderna runt år 200 e.Kr. Flera av personerna i denna berättelse är historiska personer och de tre hjältarna, som i romanen svär varandra brödraskap, har uppnått kultstatus.

Detsamma gäller en annan av de historiska personerna i boken, Zhuge Liang (181–234), som anses vara en av de mest framstående militära strategerna, statsmännen och lärde i Kinas historia.

• *Färden till västern* (Xi You Ji), är ett antal fantasifulla skrönor om den historiske munken Xuan Zang (602–664), i boken kallad Tripitaka, som beger sig till Indien för att hämta buddhismens heliga skrifter (i svensk översättning av Göran Malmqvist och utgiven i fem volymer i mitten av 1990-talet). I Xi'an, tidigare Chang'an, den gamla kejsarstaden, finns för övrigt *Stora vildgåspagoden* som byggdes på 600-talet för att förvara de buddhistiska texter som munken Xuan Zang förde med sig tillbaka till Kina efter hans sexton år långa resa till Indien.

• *Berättelser från träskmarkerna* (Shui Hu Zhuan), ett antal berättelser baserade på ett historiskt skede under Song-dynastin omkring år 1120 med den laglöse Song Jiang och hans kamrater (i svensk översättning av Göran Malmqvist, utgiven i fyra volymer under senare delen av 1970-talet).

• *Drömmar om röda gemak* (Hong Lou Meng), om en förmögen ämbetsmannafamilj under Qing-dynastin, skriven av Cao Xueqin (ca 1715-63) och i svensk översättning av Pär Bergman i fem volymer 2005–10. I dagens Kina finns flera parker som är anlagda utifrån beskrivningarna av familjens egendom i boken; en av dem ligger i södra Beijing.

Hong Xiuquan läser också ett antal andra verk, inklusive böcker om Kinas historia. Hans far, Hong Jingyang, är synnerligen stolt över den yngste sonens läs- och studiebegåvning och tröttnar enligt uppgift aldrig på att prata om honom. Om någon hörs berömma sonen blir han genast inbjuden på te eller en skål ris hemma hos den belåtne fadern.

Vid sexton års ålder tillåter inte familjens ekonomi Xiuquan att fortsätta i skolan. Istället får han hjälpa till i familjens jordbruk. Under första året faller det på hans lott att ta byns oxar och bufflar till deras årliga vistelse på byns betesmarker. Det är ett jämförelsevis lättsamt arbete och han tar med sig några böcker. Det är då han bestämmer sig för att försöka klara av den kejserliga examen för att kunna bli ämbetsman. Hans släkt och vänner tycker inte heller att hans begåvning ska slösas bort på kroppsarbete. De hjälper honom med mat och kläder för att han ska kunna fortsätta studera i en mindre stad i närheten. De engagerar honom också som lärare i den egna byn och på så sätt får han en liten årlig inkomst, det mesta in natura. Alla hoppas att han ska kunna avlägga en ämbetsmannaexamen, vilket skulle skänka ära till hela släkten.

Zeng Guofan

Medan Hong Xiuquan strävar med sina studier i Guanlubu ägnar sig en annan begåvad yngling, tre år äldre än Hong, åt sina studier i provinsen Hunan. Zeng Guofan föddes den 26 november 1811 som son till en byskollärare i Xiangxiang, som ligger i länet Xiangtan omkring hundra kilometer från provinshuvudstaden Changsha.

Provinsen Hunan ligger norr om provinsen Guangdong, där Hong Xiuquan växer upp, och är också den ungefär hälften så stor som Sverige. Ibland kallas provinsen Xiang efter en av dess floder; den kinesiska dialekt man talar kallas också xiang. Hunan är en bergig och kuperad provins och endast en femtedel är slättland. Huvudstaden Changsha, som ligger vid floden Xiang, var bland annat ett viktigt centrum i kungadömet Chu från tiden före förste kejsaren (221–206 f.Kr.).

Zeng Guofans farfar, Zeng Yuping, är en dominerande och samhällsengagerad bonde medan hans far, Zeng Linshu, är lärare i byskolan. Familjen bär på ett ärorikt förflutet. Bland

36

Zeng Guofans förfädrar finns en av filosofen Konfucius följe-
slagare, Zeng-zi, mäster Zeng (ca 505–436 f.Kr.), Konfucius'
...*extremt seriöse unge elev* (Schwartz). Zeng-zi anses ha varit en
av de som sammanställt *Samtalen med Konfucius* (Lunyu) och
andra konfucianska klassiker. Framför allt anses han ha skrivit
kommentarerna till en kortare text av Konfucius, *Den stora
lärdomens* (Daxue).

Mästaren Kong

Konfucius, som egentligen hette Kong Qiu, föddes ungefär år
550 f.Kr. och dog år 479 f.Kr. Som vuxen vandrade Kong Qiu
omkring med en grupp lärjungar i de små riken som på den
tiden utgjorde den kinesiska världen. Han betraktade sig som
lärare och ville visa dåtidens furstar hur de skulle kunna för-
bättra levnadsvillkoren för människor och styra deras små
riken på ett klokt sätt.

Bland hans följeslagare kallades han Kong-zi, mästaren
Kong, vilket latiniserades till Konfucius två årtusenden senare
av den italienske jesuitprästen och missionären Matteo Ricci
(1552–1610) som verkade och dog i Kina under namnet Li
Madou.

I början av Han-dynastin (206 f.Kr.–220 e.Kr.) blev
Konfucius läror Kinas officiella statsfilosofi, vilket gällde fram
till 1911. Kina fick aldrig någon "statskyrka" utan vägleddes
istället av Kong-zis och hans efterföljares tänkande.

Kong-zi hade en stark tilltro till människors förmåga att
utveckla sig själva och bli goda människor och han menade att
riken ska styras av visa och välvilliga furstar som månar om alla
undersåtars väl och ve. Furstar måste leva exemplariskt och om
en furste kände sig tvingad att ta till våld mot folket var det ett
bevis på att han misslyckats. Ett gott styre leder till ett harmo-
niskt samhälle.

Ömsesidighet skulle styra alla handlingar. Det kanske mest
kända citat som tillskrivs Kong-zi är ...*det du inte vill att andra*

ska göra till dig ska du inte heller göra till dem, motsvarigheten till Jesu gyllene regel.

Det område där Kong-zi kringvandrade motsvarar i stort de två provinserna Shandong och Henan i dagens Kina och här tycks han ha uppnått en viss ryktbarhet. Han gick dock samma öde till mötes som en del andra under historien, att dö i relativ obemärkthet för att senare nå odödlighet tack vare lärjungarnas vittnesbörd och ett antal efterföljare som tolkat och vidareutvecklat hans idéer.

I skriften *Lunyu* har en del av hans samtal med lärjungarna bevarats. Men eftersom Lunyu sammanställdes efter hans död och förmodligen har flera upphovsmän finns det inga garantier för att de uttalanden som tillskrivs Kong-zi är autentiska. Vad man förmodligen kan säga är att Lunyu och andra skrifter tillhör en filosofisk tradition vars förgrundsfigur är Kong-zi och att hans anda, om än inte nödvändigtvis hans formuleringar, lever vidare i dessa texter.

Än mindre finns det några garantier för att de tolkningar som senare gjorts stämmer med vad Kong-zi ville förmedla eller med hur hans lärjungar uppfattade mästarens ord. En hel del av dessa tolkningar skulle säkerligen få Kong-zi att vända sig i sin grav, framför allt försöken av flera senare efterföljare att förvandla honom till en guds son.

Konfucius ideal var *junzi*, ett svåröversättligt kinesiskt begrepp som på engelska ofta översätts med gentleman. På svenska skulle man kunna säga en bildad man (Hessler översätter det med sann riddersman, Henrikson med upphöjd man och Karlgren med ädel man). Alla, i alla fall alla med utbildning, kan mogna som människor till att bli junzi, det vill säga bildade och reflekterande personer som inte bara skaffat sig kunskaper om omvärlden utan även om sig själva, som är etiska föredömen och som odlar den inre godhet som alla människor antas vara begåvade med.

En junzi känns bland annat igen på att han har förmåga att se allsidigt på frågor, utan att förledas av fördomar och egenintressen. En junzi är en person som ...*skolar sig själv för att ge frid åt allt folket* (Henrikson, *Samtalen med Konfucius*, 14:45).

Ungefär femton hundra år senare, under Song-dynastin, sammanfattade ämbetsmannen, utbildaren, poeten och qinälskaren Fan Zhongyan (989–1052) de bildades ansvar på följande sätt: *Att vara de första att bekymra sig om världens problem och de sista att njuta av dess nöjen.*

Den som anses ha varit den främste efterföljaren till Konfucius var Meng-zi (ca 371–289 f.Kr.), mästaren Meng, som bland annat utvecklade Konfucius tankar om härskarens ansvar. I Europa blev han tack vare jesuitpastorn Matteo Ricci känd som Mencius. Meng-zi menade att folkets välfärd kom före allt annat och att en härskare som missbrukar sin makt måste bytas ut – genom uppror om nödvändigt.

Zeng Guofan studerar

Under de sjuttio generationer som passerat i släkten sedan Konfucius dagar, för nästan två och ett halvt årtusende sedan, har Zen Guofans familj blivit jordbrukare i Xiangxiang, dit de kom på 1600-talet. Zeng Guofans farfar är den förste på flera generationer som har råd att låta sönerna utbilda sig inför den statliga ämbetsmannaexamen. Guofans föräldrar har fått fyra döttrar och fem söner, varav Guofan är den äldsta. Därefter kommer Guohuang, Guohua, Guoquan och Guobao (kinesiska egennamn är oftast tvåstaviga och då brukar bröder respektive systrar i samma familj dela på samma förstastavelse i egennamnet medan den andra stavelsen blir personlig).

Guofans farfar och far upprätthåller ivrigt grundläggande dygder som anständighet, rättfärdighet, lojalitet mot kejsaren och sonlig vördnad samt tar lika ivrigt avstånd från snikenhet och korruption.

Zeng Guofan inleder sina studier vid fyra års ålder och innan han fyllt åtta har han tillägnat sig de *Fem klassikerna* och börjat skriva uppsatser. De Fem klassikerna består av: *Förvandlingens bok* (Yi Jing eller I Ching), *Sångernas bok* (Shi Jing), *Riternas bok* (Li Ji), *Dokumentens bok* (Shu Jing), samt *Vår- och höstannalerna* (Chun Qiu) om bland annat riket Lus historia (Lu var ett av de kinesiska mindre riken som existerade innan dessa riken enades under förste kejsaren, 221–206 f.Kr.).

När Zeng Guofan är tretton år gammal, blir han traditionsenligt trolovad med en ung flicka, Ouyang, som han senare kommer att gifta sig med (han gifter sig bara en gång och han får med henne tre söner och fem döttrar, av vilka den äldste sonen, Zeng Jize, kommer att bli en känd diplomat).

Den unge Zeng har sin far som lärare och långt senare berättar han i ett brev om faderns krävande undervisning: *Min far undervisade mig från morgon till solnedgång. Han förklarade alltid texterna igen och igen tills jag förstod dem fullständigt. Han frågade ofta ut mig, på vägen eller om jag låg i sängen, för att vara säker på att jag kom ihåg vad jag lärt dagen innan.*

När Zeng Guofan blir nitton år gammal inser fadern, som dittills inte själv lyckats klara någon examen, att sonen behöver mer kompetenta lärare och han skickas till Changsha, huvudstad för provinsen Hunan. Där studerar han under fyra år vid olika akademier, framför allt vid den gamla Yuelu-akademin (Yuelu Shuyuan). Den akademin grundades år 976, i början av Song-dynastin, och har haft ett antal namnkunniga föreläsare, såsom Zhu Xi som under Song-dynastin förnyade konfucianismen. I denna akademi lär Zeng Guofan känna ett par personer som senare kommer att bli några av hans närmaste medarbetare, som Zuo Zongtang. (Yuelu-akademin har överlevt mer än tusen år och fungerar fortfarande, men idag under namnet Universitetet i Hunan.)

Zeng Guofan undervisas bland annat av en av Yuelu-akademins äldre lärare, Yan Ruyi, som i början av 1800-talet hade utformat den strategi som till slut krossade det uppror, som kallades Vita Lotusen. Strategin gick bland annat ut på att samla lokalbefolkningen, med deras skördar, i ett antal befästa byar och på så sätt försvåra för rebellerna att både få skydd och försörjning. Ett par decennier senare skulle Zeng Guofan få användning för Yan Ruyis erfarenheter.

(Under Vietnamkriget, 1959–1975, använde sig Sydvietnam och USA av samma metod, genom att samla landsbygdens befolkning i så kallade strategiska byar; britterna hade tidigare använt samma strategi mot befrielserörelser i några av deras kolonier.)

Under perioden i Changsha hamnar Zeng Guofan under ett eller två år i ett sällskap av "fördärvliga vänner" och hänger sig åt kärleksaffärer och sinnliga äventyr. Men Guofan ändrar livsstil och därefter blir han ...*ett föredöme för ordentlighet och rättfärdighet i överensstämmelse med Song-dynastins neokonfucianska ideal* (Jen Yu-wen).

Zeng Guofan växer upp under tämligen enkla förhållanden. Familjen har råd att låta sönerna studera, men är inte rik. När Guofan senare, för en andra gång, ska resa till huvudstaden Beijing, för att delta i den nationella ämbetsmanna-examen, måste han låna pengar till resan.

Samma dröm

Både Hong Xiuquan och Zeng Guofan delar den kinesiska drömmen om att bli del av den bildade eliten. För Hong är hans hakka-identitet kanske en extra drivkraft att höja hans och hans familjs status, inte bara i förhållande till andra hakka-familjer utan även i jämförelse med de familjer som tillhör den gamla befolkningen. Zeng har kanske på grund av sin aktade förfader högre förväntningar på sig från familjen att lyckas.

Men studier och lärdom är över huvud taget högt respekterat i det kinesiska samhället. Det finns gott om sedelärande historier om flitiga studenter. En var dem, den lärde Sun Jing under Han-dynastin (206 f.Kr.–220 e.Kr.), knöt fast sitt hår i en takbjälke för att förhindra att han av trötthet skulle nicka till över böckerna (kineser har av tradition ogärna klippt håret).

Ingen vet om även Hong och Zeng tar till sådana studieknep. I alla fall, både två misslyckas i fjortonårsåldern med deras första försök att bli godkända i examen på länsnivå – ett test som pågår under åtta dagar och som på sin höjd bara några få procent av kandidaterna klarar av.

Hong och Zeng delar samma dröm. En av dem kommer att förverkliga den drömmen; den andre kommer senare att styras av en helt annan dröm. Deras båda livsöden kommer under flera år att vara sammanflätade med varandra. Men de kommer aldrig att mötas...

Jag har mottagit det direkta kommandot från Gud i hans
närvaro: Himlens uppdrag ligger hos mig. Även om jag
kommer att möta elände, svårigheter och lidande är jag beredd
att handla. (Hong Xiuquan)

Ända sedan jag blev trettio har jag ansett det ovärdigt att
använda officiella poster för att skaffa sig rikedomar... (Zeng
Guofan)

3. Idealisterna – Jesu yngre bror och Konfucius lärjunge

Som en del i strävan att återupprätta Kina, efter 1800-talets
nedgång och förödmjukelser, brukar kineser peka på de veten-
skapliga och tekniska framsteg som gjorts i Kina, ofta långt
före andra länder. Det gäller kompassen (300-talet eller
tidigare), armborst med massproducerade mekanismer med
utbytbara delar (300-talet f.Kr.), papperet (andra århundradet
f.Kr. eller tidigare), akterrodret på fartyg (första århundradet
e.Kr.), tändstickor (år 577) etc. Den brittiske forskaren och
Kina-entusiasten *Joseph Needham* i Cambridge startade till och
med utgivningen av ett verk, *Science and Civilisation in China*,
som hittills (2015) utkommit i 27 band.

Det hela startade 1937 när Joseph Needham träffade och
förälskade sig i en kinesisk forskare som just anlänt till
Cambridge för att arbeta tillsammans med honom och hans
hustru. Han bad henne, Lǚ Guìzhēn, att på kinesiska skriva

cigarett (båda rökte flitigt) och när han såg de två tecknen för *doftande rök* utbrast han: *Jag måste lära mig det här språket – annars kreverar jag!*

Och det gjorde han, det vill säga lärde sig språket, och mycket mer om Kina – tillräckligt för att bli huvudförfattare till elva av Science and Civilisation in China-böckerna plus ett antal andra böcker om Kina. Han var dessutom folkdansare, nudist, vänsteraktivist, kristen, universitetsrektor, föreläsare, tågfantast etc, etc – plus passionerat intresserad av kvinnor (Simon Winchester: Mannen som älskade Kina – Den otroliga historien om Joseph Needham, 2009).

Men, den "uppfinning" som blev den förmodligen viktigaste för Kina var det examinationssystem som under mer än 1300 år försåg imperiet med bildade ämbetsmän. Medan Europa styrdes av en ärftlig aristokrati av krigare och jordägare styrdes Kina av en elit som förtjänat sina ämbeten efter många års studier och synnerligen krävande examinationer.

Det finns förmodligen inga samhällssystem som kan sammanfattas i ett enda begrepp, men om det finns något land som gjort sig förtjänt av att kallas meritokrati – det vill säga ett samhälle där meriter är avgörande för erhållande av högre statliga tjänster – då är det Kina. Det handlade inte bara om meriter i form av kunskaper utan också om etisk bildning. De intellektuella, både de som var kejserliga ämbetsmän och övriga, förväntades vara moraliska föredömen för folket.

Examinationssystemet gav Kina en stabilitet, som saknades i flertalet andra länder. Den statliga administrationen fungerade i stort sett oberoende av vem som satt på kejsar-tronen, till och med om tronen skulle råka vara ockuperad av en främmande erövrare. Kinas sista kejsar-dynasti, Qing, var från början erövrare från nordost, från den del av Kina som i väst brukar kallas Manchuriet. Efter erövringen av Kina 1644 behöll de examinationerna och förvaltningssystemet.

Examinationssystemet innebär en möjlighet för nästan alla män att försöka göra karriär som ämbetsman, den kinesiska drömmen. Men för majoriteten av den stora bondebefolkningen var det inte mycket mer än just en teoretisk möjlighet, i praktiken mycket svår att uppnå. Dock, även om män från de fattigaste familjerna bara ibland deltog i någon examen, och bara i sällsynta fall blev godkända, bidrog examinationssystemet ändå till en social rörlighet.

Dessutom blev systemet en garanti för att lättjefulla eller obegåvade söner från överklassen aldrig fick några inflytelserika poster. Systemet gav inte heller några fördelar till dem som kom från huvudstaden.

Att styra landet med visdom

Hong Xiuquans och Zeng Guofans mål om bli godkända i den statliga ämbetsmannaexamen är således en dröm de delar med miljontals ambitiösa kinesiska män. Liksom den amerikanska drömmen om att vem som helst kan lyckas och till och med bli president, innebär den kinesiska drömmen att vilken man som helst med tillräcklig ambition ska kunna nå de högsta posterna i kejsardömet.

Men den kinesiska drömmen sträcker sig längre än den amerikanska; den är också ett försök att styra landet med visdom. Den engelske författaren W. Somerset Maugham gör en resa i Kina 1920 och skriver i boken On a Chinese Screen (1933) om ett möte med en kinesisk filosof, som inte bara har avlagt de kinesiska ämbetsmannaexamina utan även studerat i Berlin och Oxford. Han var påtagligt skeptisk till den modernisering som pågick i början av 1900-talet och hyllade Kinas klassiska konfucianska tradition:

> *Do you know that we tried an experiment which is unique in the history of the world? We sought to rule this great country not by force, but by wisdom. And for centuries we succeeded.* (Vet du att vi försökte oss på ett experiment som är unikt i världs-

historien? Vi strävade efter att styra detta stora land med vishet istället för med maktmedel. Och under flera århundraden lyckades vi.)

Det Kina som för drygt 2200 år sedan enades under förste kejsaren har alltid varit stort, till ytan och till befolkningen. Men den kejserliga administrationen är en relativt liten apparat. Det gäller framför allt under den sista kejsardynastin, Qing (1644–1912), då förvaltningen i stort förblivit oförändrad trots en snabb befolkningsökning.

Qing-dynastins minimalistiska styrelse innebär att Kina har jämförelsevis få statliga ämbetsmän – för en befolkning på mellan 400 och 450 miljoner på 1850-talet. Dessa ämbetsmän kan dock räkna med ett påtagligt stöd av den intellektuella eliten, som består av pensionerade ämbetsmän, av dem som på den lägre nivån klarat den kejserliga examen utan att få något kejserligt ämbete samt egentligen också av alla dem som ägnat många års studier utan att lyckas i examen. Det är dels fråga om en kollegial gemenskap, alla hade gått igenom samma utbildning, dels vid behov ett praktiskt stöd i form av arbete, pengar etc.

Det är fråga om män som omfattar samma konfucianska litterära tradition och som visar sin bildning genom att uppträda i enlighet med den konfucianska etiken. Det handlar således inte bara om intellektuell kompetens utan också om etisk. Det är denna kombination som anses kvalificera dem till att bli ämbetsmän, kejserliga rådgivare och föredömen för folket. Dessutom förväntas de skriva utsökt kalligrafi och vid behov åtminstone acceptabel poesi samt spela qin (*Qin* är ett gammalt stränginstrument, som Cecilia Lindqvist skrivit om i en vacker bok på svenska, utgiven 2006).

Samtidigt är det grundläggande konfucianska tankegodset mer eller mindre en del av alla kinesers referensram (ungefär som kristendomen under lång tid utgjort en del av alla svenskars kulturarv).

Men för dem som strävar efter att göra en statlig karriär gäller det att bli godkänd i ett antal examen och det låga antalet godkända, något eller några procent, innebär inte bara glädje för dem som lyckas utan också besvikelser för alla andra. Dessutom har den ökande befolkningen och det relativa välståndet under Qing-dynastin lett till att allt fler kvalificerat sig för att delta i examen. Men eftersom antalet ämbetsmän i stort ligger kvar på samma låga nivå har istället antalet besvikna ökat från år till år.

För en del blir denna besvikelse för svår att bära...

Hong misslyckas

Hong Xiuquan från hakka-byn i södra Kina är en av de många som hoppas att den kinesiska drömmen ska slå in, att han ska klara examen och göra karriär inom den kejserliga förvaltningen. Han deltar i de förberedande behörighetstesterna nära hembyn, där han blir en av omkring ett dussin godkända av fyra eller fem hundra kandidater. Redan här har han med ära utmärkt sig, trots att han ännu inte gått upp i någon riktig examen. De som klarar denna test, men inte lyckas komma vidare, kan ändå se fram mot ett liv som till exempel fattig men aktad lärare i en byskola.

Redan 1828, fjorton år gammal, gör Hong Xiuquan det första försöket att klara av examen på länsnivå, den första av de tre examensnivåerna. Han åker till Guangzhou (Kanton) där han ska tävla med de främsta inom ett antal distrikt. Det är flera tusen kandidater som deltar och bara en eller ett par procent kommer att bli godkända. Före examen blir han och alla andra kandidater kroppsvisiterade för att ingen ska kunna smuggla in fusklappar med citat ur klassikerna.

Om Hong Xiuquan lyckas bli godkänd kommer han att bli föremål för ärebetygelser och respekt. Han kommer att få rätt att bära de lärdes ämbetsdräkt och slippa kroppsbestraffning om han i framtiden skulle begå någon förseelse. Dessutom

kommer han att få ett litet statligt stipendium. Han behöver
bara klara av de tre examensomgångar som ska genomföras
under åtta dygn. Men han misslyckas.

Åtta dagar lång examination

Det är inte fråga om någon enkel examination som man kan
råplugga inför på några veckor. I boken *Ancestors* skriver Frank
Ching om Qin Guan som trettio år gammal år 1078 deltog i
examensprovet på provinsnivå. Examineringen ägde rum i ett
särskilt inhägnat område. Den bestod av tre sessioner och
pågick under sammanlagt åtta dagar. Kandidaterna hade med
sig papper och skrivverktyg (penslar, tusch etc), vaxljus för
kvällen och natten, sängkläder, mat och ett förhänge att hänga
för den öppna väggen i båset.

Qin Guan anlände till examinationsplatsen före soluppgången.
När alla kandidater samlats leddes de in i själva anläggningen
varpå portarna ut stängdes och förseglades så att de inte
skulle kunna öppnas förrän efter varje session. Om någon av
kandidaterna eller tjänstemännen råkade avlida under examen
kastades kroppen över muren; förseglingen fick inte brytas.
Kandidaterna kroppsvisiterades av soldater för att inget otillåtet
skulle kunna smugglas in. För att garantera en noggrann
visitering blev soldaterna belönade om de hittade något förbjudet.
Det sades att detta uppdrag var särskilt populärt bland
soldaterna därför att det förmodligen var enda gången i livet de
kunde spela översittare gentemot intellektuella.

Tjänstemän kontrollerade identiteten för var och en mot en
fysisk beskrivning av deras utseende, för att inte någon skulle
kunna ha anlitat en kunnigare ersättare. Kandidaterna fick
slutligen varsitt identifikations-nummer och var sitt bås, bestående
av tre träskivor – som sittplats, skrivbänk och som
hylla. Vid det laget hade första dagen gått.

Tidigt nästa dag, före solens uppgång och efter en natts sömn i båsen, fick kandidaterna den första sessionens frågor.

Under hela dagen och påföljande natt jobbade Qin Guan och de andra kandidaterna med uppgifterna, som handlade dels om att utveckla avsnitt ur klassiska texter, dels om att kommentera regeringspolitiken. Nästa morgon lämnade Qin Guan in sina papper och fick lämna området. Första sessionen var över. Efter en dags vila återkom Qin Guan för samma omständliga kontroll innan det var dags för andra sessionen. Den varade också en hel dag med påföljande natt, liksom tredje sessionen. Åtta dagar efter att han anlänt var prövningen över. Nu återstod bara att vänta på resultatet. Vilket kunde ta en månad.

Ett antal kontorister (ett par tusen vid de största examinationsanläggningarna) skrev med rött tusch av alla inlämnade uppgifter och dessa avskrifter kontrollerades därefter av andra gentemot originalen, som var skrivna med svart tusch. Examinatorerna såg endast avskrifterna, som var kodade, så att varken namn eller handstil skulle kunna avslöja vem som skrivit respektive svar. Examinatorerna, av vilka några var utsända från huvudstaden, fick inte lämna området innan resultatet av examen hade publicerats. Med själva testdagarna och förberedelserna inför examen innebar det att examinatorerna under nästan två månader var avstängda från allt normalt liv.

Utbildningsdrömmar

För de allra flesta är den kinesiska drömmen om en ämbetsmannaexamen trots allt något ouppnåeligt, dels på grund av kostnaderna, dels på grund av att det inte lönar sig att ens försöka för mindre begåvade läshuvuden – oavsett hur gott ställt deras föräldrar kan ha det.

Men även om den stora drömmen ses som omöjlig drömmer flertalet kineser i alla fall om någon slags utbildning,

vanligen bara för sönerna. Lindesay Brine skriver i sin bok
1862:

Alla föräldrar, även de som hör till de fattigaste bland arbetarna,
ger en plats i en skola för sina söner högsta prioritet och för att
uppnå detta har jag lärt känna lantarbetare och båtfolk som sparar
så mycket som möjligt av sina magra inkomster från den dag de
gifter sig och som förhoppningsfullt ser fram mot den dag då deras
son kan skickas iväg för att plocka upp det nödvändiga mått av
lärdom för att ge honom framgång i livet.

Enligt Lindesay Brine lär sig dessa söner att läsa och skriva det
antal tecken som anses behövas för dagligt bruk, som mest
kring två tusen, liksom matematik för att kunna sköta sina
affärer. Pojkarna går ofta i skola från sex-, sju-årsåldern. De
som hoppas bli lärlingar för någon hantverkare håller på tills
de är ca tolv år. De som förväntas följa i sina fäders fotspår,
såsom fiskare eller lantarbetare, går vanligen kortare tid i
skolan, kanske två eller tre år.

Avgifterna för sådana skolor på mindre orter är enligt Brine
wonderfully moderate (underbart moderata). I lite större städer
brukar lärarna vara lite bättre utbildade och där får de lite
högre ersättning. Familjer som har det bättre ställt brukar
anställa en lärare, antingen för en familj eller tillsammans för
några familjer. Lärarna i dessa skolor är för det mesta män som
inte blivit godkända i ämbetsmannaexamen.

En av dem som får en viss utbildning är Li Xiucheng (1823–
64) från en liten by i provinsen Guangxi i sydvästra Kina. Han
är den ene av två söner i en familj som försöker överleva på
tjärkolsbränning och som lantarbetare. Under tre år tillåts han
studera för en farbror, men sedan tvingas han på grund av
familjens fattigdom att börja arbeta. Som tur är får han arbete
som kock i byskolan och kan på så sätt fortsätta "studierna"
genom att lyssna på klassens högläsningar. Denne Li Xiucheng

blir senare en av de främsta rebell-generalerna i 1800-talets största upprorsrörelse.

Hong misslyckas igen

Vid 22 års ålder, 1836, gör Hong Xiuquan sitt andra försök och misslyckas även denna gång. Däremot möter han vid examensanläggningen, på *Longcang Jie* (Gatan där drakar gömmer sig), för första gången en västerlänning tillsammans med en kinesisk tolk. Det är en protestantisk missionär som tillsammans med sin kinesiska kollega bestämt sig för att försöka värva själar vid platsen för de kejserliga examinationerna, där gräddan av de mest begåvade och de framtida ledarna samlas. Västerlänningen kan ha varit Edwin Stevens, en amerikan från New England. Hong pratar inte med den främmande mannen, men han får en bok på kinesiska, *Guds förmaningar till mänskligheten*, som 1832 skrevs av en kristen kines, Liang Fa, som en introduktion till kristendomen (*Liang Fa* skrivs ofta i västerländska böcker som Liang A'Fa eller Liang A Fa, eftersom det i södra Kina tidigare var vanligt att, vänner emellan, lägga till prefixet A före personnamnet).

Liang Fa var för övrigt den förste kines som blev kristen präst. Boken, eller egentligen en samling med nio häften, består dels av kommentarer av Liang Fa själv, dels av avsnitt ur Bibeln. Översättningen har dock vissa brister, vilket innebär att läsarna kan missuppfatta en del av budskapen.

Hong läser inte boken vid detta tillfälle, men han sparar den. Möjligen skummar han igenom den. I så fall kanske han – som Jonathan D. Spence spekulerar om (God's Chinese Son) – ser att den bland annat innehåller en redogörelse för hur en stor flod (på kinesiska *Hong*, samma tecken som hans familjenamn) en gång förstört allt levande på jorden, utom dem som räddades av Noa. Han kanske också i så fall noterar att denna förstörelse skedde på order av *Ye-huo-hua* (Yehova), vars andra stavelse skrivs med tecknet för *Huo* (eld), som är det första tecknet i det namn Hong fått (Huoxiu) av hans föräldrar.

För övrigt är det första tecknet i Hong Xiuquans namn samma tecken för flod som används som en symbolladdad kod av det hemliga *Himmel- och jordsällskapet*, som är aktiv i södra Kina. Sådana sammanträffanden ses ofta i Kina, både bland bildade kineser och andra, som något mer än bara tillfälligheter.

Kanske blir Hong medveten om dessa sammanträffanden först flera år senare, när han på allvar läser Liang Fas bok. Vid detta besök i Guangzhou besöker Hong Xiuquan även en privat akademi och lyssnar på några föreläsningar om storheten i kinesisk kultur och om behovet av sociala reformer. Föreläsaren ska ha varit en känd lärd vid namn Chu Tz'u-chi (Feuerwerker).

Hongs visioner

Nästa år, 1837, gör Hong Xiuquan ett nytt försök. Han reser igen till Guangzhou och igen misslyckas han. Han känner sig för sjuk för att gå den långa vägen hem och hyr en bärstol och när han kommer hem är han så svag att han går till sängs. Hong tror att hans tid är ute och tar farväl av familjen. Under febern upplever han under en veckas tid visioner i vilka han blir buren till en plats där han blir helad och där han möter en kvinna som kallar honom sin son. Därefter får han möta sin far, som har ett långt gyllene skägg, är klädd i en svart drakdräkt och som hälsar honom Välkommen tillbaka.

Fadern avslöjar för Hong att många av människorna på jorden har förletts av demoner och därför har förlorat den ursprungliga karaktär som han, fadern, skänkt dem. De tillbeder demonerna som om det var de som hade skapat människorna.

Hong för en dialog med fadern som slutar med att han, fadern, säger till Hong att om han inte står ut med den ondska som pågår får han tillstånd att bekämpa demonerna. I drömmen får Hong ett svärd och han slåss mot demonerna och till slut lyckas han, tillsammans med sin äldre bror, driva demonerna ut ur himlen. Men de finns kvar på jorden, där de fortsätter att förföra människorna och efter en längre vistelse i himlen där han undervisas av fadern och den äldre brodern återvänder han till jorden. Men först får han av fadern ett nytt namn. Han får inte längre använda tecknet Huo (eld) i sitt namn, eftersom det är förbjudet, och han får istället namnet Quan (fullständighet). Han får också en titel, *himmelsk kung, herre över den kungliga vägen, Quan.*

Innan Hong återvänder tar han farväl av sin himmelske fader, moder, av sin äldre broder och hans hustru samt av den hustru och son han själv hunnit få under vistelsen i himlen. Enligt de gudsord han får på vägen kommer det att ta flera år innan han ska komma till insikt, men han kommer senare att få en bok som ska förklara allt. Om han väljer att agera enligt boken kommer han inte att misslyckas, men folk i världen kommer att förtala honom, hånskratta åt honom och förakta honom.

Under hans visioner eller feberdrömmar har Hongs jordiska familj vakat över honom och förmodligen förfärats över hans yranden då han kallat sig själv kung. De tror att han kan ha blivit tokig, men efter att han vaknat upp och frisknat till återvänder Hong till de konfucianska klassikerna och börjar förbereda sig för att göra ett nytt försök att klara examen. Han återupptar sitt arbete som lärare i en by i närheten och hans hustru, Lai Xiying, föder en dotter. Drömmen kan han inte förstå sig på, men han glömmer den inte.

Hong Xiuquans personlighet förändras. Han blir mer allvarlig och värdig i sitt uppträdande och han börjar att strängt kritisera andra för vad han ser som deras moraliska brister. Som man kan vänta tas hans anmärkningar inte alltid väl emot och han betraktas av en del som lite egen; av andra ses han med mer respekt än tidigare. Släkten och hans bekanta tycks snart ha vant sig vid hans nya namn, Hong Xiuquan. (Vad Hong egentligen såg eller upplevde i feberdrömmarna 1837 vet vi förstås inte. Vad vi har är kusinen Hong Rengans berättelse för Theodore Hamberg 1853, det vill säga sexton år efter att drömmarna ska ha ägt rum.)

Hong kommer till insikt

1843 gör Hong Xiuquan det fjärde försöket att avlägga examen i Guangzhou, med samma resultat som tidigare. Igen återvänder han till sin by och under en del av vägen åker han med en flodbåt. Ombord på båten förbannar han examinatorerna och den manchuriska dynastin. Högt och tydligt tar han dessutom ett beslut om att störta Qing-dynastin (Jen Yu-wen). Ingen av hans medpassagerare verkar reagera; besvikna examenskandidater är ingen ovanlighet.

En dag 1843 får Hong Xiuquan besök av en vän och släkting, Li Jingfang, som råkar få syn på boken skriven av Liang Fa, den som är en introduktion till kristendomen på kinesiska och som Hong fick 1836 men som han själv ännu inte läst. Li Jingfang lånar boken, blir tagen av den och uppmanar Hong att läsa den. Vilket han gör.

Hong blir också tagen av bokens budskap, som kanske får en särskild tyngd på grund av det första opiumkriget som 1839–42 utkämpats mot Storbritannien. År 1841 slöts ett avtal mellan engelsmännen och kineserna, som innebar att staden Guangzhou räddades mot att Storbritannien fick behålla ön Hongkong och fick ett stort skadestånd. Den frivilliga kinesiska milisen upplöstes. Förödmjukelsen över detta avtal ledde till omfattande protester bland bildade kineser mot den ämbetsman som skrivit på avtalet. Den inre sammanhållningen i Kina började spricka.

Den brittiska flottan seglade norrut längs den kinesiska kusten för att attackera Shanghai och andra städer. På grund av protesterna mot avtalet i Guangzhou blev Qing-dynastin uppenbart orolig för fortsatta folkliga protester och dess reguljära trupper, som leddes av manchu-officerare, slog i förebyggande syfte till mot det egna folket när de samlades inför hotet från brittiska flottan. Den inre splittringen blev än tydligare och det gamla motståndet mot de främmande manchuerna började väckas på nytt.

Det är när dessa händelser nyligen ägt rum som Hong Xiuquan försöker förstå den bok han fått redan 1836. Bland annat läser han Liang Fas text om profeten Jesaia: *Ert land är förött, era städer brända. Era åkrars gröda ser ni främlingar äta...* (1:7) *Men brottslingar och syndare skall krossas, de som överger Herren skall förgås.* (1:28)

I boken förklarar Liang Fa att det finns en Gud (*Ye-huohua*) som skapat jorden och allt levande, men att det också finns en ond gud i form av en orm-demon som förför människor. Liang Fa berättar om Jesus, Guds son, och om att ett sändebud från Gud vid Jesu födelse förkunnade *Ära i höjden åt Gud och på jorden fred* (Taiping) *åt dem han har utvalt* (Lukas 2:14). Liang skriver också om himmelriket (Tianguo), som kan tolkas på två sätt, antingen som benämning för tillvaron i paradiset efter döden eller som namnet på ett gudsrike på jorden för dem som tror på Jesus.

Kanske känner den klassiskt skolade Hong sig särskilt berörd av den gammaltestamentliga Gud som på kinesiska översatts med *Shangdi*, den benämning på gud som användes i Kina för mer än tre tusen år sedan?

Liang skriver om det fåfänga i att gå upp i den kejserliga examen och be till andra gudar för att bli godkänd – något som kan ha gjort intryck på Hong som för fjärde gången misslyckats i examen. Han gör aldrig något nytt försök.

Hong Xiuquan får genom Liang Fas skrifter förklaringen till de feberdrömmar han hade sex år tidigare. Hans gamla namn, Huo, är tabu därför att det är samma tecken som det andra tecknet i Guds namn, Ye-huo-hua (i Kina fick kejsarens egennamn vanligen inte användas av någon annan levande person eller i något annat sammanhang). Avgudabilder är onda och det finns gott om demoner på jorden som måste förgöras. Den reningsritual som Hong gick igenom i sin dröm förebådar hans döpelse. Och Hong är uppenbarligen Guds son och Jesu yngre bror. Trots att människorna förleds att synda älskar Gud dem och det är därför han sände ner sin son, Jesus, till jorden för att frälsa människorna. Men det hjälpte inte och nu är det dags för hans andre son. Jesus var runt trettio när han lämnade sitt tidigare liv och öppet började predika. Hong Xiuquan är drygt 29 år när han läser Liang Fas skrifter.

Hong förstår att han har en mission: *Jag har mottagit det direkta kommandot från Gud i hans närvaro: Himlens uppdrag ligger hos mig. Även om jag kommer att möta elände, svårigheter och lidande är jag beredd att handla.*

Står Kina inför en snar frälsning?

Fyra år senare, 1847, kommer Hong Xiuquan att göra en resa till staden Guangzhou där han träffar den amerikanske baptistpastorn Issachar J. Roberts och då får han förmodligen en fullständig bibel på kinesiska. Men tills dess är de texter som Liang Fa översatt och kommenterat de enda kristna texter han stöter på. Det är texter som är osystematiska, med utdrag ur Bibeln som presenteras lösryckta från sitt sammanhang och utan någon kronologisk ordning (Philip A. Kuhn).

Liang Fas skrifter uppfyller förmodligen de kristna missionärernas mest grundläggande behov i början av 1800-talet. Det centrala budskapet handlar om Guds allsmäktighet, om själens odödlighet, om skillnaden mellan frälsning och evig fördömelse i helvetet, om Jesus som frälsare samt om Kinas moraliska förfall. Det moraliska förfallet har, enligt Liang Fa, framför allt skett genom påverkan av daoismen och buddhismen men också på grund av konfucianismen.

Konfucianismen fick som nämnts för mer än två tusen år sedan ställning som Kinas statsfilosofi. Det är en filosofisk riktning som fokuserar på relationerna mellan människor, från familjen till världen. I skriften *Den stora lärdomen*, som Konfucius sägs ha varit medförfattare till och som hans lärjunge Zeng-zi, Zeng Guofans anfader, ska ha skrivit inledningen till, står det:

> *De som i forntiden önskade att ge prov på godhet och strålande dygd över hela världen reglerade först sina egna stater. För att kunna styra sina stater väl, skapade de först ordning i sina egna familjer. För att kunna styra sina familjer väl, kultiverade de först sina egna personligheter. För att kunna kultivera sig själva, rättade de först sina medvetanden. För att kunna rätta sina medvetanden, sökte de först vara äkta och uppriktiga i sina tankar. För att kunna vara äkta och uppriktiga i sina tankar, utvidgade de först sina kunskaper. Man vidgar sina kunskaper genom att utforska tingen.*

Daoismen, som uppstod ungefär samtidigt med konfucianismen för ca 2500 år sedan, är på ett sätt dess motsats. Medan konfucianerna bekymrar sig över hur man etiskt, i praktisk handling, ska styra samhället – från familjen till kejsardömet – vill daoisterna följa livets ström. De hävdar värdet av icke-handlande eller snarare spontana handlingar istället för överlagda. Två motsatta sätt att se på världen kan man tycka, vilket inte hindrat många kejserliga ämbetsmän att vara daoister i den privata livssfären medan de utövat sina ämbetsmannagärningar enligt konfucianska principer.

När konfucianerna visar hur furstar ska styra för att skapa harmoni lär daoisterna att enda sättet att uppnå lycka är att vända sig bort från samhället. Medan konfucianerna talar om hur människor ska uppfostras till godhet, menar daoisterna att varje individ ska lämnas fri att leva i enlighet med sin egen natur. Medan konfucianerna hävdar lärdom som vägen till ett etiskt föredömligt leverne påstår daoisterna att en djupare insikt bara kan nås genom att glömma det man lärt sig. Daoismen är i grunden en filosofi. Men den har också – genom påverkan av buddhismen – fått en religiös riktning, med tempel och strävan efter odödlighet

Buddhismen kom från Indien för ca två tusen år sedan. Medan daoismen främst ägnar sig åt det jordiska livet är buddhismen mer upptagen med livet efter döden. Med buddhismen kom idén om ett helvete till Kina, ofta konkret skildrat i buddhistiska och daoistiska tempel i form av människofigurer som utsätts för grymmast tänkbara tortyr.

Buddhismen anpassade sig till och lät sig påverkas av Kinas traditioner. Men buddhismen provocerade också kineserna, främst genom dess förkärlek för klosterlivet, som innebar att de som valde att gå i kloster också avsa sig alla familjeband. De traditionellt starka kinesiska familjebanden, med sönernas ansvar för att sörja för föräldrarna och föra släkten vidare, stod i motsättning till buddhismen, med dess munkar som förutsattes leva i celibat i kloster långt från deras ursprungliga hem.

Hongs mission

Slutsatsen, som Hong Xiuquan drar av Liang Fas häften, är att det kinesiska folket levde ett sannare liv innan det förleddes av dessa tre falska religioner eller filosofier. Det var då man i det forntida Kina vördade Shangdi, som i Hongs tolkning blir den gud som Bibeln handlar om, *Ye-huo-hua* (Jehova).

En följd av den osystematiska uppställningen av texter i Liang Fas skrifter blir en viss förvirring vad gäller kronologin. Efter att till exempel ha beskrivit det aktuella dåliga moraliska tillståndet i världen går Liang Fa direkt vidare och skriver om att *Så älskade Gud världen att han gav den sin ende son* (Johannes 3:16) utan att förklara skillnaden i tid mellan nutiden, det vill säga början av 1800-talet, och då Jesus föddes. Det läsarna möjligen kan tro av detta är, som Philip A. Kuhn skriver, att Kina efter en lång period av moraliskt förfall står inför en snar frälsning i form av Guds son.

(Kinesiska verb saknar tempusböjningar, vilket innebär att om man säger eller skriver ett verb utan ett sammanhang, exempelvis *anlända*, vet man inte om det syftar på att någon anlänt, håller på att anlända eller ska anlända i framtiden. Normalt skapar detta inga problem eftersom betydelsen framgår av sammanhanget. Men vid översättningar till kinesiska behöver man ofta förtydliga genom att skjuta in exempelvis *för två tusen år sedan*.)

Hong Xiuquans slutsats blir i alla fall att det är han som anförtrotts uppgiften att bekämpa de demoner som har förlett mänskligheten. Men vilka är dessa demoner? Kanske tror Hong vid denna tid att det är de folkliga religiösa föreställningarnas många gudar och andar? Dessa avbildas och tillbes dessutom gärna, vilket direkt strider mot det andra av tio Guds bud, *Du ska inte göra dig någon bildstod eller avbild, och du ska inte tillbe eller tjäna dem.*

Hong Xiuquans drömvisioner ska ha varat sju dagar, men i senare redogörelser har tiden utökats till fyrtio dagar – kanske påverkad av de fyrtio dagar i öknen då Jesus ska ha fastat?

Hong Xiuquan gjorde sammanlagt fyra försök att bli godkänd i examen på första nivån, utan att lyckas. Med tanke på den låga andelen godkända är det ett misslyckande han delar med de flesta. Zeng Guofan blir till exempel godkänd först vid sjunde försöket och Zengs far vid sjuttonde. Alla blir inte tillfreds med att misslyckas. Det finns gott om historier om kandidater som under trycket av alla förväntningar inte klarat av att bli underkända utan istället valt döden.

Hong kommer att välja upproret…

Zeng som student

Zeng Guofan från byn Xiangxiang i provinsen Hunan är några
år äldre än Hong Xiuquan och har redan påbörjat sin akade-
miska karriär när Hong försöker klara sin första examen. Vid
sjunde försöket blir Zeng godkänd i examen på länsnivå 1833,
året efter att hans far vid sjuttonde försöket och 41 år gammal
lyckats klara samma examen. Året därpå blir Zeng Guofan
godkänd i nästa nivå, provinsexamen.

Zeng Guofan gör ett misslyckat försök att avlägga den
nationella examen i Beijing 1835, men blir godkänd vid nästa
tillfälle, tre år senare. Då är han 27 år gammal. Efter att ha
klarat av denna nationella examen blir Zeng Guofan medlem i
Hanlin-akademin, som existerat i mer än tusen år och som
består av de främsta bland de skriftlärda.

Hanlin-akademin inrättades på 700-talet och dess funktion
är bland annat att ansvara för historiska arkiv och för den
officiella tolkningen av de konfucianska klassikerna. Bara de
som klarat av den nationella examen kan bli medlemmar i
akademin och den fungerar också som en personalreserv för
nyexaminerade under väntan på att bli utnämnda till högre
statliga ämbeten.

Zeng Guofan har ägnat 23 år av sitt liv åt studier, men han
inser att han bara nått en bit på sin bildningsväg. Han är inte
minst besviken över att hans personliga uppträdande inte når
upp till de konfucianska idealen. Han fortsätter följaktligen att
studera. I ett brev 1843 skriver han om tre nödvändiga villkor
för framgång: viljan att lära, viljan att förstå och viljan att
ständigt tillämpa. Under fyra månader hösten 1844 läser han
följande böcker och skriver kommentarer om dem: samtliga
verk (100 volymer) av Wang Ching, 40 volymer skrivna av
Kwei Chen-chüan, 100 böcker om historia från senare delen av
Han-dynastin samt de 20 böckerna i den poetiska samlingen
Sångernas bok (W. J. Hail).

Zeng Guofan får flera höga tjänster inom den statliga förvaltningen och han tar uppenbart sina ämbeten på allvar. Men han förlorar inte kontakten med hemmet och med sitt ursprung. I brev hem uppmanar han ständigt sina yngre bröder att fortsätta med jordbruket som familjens främsta försörjning. Han förmanar dem också att behandla alla lika, fattiga som förnäma. Han påminner dem ständigt om familjens enkla bakgrund och om då han själv på gatan sålde grönsaker från familjens odlingar.

Zeng har en stark familjestolthet och vill att familjens medlemmar alltid ska uppträda i enlighet med deras ställning. Framför allt ska de aldrig utnyttja familjens goda rykte för att skaffa sig fördelar på andras bekostnad. Zeng tar sitt ansvar som äldste son på så stort allvar att han ofta irriterar sina yngre bröder. Det är inte heller alla som delar hans värderingar och en av bröderna, Zeng Guoquan, skulle senare komma att göra honom generad på grund av sin extravaganta livsstil.

Den 8 maj 1849 skriver Zeng Guofan i ett brev till hemmet i Hunan om nödvändigheten att ta hand om familjen. Ämbetsmän blir vanligen bara framgångsrika under en generation därför att deras söner och sonsöner blir alltför stolta och lyxiga. Köpmannafamiljer, som är flitiga och ekonomiska, kan förbli framgångsrika i tre eller fyra generationer. Bönder och intellektuella familjer kan bli framgångsrika i sex eller sju generationer. Zeng önskar att hans yngre bröder ska uppträda som bönder och intellektuella och inte som ämbetsmän.

Kejsarens rådgivare

Efter att ha blivit invald i den anrika Hanlin-akademin fortsätter Zeng Guofan att genom ännu mer studier avancera till högre positioner i akademin samtidigt som han blir tilldelad mindre utnämningar i den kejserliga administrationen i huvudstaden. År 1843 deltar han i en särskild examen i kejsarens närvaro och av 123 deltagare blir han sexa, vilket ger honom tillträde till högre tjänster i akademin. Samma år blir Zeng utnämnd till examinator i provinsen Sichuan för att där övervaka de kejserliga examina. Detta uppdrag leder bland annat, enligt Stephen R. Platt, till att han kan betala sina skulder. Han kan nämligen återvända till huvudstaden med en mängd gåvor, dels från inställsamma underordnade, dels från tacksamma släktingar till de kandidater som blivit godkända. Förmodligen får det honom att bli mer uppmärksam på korruption och på den materialism som dominerar hovlivet.

År 1847, vid 37 års ålder, avlägger han slutligen den examen som krävs för att bli en av kejsarens rådgivare. Han blir också utnämnd till vice president i ceremoni-departementet. Vart och ett av de sex statliga departementen har under Qing-dynastin två presidenter, en manchu och en han-kines, samt fyra vice presidenter. I denna tjänst blir han bland annat involverad i de omfattande och strikta ceremonierna efter kejsarinnans död 1849 och efter kejsarens död året därpå.

Dessa ceremonier är en allvarlig angelägenhet i Kina, där man sedan flera tusen år vördar sina förfäder vars själar tänks leva vidare i en högst reell parallell tillvaro, om än osynlig för vår. Det är de levandes ansvar – framför allt äldste sonens – att sörja för de avlidnas själar så att de i sin tur ska se efter och skydda deras efterkommande. Dessa ritualer är noggrant föreskrivna och det är inte tillrådligt att slarva med dem.

Om man i en vanlig familj underlåter att bry sig om förfäderna, eller tar för lätt på ritualerna, kan familjen straffas med sjukdomar, ekonomiska problem, disharmonier etc. Om kejsaren underlåter att korrekt vörda hans förfäder, speciellt hans avlidna föräldrar, kan dessa dra olyckor över hela riket.

Den kejserliga regeringen

Från ceremoni-departementet blir Zeng Guofan efterhand förflyttad till de andra departementen tills han har tjänstgjort som vice president i alla sex. Den centrala administrationen i huvudstaden utgörs sedan Ming-dynastin av Stora sekretariatet och av sex departement. *Stora sekretariatet* bestått av ett antal ministrar eller rådgivare, som är de högsta ämbeten som en kines kan hoppas få; över dessa finns enbart kejsaren själv. Stora sekretariatet fungerar främst som en nämnd för att ta emot och behandla skrivelser som skickas till kejsaren från departementen, provinserna och ämbetsverken.

Under Stora sekretariatet finns sex departement – för statens inkomster, civilärenden (främst utnämningar), krigsmakten, rättsärenden, offentliga arbeten samt för ceremonier. Ceremoni-departementet har inte bara hand om kejserliga ceremonier i samband med religiösa högtider och dylikt utan är också ansvarigt för utbildningsfrågor i allmänhet och för de kejserliga examinationerna i synnerhet.

Utöver Stora sekretariatet och de sex departementen finns även en censorsmyndighet för kontroll och revision, direkt underställd kejsaren och med anor ända tillbaka till förste kejsaren och Qin-dynastin (221–207 f.Kr.). Den myndigheten ska granska och vid behov påtala missförhållanden inom den statliga administrationen. Inom myndigheten finns även enheter dit vem som helst kunde vända sig med klagomål mot någon myndighet eller ämbetsman. Sedan Tang-dynastin råder meddelarskydd, det vill säga den klagande behöver inte själv framträda och bli känd utanför censorsmyndigheten.

Under Song-dynastin fanns det särskilda ämbetsmän vars uppgift det var att ifrågasätta de beslut som togs inom respektive departement och av kejsaren själv. De skulle fungera som "djävulens advokater". Det var ett riskabelt uppdrag – de riskerade sina huvuden. Ming-kejsarna, som var mer auktoritära än Song-kejsarna, tröttnade på att i deras närhet ha personer som hade till uppgift att få dem att framstå som inkompetenta och flyttade över dem till censorsmyndigheten. Samma öde drabbade de djävulens advokater som var anställda inom respektive departement.

Detta administrativa system har varit tämligen stabilt och fungerat i stort oförändrat från kejsare till kejsare. Men varje ny dynasti införde ett antal detaljändringar. Qing-dynastin inrättade också tre helt nya ministerier, vilka fungerar vid sidan av den ordinarie byråkratin och som främst bemannas av manchurer – och ej med nödvändighet av examinerade ämbetsmän. Dessa är:

• *Ministeriet för de yttre provinserna*, det vill säga för Tibet, Mongoliet, Xinjiang och Taiwan.

• *Ministeriet för hovstaten*, som handhar kejsarens mer privata affärer, de statliga egendomarna etc.

• *Stora rådet*, som fungerar som ett personligt rådgivande organ under kejsaren. Stora rådet ska hantera alla viktiga frågor och står över Stora sekretariatet. Vid behov skickas ämbetsmän från Stora rådet ut i provinserna för att lösa allvarligare kriser.

Under Qing-dynastin får också en mindre, utvald grupp högre ämbetsmän – provinsguvernörer och liknande – möjlighet att skicka in särskilt angelägna skrivelser direkt till kejsaren. Syftet var att denna möjlighet skulle reserveras för de allra viktigaste ärendena. Det ska ha fungerat väl under de första kejsarnas tid, men – naturligtvis – slutade det hela med att dessa höga ämbetsmän ansåg att i stort sett allt de hade att förmedla var av yttersta vikt. Sådana skrivelser (hemliga palatspromemorior) skickas vanligen ut till kretsen av högre ämbetsmän för kommentarer innan hovet fattar något beslut.

Ytterligare en möjlighet för kejsaren är vad som kallades yanlu (ordens väg). Det är ett sätt för kejsaren att i frågor av extra stor betydelse ta råd från alla ämbetsmän i riket – om nödvändigt till och med från alla som klarat examen, oavsett om de innehar statliga tjänster eller ej.

Råden

Som kejserlig rådgivare författar Zeng Guofan ett antal
skrivelser till kejsaren med kommentarer och råd angående
aktuella politiska frågor. Dessa skrivelser blir i regel väl mot-
tagna, såsom ett i vilket han kritiserar byråkratin.

I en annan skrivelse, den 26 maj 1851, kritiserar Zeng
Guofan kejsaren själv för att vara formalistisk och alltför upp-
tagen med obetydligheter. Zeng tar som exempel att kejsaren
under senaste tiden har straffat tjänstemän för små försum-
ligheter vad gäller ceremonier medan han underlåtit att gran-
ska den militära kampanjen mot ett uppror i södra Kina, vilket
lett till förvirring inom den militära ledningen.

Kejsaren berömmer Zeng för hans kritik av byråkratin,
men reagerar surt när han själv blir angripen. Dock, med
hänsyn till Zengs goda intentioner, avstår kejsaren från att ge
honom en allvarligare tillrättavisning. För sin yngre bror
förklarar Zeng Guofan varför han tar risken att kritisera
kejsaren med att han och hans familj fått motta flera äre-
betygelser av kejsaren och att han därför vill bevisa sin lojalitet
genom att ärligt säga vad han tycker. Därmed lever han upp till
de mer än två tusen år gamla konfucianska idealen för en sann
ämbetsman.

(Av de bamburullar som 1993 hittades i en grav i Guodian
från trehundratalet före vår tideräknings början framgår att
den konfucianska definitionen på en lojal minister då var den
...*som konsekvent kritiserar kejsaren*. Guodian ligger nära staden
Jingmen i provinsen Hubei, norr om provinsen Hunan, där
Zeng Guofan föddes. Den som begravdes i Guodian var en lärd
man och i graven fanns ca åtta hundra bambustickor med
bland annat daoistiska och konfucianska texter. Innan man i
Kina började använda papper att skriva på, för ca två tusen år
sedan, skrev man på tunna bambustickor, uppifrån och ned.
Stickorna bands ihop med snören till rullar, dåtidens böcker.)

Kinas tre olyckor

Den 7 februari 1852 författar Zeng Guofan ytterligare en
skrivelse till kejsaren, denna gång om tillståndet i riket för
vanliga kineser, och han begär av kejsaren att denne ska ingripa
för att stävja dessa missförhållanden.

Zeng Guofan inleder skrivelsen med att jämföra två histo-
riska epoker, den ena under Sui-dynastins förste kejsare Wendi
(589–604) då ekonomin blomstrade men landet trots det föll
ner i kaos – på grund av att folket förlorat tilltron till regerin-
gen. Den andra epoken var under Han-dynastins kejsare Han
Chaodi (86–74 f.Kr.), då landet var fattigt men förhållandena
fredliga och trygga – tack vare att folket hade förtroende för
dess regering. Zeng påminner också om den store Qing-
kejsaren Kangxis första femton år på tronen (1662–1677), då
Gula floden svämmade över nästan varje år och vållade stora
skador, då södra delen av landet förhärjades av de tre vasaller-
nas uppror (1673–1681) och då den statliga kassakistan var
nästan tom. Kejsardynastin förblev trots detta säker och
förhållandena i övrigt var lugna – tack vare att kejsaren älskade
folket mer än sig själv och att han därför fick dess stöd.

Redan med denna inledning riskerar Zeng att en nybliven
(1851), osäker och snarstucken härskare ska ilskna till på ett för
författaren ohälsosamt sätt. Men Zeng fortsätter med att
förklara att trots att den regerande kejsaren, Xianfeng, obe-
stridligen älskar sina undersåtar lika mycket som före-gångaren
Kangxi, är lokala ämbetsmän likgiltiga inför deras uppdrag
samt underlåter att rapportera om missförhållanden till
kejsaren. På grund av denna brist i kommunikationen, för-
klarar Zeng, vill han ta tillfället i akt att beskriva de tre olyckor
som folket mest lider av.

Det första olyckan, skriver Zeng, är det höga priset på
silver, vilket negativt påverkar böndernas förmåga att betala
sina skatter. Han förklarar i detalj vilka avgifter och skatter en
bonde måste betala och att dessa bördor har fördubblats

eftersom han måste betala i silver medan inkomsten från det sålda riset betalas med kopparmynt, som halverats i värde i förhållande till silver. Med andra ord, trots att den nominella skatten, räknat i mängden silver, är oförändrad, har skattebördan fördubblats därför att det blivit dubbelt så dyrt att skaffa silver. Med tanke på dessa omständigheter är det inte förvånande, skriver Zeng, att ett stort antal skattebetalare har blivit brottslingar.

De som inte klarar av att betala sina skatter blir ofta svårt pryglade, inte nödvändigtvis därför att de lokala ämbetsmännen skulle vara grymma utan för att de inte anser sig ha något val. Ämbetsmän som inte lyckas leverera in minst 70 procent av den skatt som ska betalas till Beijing kommer själva att bestraffas och de kan också tvingas betala mellanskillnaden med egna medel och därmed ruinera sina familjer.

Den andra olyckan är det stora antalet banditer som är ett hot mot alla laglydiga medborgare. Men det värsta är att de regeringstrupper som skickas ut för att fånga banditerna ofta är korrumperade, plågar befolkningen, bränner ner deras hus och stjäl vad som finns kvar att stjäla – utan att några banditer infångas.

Den tredje olyckan är rättsosäkerheten, som innebär att ett stort antal oskyldiga straffas och förvägras möjligheten att få rätt – något som Zeng har fått många rapporter om sedan han blev utnämnd till justitieminister. I de flesta fall, av de han fått rapporter om, var det målsägaren som i slutändan blev bestraffad, med motiveringen av han gjort en falsk anklagelse. Straffet för sådana förseelser var normalt att bli piskad med hundra slag. Om målsägaren dessutom understod sig att anklaga den lokale ämbetsmannen för försummelser inför en överordnad blev han bestraffad med att förvisas som soldat till ett malariadrabbat område.

Vem kan inbilla sig, frågar Zeng, att det alltid är målsäga-
ren som har fel, om denne är en vanlig medborgare och den
svarande är en offentlig tjänsteman? Dessa är de tre allvarligaste missförhållandena i imperiet,
skriver Zeng. Vad gäller första problemet, det stigande priset
på silver, behöver regeringen hitta medel med vilka man kan
stabilisera priserna och Zeng meddelar att han förbereder ett
förslag med det syftet. Beträffande andra och tredje problemen
anmodar han kejsaren att utfärda en strikt order till alla
ansvariga om att rätta till missförhållandena.

Zeng Guofan är i mitten av 1800-talet en ovanlig ämbets-
man. Till skillnad mot vad som är vanligt tycks Zeng Guofan
ha gjort karriär helt tack vare egna meriter och inte genom
förbindelser eller mutor. Upprepade gånger varnar Zeng i brev
sina yngre bröder och andra släktingar för att förlita sig på
hans välvilja eller för att utnyttja hans position för deras egna
syften.

All slags korruption och inställsamhet gentemot överheten
tycks vara emot hans natur, liksom att som ämbetsman berika
sig själv. I ett brev till hemmet i Hunan den 13 april 1849
skriver han till exempel: *Ända sedan jag blev trettio har jag ansett
det ovärdigt att använda officiella poster för att skaffa sig rikedomar...*
(W. J. Hail).

Konfuciansk förvaltning

Under mer än två tusen år har Kina som regel varit ett enat
och centralstyrt rike. Men den centrala styrningen var aldrig
total under den kejserliga tiden, möjligen med undantag för
under den förste kejsaren (221–206 f.Kr.). Imperiet var helt
enkelt för stort för att kunna styras enbart från huvudstaden
och kejsaren var helt beroende av den statliga förvaltningen
med dess skolade ämbetsmän som under stor självständighet
tog beslut å kejsarens vägnar.

Kejsaren stiftar lagar, men viktigare är utnämningen av kompetenta ämbetsmän. Med rätt ämbetsmän – de som med framgång gått igenom examinationernas prövningar – förväntas administrationen fungera väl utan detaljstyrning. Man kan som Porter säga att ...*traditional Chinese policy was a government of men, not a government of laws* (... traditionell kinesisk politik var ett styre genom män, inte genom lag). Ämbetsmännen är de som idealt ska kontrollera lagen, inte tvärtom. Ämbetsmännen ska istället styras av något högre, den konfucianska etiken.

Ämbetsmännen är också de i stort sett enda som kan utöva ett modererande inflytande på en despotisk kejsare. Det finns ingen mäktig aristokrati, ingen oberoende kyrka, inget självständigt och krävande borgerskap. I antologin The Legacy of China skriver E. A. Kracke: *Irresponsible despotism was most often tamed not by the action of autonomous political units below, but by social and intellectual pressures exerted through a gradually perfected system of buraucracy* (Oansvarig despoti mildrades vanligen inte genom ingripanden från oberoende och underordnade politiska enheter utan genom socialt och intellektuellt påtryckningsarbete utövat genom ett gradvis fulländat byråkratiskt system).

Naturkatastrofer

Kina har under historiens gång drabbats av otaliga naturkatastrofer – nästan en större naturkatastrof varje år. De vanligaste har varit torka, översvämningar och jordbävningar.

Under några tusen år fick den kinesiska kejsarmakten framför allt dess legitimitet från dess förmåga att förebygga översvämningar, att fördela tillgängligt vatten så rättvist som möjligt även under torrperioder samt att bygga upp beredskapsförråd för att möta de återkommande perioderna av för lite respektive för mycket vatten.

Det handlar om ett ständigt pågående arbete med att underhålla flodvallar, dammar, rensa kanaler för slam och så vidare. För att klara detta krävs en stark central ledning och en kompetent och effektiv administration.

Under hösten-vintern 1743–44 drabbades till exempel stora områden i norra Kinas kärnland av en omfattande torka som förstörde nästan all skörd. Nödhjälpen som sattes igång av hovet och ansvariga ämbetsmän i provinserna var effektiv. Beredskapsförråden var välfyllda och stora mängder säd transporterades i tid till nyckelplatser i det drabbade området. Snabbt organiserades nätverk av nödcentraler där spannmål och kontanter delades ut. Soppkök sattes upp i de städer dit flyktingar från landsbygden tog sig. Under den följande våren delades utsäde ut till de drabbade familjerna, liksom oxar som dragdjur. Tack vare dessa insatser kunde man nästan helt förhindra att någon svalt ihjäl och torkan fick bara försumbara följder för regionens ekonomi.

Dock, om torkan varade längre, om beredskapsförråden på grund av korruption inte var välfyllda etc då kunde följderna bli helt annorlunda.

I Kina uppfattas kosmos som ett integrerat och levande system – med himmel och jord, med växter och djur, med människor, levande och döda, och med andar och gudar. Harmonin mellan de kosmiska krafterna kan störas av mänsklig ondska eller dumhet. En omoralisk kejsare kan till exempel få naturen att reagera med avsmak i form av översvämningar, jordbävningar eller andra naturkatastrofer. Ovanliga natur-fenomen och naturkatastrofer tolkas därför gärna som den himmelska maktens missnöje med människorna. Eftersom kejsaren står närmast Himlen blir han logiskt den främste misstänkte.

Exempelvis kritiserades Qing-kejsaren Jiaqing 1799 av en respekterad ledamot av Hanlin-akademin, Hong Liangji, för att inte ha gått till botten med att rensa ut en korruptionshärva kring förre kejsarens favorit, Heshen. Kejsaren uppskattade inte kritiken utan dömde Hong till döden, men ångrade sig och omvandlade straffet till förvisning till Yili i norra Xinjiang. Därmed erkände kejsaren indirekt att kritiken var berättigad och Hong blev betraktad som ett föredöme bland en yngre generation av oppositionella lärda. Efter en längre torka år 1800 blev Hong Liangji och ett antal andra som fallit i onåd benådade i ett försök att blidka de himmelska makterna. Kejsaren klandrade offentligt sig själv för att ha straffat de självständiga ämbetsmännen. Enligt den kejserliga krönikan började det regna direkt efter denna självkritik, varpå kejsaren skrev ett poem för att bevara minnet av händelsen (Elman: Imperial Politics...).

Således, så fort vädret blev dåligt kunde kejsarens moraliska styre ifrågasättas; alla kineser, från den högste till den lägste, *...förstod att dåligt väder betydde mer än dåligt väder* (Brook).

Manchurerna och det himmelska mandatet

När manchurerna år 1644 tvingade fram ett byte av det himmelska mandatet från den gamla Ming-dynastin till den nya Qing-dynastin ärvde de den statliga förvaltningen som förfinats sedan förste kejsarens tid ett par hundra år före vår tideräknings början. Tack vare examinationssystemet besattes i princip alla statliga ämbetsmannatjänster efter meriter, av män som genom intensiva studier bevisat deras intellektuella duglighet och som var inskolade i den konfucianska statsideologin.

På sextonhundratalet betraktades systemet närmast som perfekt, både av kineser och av omgivande folk.

Idén om det himmelska mandatet kom med Zhou-dynastin (ca 1045–256 f.Kr.). Zhou-kungarna såg sig som bemyndigade att styra av den högsta makten, Himlen (Tian), och att de själva, kungarna, stod mellan Himlen och människorna. Och vad kungarna tänktes styra – i alla fall i teorin – var allt under himlen (tianxia), det vill säga hela världen.

Zhou-kungarna menade att de hade fått uppdraget att styra över jorden tack vare deras godhet – till skillnad från de sista Shang-kungarna som på grund av deras omoraliska leverna hade fråntagits det himmelska mandatet. Den som hade det himmelska mandatet skulle styra världen med visdom och med folkets bästa för ögonen. Denna idé kom att sätta sig prägel på Kina för all framtid. Under hela kejsartiden förväntades att varje kejsare skulle vara ett moraliskt föredöme för folket. Att kejsarna inte alltid levde upp till denna förväntan säger sig självt, men föreställningen om det himmelska mandatet har använts av nya kejsardynastier för att motivera maktövertaganden; de gamla dynastierna ansågs följaktligen ha förlorat deras himmelska mandat. Däremot var det inte självklart att det måste vara fråga om en kinesisk dynasti. Det faktum att någon – kines eller inte – lyckats etablera en ny dynasti togs som bevis för att denne blivit betrodd med himmelens mandat.

På kollisionskurs

Denna historia och dessa traditioner är naturligtvis kända av alla kineser – inte minst av utbildade kineser som Hong Xiuquan och Zeng Guofan. Hong och Zeng är två personer vars livsöden uppvisar flera likheter. De är djupt etiska personer, övertygade om att de har en mission att uppfylla som är långt större än dem själva. Deras etiska drivkrafter gör dem i stort okänsliga för korruption – och deras ideal gör det omöjligt för dem att kompromissa.

Av omständigheterna och av egna val kommer de att hamna på kollisionskurs...

Hållande universum i handen, dräper jag de onda, skonar de
rättfärdiga och mildrar folkets lidande...
(Inledningen till *Poem om de ondas avrättande och de*
rättfärdigas bevarade, av Hong Xiuquan 1837.)

4. Gudsdyrkarna – det utvalda folket

Kina domineras av han-kineserna, som utgör mer än nittio procent av hela befolkningen. Övriga är ett stort antal etniska minoriteter (av vilka 55 officiellt har ställning som minoritetsfolk i det moderna Kina). Några av de mer kända är tibetaner, mongoler, uighurer i Xinjiang samt naxi och bai i Yunnan. En annan minoritetsgrupp är *hakka* i södra Kina, trots att de inte tillhör de idag 55 erkända minoriteterna.

Hakka-folket skiljer sig från de etniska minoriteterna i och med att de inte utgör en etniskt särskild grupp. Hakka är hankineser som blivit minoritetsfolk därför att de i olika omgångar har gjort inre migrationer. Ursprungligen kommer de förmodligen från området runt Gula floden i de centrala delarna av norra Kina, det som var Kinas kulturella vagga. För länge sedan ska de ha lämnat detta område för att undkomma naturkatastrofer, krig och erövrare. När detta skedde är inte säkerställt, men det var för troligen femtonhundra år sedan, kanske ännu tidigare.

De inre migrationerna i Kina före 1800-talet har framför
allt gått från norra centrala Kina till södra, kring Långa floden
eller ännu längre söderut. Det som drev folk att lämna sina
hemtrakter var dels naturkatastrofer – långvarig torka eller
Gula flodens återkommand översvämningar – dels attacker
eller erövringar av nomadfolk från stäpperna norr om muren.
De år då norra Kina fick för lite regn fick grässtäpperna
vanligen ännu mindre regn, vilket drev nomaderna söderut i
jakten på mat.

Trots deras ursprung som han-kineser har hakka-folket
betraktats som ett främmande inslag i deras nya områden och
de kallades i södra Kina gästfolket, *kejia* eller *hakka* i syd-
kinesisk dialekt. *Gästfolk* var för övrigt en vanlig benämning i
kinesiska byar på familjer som kanske för flera generationer
sedan kom utifrån och inte tillhörde de ursprungliga invånarna
(Fei Xiaotong: *From the Soil*). Men hakka kan ha upplevts som
mer främmande gäster eftersom de dessutom talade sin egen
dialekt, som vanligen inte är begriplig för andra kineser.

Å andra sidan är variationerna på dialekter stor, särskilt på
landsbygden. I många områden behöver man inte förflytta sig
mer än någon eller några kilometer för att få det lite svårare att
göra sig förstådd.

Fotbindningen

En följd av hakka-folkets främlingskap var att de aldrig anam-
made seden att binda kvinnornas fötter och det var förmodli-
gen det, plus dialekten, som främst skiljde ut dem från majori-
tetsbefolkningen. Fotbindning innebar att mödrarna band sina
döttrars fötter för att de skulle bli så små som möjligt, så
kallade liljefötter. Det var en smärtsam och deformerande
sedvänja som förmodligen började spridas inom överklassen
under Song-dynastin för nästan tusen år sedan och som med
tiden spreds till allt större grupper för att slutligen avskaffas
under första hälften av 1900-talet. Men redan under Han-

dynastin, för ca två tusen år sedan, tycks små fötter ha varit ett ideal för kvinnor – åtminstone bland män…

Fotbindningen spred sig främst bland han-kineser, även om seden varierade från område till område och från grupp till grupp, från ingen eller lätt bindning till extrem deformering. Hård bindning innebar att ben i tår och fotvalv bröts medan lös bindning bara tvingade fötterna att bli smalare, ungefär som att använda för trånga skor. Det var mindre vanligt med hårt bundna fötter bland södra Kinas risbönder, där arbetet på åkrarna ofta krävde att hela familjen deltog. Under 1800-talet hade kanske hälften av alla kvinnor i Kina hårt bundna fötter och inom överklassen nästan alla kvinnor.

I Anna Magdalena Johannsens *Everlasting Pearl* berättas om när den sexåriga Eviga pärlan någon gång i mitten av 1800-talet såg sin mor tillverka ett par små skor och undrade för vem de gjordes. Modern svarade att de var för henne och att det var dags att binda hennes fötter, därför att de började bli för stora och klumpiga. Dessutom sprang hon omkring alldeles för mycket för att vara en flicka. Eviga pärlan protesterade inte, hon visste att alla flickor måste få fötterna bundna och hon kunde inte vara annorlunda. Efter flera smärtsamma år blev hon beundrad för sina små fötter, som var ett tecken på hur mycket hennes mor brydde sig om henne och planerade för ett gott giftermål.

Att man bland hakka inte band flickornas fötter innebar dels att kvinnorna var oförhindrade att arbeta på fälten, dels att de betraktades som oattraktiva av han-kineser.

Manchurerna band inte heller kvinnornas fötter och försökte att förbjuda seden bland han-kineserna. Men medan de lyckades få de kinesiska männen att anpassa sig till den manchuriska hårstilen, hade de ingen framgång i försöken att få kvinnorna att överge fotbindningen. Strax efter den man-churiska erövringen av Kina 1644 tvingades alla kinesiska män att raka bort håret framtill på hjässan och binda håret baktill i en lång fläta, en så kallad hårpiska. Kineserna fick välja fritt, anpassa sig eller förlora huvudet. Att klippa av sig hårpiskan blev därmed ett tydligt och riskabelt sätt att visa att man opponerade sig mot Qing-dynastin.

Hong och Feng reser ut i världen...
I mitten av 1800-talet finns hakka främst i södra Kina, i provinserna Fujian, Guangdong och Guangxi. Relationerna är på sina håll ansträngda mellan hakka och andra han-kineser, som också invandrat norrifrån. Dessa han-kineserna har etablerat sig i området före hakka och har därför lyckats lägga beslag på den mest värdefulla jorden. Medan de tack vare deras inflytande lättare kan få stöd av den lokala administrationen söker hakka vid behov ofta stöd hos hemliga sällskap.

En av hakka är Hong Xiuquan från byn Guanlubu i provinsen Guangdong – han som gjort fyra misslyckade examensförsök, som stiftat en viss bekantskap med den kristna Bibeln samt som övertygat sig om att han är Guds andre son och Jesu yngre bror.

Tillsammans med vännen Li Jingfang jämför Hong Xiuquan de sex år gamla feberdrömmarna med de översatta avsnitten ur Bibeln som finns i texterna om kristendomen, sammanställda av Liang Fa. Senare kommer Hong Rengan, Hong Xiuquans kusin, att för den svenske missionären Theodore Hamberg berätta hur Hong Xiuquan såg på Liang Fas skrifter:

Han var säker på att de avsiktligen sänts till honom från Himlen för att bekräfta sanningen i hans drömvisioner. Om han hade fått skrifterna utan att ha haft drömvisionerna hade han inte vågat tro på dem; hade han haft visionerna utan att ha fått skrifterna hade han betraktat dem som utslag av fantasier.

Tillsammans beställer Hong och Li från en smed varsitt dubbeleggat svärd med tre ingraverade tecken: *Svärd för att*

förgöra demoner. Hong Xiuquan börjar sprida sin förkunnelse
och liksom sex år tidigare, när han hade sina drömmar, tror en
del att han är tokig. Av oro för hans väl ordnar några vänner
med en övervakare – som låter sig övertygas av Hong och blir
en av hans första konvertiter.

Hong Rengan och en annan kusin, Feng Yunshan, låter sig
också övertygas och blir Hong Xiuquans närmaste förtrogna.
De döper sig själva i en ström. Båda delar samma öde som
Hong Xiuquan, de har utbildning, är byskollärare och har
misslyckats i examen.

Hong får fler anhängare, bland annat inom släkten. I enlig-
het med det andra budet börjar Hong och hans vänner attacke-
ra sådant som kan tolkas som avgudabilder. Man plockar bort
de konfucianska minnestavlor som brukar stå på varje skolas
hedersplats – varpå föräldrar tar bort sina barn från skolorna.
Som J. Milton MacKie skriver: *The removal of the tablet of
Confucius from the wall of his room had cleared it of pupils, and left his
bamboos without a single back to be exercised on* (Avlägsnandet av
minnestavlorna över Konfucius från väggen i hans rum gjorde
rent hus med elever och lämnade hans rottingar utan en enda
rygg att brukas på).

En av de lärde i hemtrakten tar på sig att tillrättavisa Hong,
i form av ett poem. Hong svarar, också med ett poem. Det är
bildade personer som argumenterar.

Våren 1844 förlorar Hong och hans kusiner sina lärarjobb.
De bestämmer sig för att ...*travel throughout the world, and teach
to all the people the doctrine of repentance* (...resa ut i världen och
undervisa alla folk i läran om att ångra sig; från Jonathan D.
Spence: God's Chinese Son). Hong Xiuquan och Feng
Yunshan ger sig tillsammans med några andra släktingar av på
en vandring, som slutar i byn Sigu, där Hong har släktingar.
Sigu ligger i provinsen Guangxi, väster om provinsen
Guangdong, Hongs hemprovins.

Guangxi är mer etniskt heterogent än Guangdong med flera etniska minoriteter såsom zhuang, dong, miao och yao. Där finns också hakka-folk. Flera minoriteter lever i bergigare och kargigare områden och är mindre assimilerade i den kinesiska kulturen. Motsättningar och fejder om mark mellan olika minoritetsgrupper och klaner är vanliga i mitten av 1800-talet och olika bandit- och rövargäng gör området än mer osäkert. Det migrerande hakka-folket kom till provinsen Guangxi senare än till provinsen Guangdong, där Hong Xiuquan föddes. De är mindre etablerade och lever under fattigare och mer utsatta förhållanden av jord de inte själva äger. En del arbetar i bergen som gruvarbetare eller träkolsarbetare.

Under några månader lyckas Hong omvända ett hundratal i området runt byn Sigu. Här i Guangxi börjar Hong Xiuquan skriva de första av ett antal religiösa betraktelser. I dessa hävdar han att kineserna i begynnelsen och under de första mytiska dynastierna tillbad den sanne guden, *Shangdi*, men att de senare avfallit från den rätta vägen. På detta sätt framställer han sin tro som dels inhemsk, dels ursprungligare och sannare än senare läror såsom buddhismen.

I en av betraktelserna skriver Hong Xiuquan om förbudet att döda, att det är fel att döda någon annan människa och att de som tar till vapen för att döda överordnade kommer att försvinna som om de aldrig funnits eller bli tvingade att begå självmord.

På grund av ett missförstånd råkar Hong Xiuquans och Feng Yunshans vägar skiljas åt. Hong tror att Feng redan rest tillbaka till hemmet. I november 1844 återvänder Hong Xiuquan ensam till hembyn, Guanlubu, och till sin hustru och två döttrar. Han har varit borta åtta månader och det blev en resa på som mest kanske 800 kilometer, tur och retur.

Vad hans hustru tycker om denna utflykt förtäljer inte historien.

Gudsdyrkarna

Vid hemkomsten upptäcker Hong Xiuquan att Feng Yuanshan ännu inte återvänt, men han anser sig inte ha råd att ge sig av igen och leta efter honom.

Feng Yushan är kvar i provinsen Guangxi och befinner sig hos en nybliven vän i en isolerad liten by vid Tistelbergen. Feng anstränger sig inte för att ta kontakt med Hong Xiuquan eller med sin egen familj i Guanlubu. Men han fortsätter att predika budskapet om frälsning och han berättar om Hongs drömsyner. Han lyckas omvända allt fler till den nya läran och döper dem så som han lärt sig av Hong, som i sin tur läst om dopet i texterna om kristendomen av Liang Fa.

Tistelbergen är ett kargt område i östra Guangxi, som bebos av hakka-folk och andra minoriteter. Liksom andra otillgängliga områden är Tistelbergen tillhåll för rövare och andra som antingen stötts ur samhället eller stött ut sig själva. Under mitten av 1800-talet ökar antalet fredlösa med före detta sjörövare som tidigare härjade utanför södra Kinas kuster. Under press från Storbritanniens flotta tvingas en stor del av dessa pirater att upphöra med sin tidigare lukrativa verksamhet. Istället börjar många att ägna sig åt sjöröveri längs floderna i inlandet.

Några byter helt karriär, som Kinas – och kanske världens – mest framgångsrika pirathövding någonsin, Shih Yang (också känd som Madame Ching, Ching Shih, Zheng Yi Sao och Hsi Kai Ching Yih). På höjden av sin karriär, i början av 1800-talet, kommenderade hon en flotta på två tusen fartyg och mer än 50 000 pirater utanför Kinas södra kust. Den unga och attraktiva Shih Yang blev sjörövare då hon gick med på att gifta sig med en pirathövding, Ching Yih, på villkor att de skulle dela både på allt de ägde och på befälhavarskapet över piratflottan. När Ching Yih dog 1807 blev Madame Ching ensam piraternas drottning – och en mycket framgångsrik sådan. På sina ålders dagar driver hon ett framgångsrikt spelhus i Guangzhou.

Många av sjörövarna är också medlemmar av hemliga sällskap, och dessa förbindelser och lojaliteter tar de med sig när de istället blir flodpirater. En av dessa är det tidigare nämnda Himmel- och jordsällskapet, som särskilt tycks attrahera folk bland hakka-minoriteten. Omkring 1846 bildar Feng Yunshan *Gudsdyrkarnas sällskap* (Bai shangdi hui). Kärnan i sällskapet är de hakka-folk i Guangxi som låtit sig övertygas av Feng Yunshans predikningar och om Hong Xiuquans himmelska uppdrag. Bland medlemmarna finns även många från andra minoriteter, såsom miao, av vilka flertalet tillhör de fattigaste och mest utsatta. En del anhängare är flyktingar från missväxter under 1840-talet och från de vanliga banditgängen.

Tack vare denna sammanslutning kan medlemmarna bli starkare i konflikterna med banditer och med majoritetsbefolkningen. Sällskapet fungerar nämligen även som en milis – och som ännu ett hemligt sällskap. På grund av den ekonomiska krisen och kejsarmaktens oförmåga att försvara människor mot de många fattiga som försöker överleva genom att ansluta sig till banditgäng tvingas byar och städer och yrkessammanslutningar att organisera sina egna självförsvarsstyrkor. Gudsdyrkarna byggs upp som en sådan milis, men bättre organiserad än de flesta andra och med ett vidare mål än att bara försvara medlemmarnas intressen.

Hong blir aldrig döpt

Medan Feng Yunshan organiserar Gudsdyrkarnas sällskap i Tistelbergen befinner sig Hong Xiuquan i hembyn med sin familj. Efter återkomsten 1844 blir han erbjuden att återfå sin gamla lärartjänst, den han förlorade på grund av sin religiösa nit nästan ett år tidigare. Han accepterar erbjudandet och fortsätter samtidigt att skriva på sina religiösa betraktelser.

I likhet med vad Konfucius gjorde för två och ett halvt årtusende sedan, söker sig Hong Xiuquan tillbaka till Kinas forntid då kineserna skulle ha levt i endräkt med varandra och med resten av världen och då människors omsorger om varandra inte begränsades till den egna klanen. Denna gemenskap bröts enligt Hong sönder på grund av lokalpatriotism, särintressen och klanlojalitet.

Men eftersom alla människor är skapade av samma allsmäktige gud skulle den förlorade harmonin kunna återupprättas. I en betraktelse från 1845 (publicerad 1852) skriver Hong:

Varför skulle inte denna perversa och okänsliga värld en dag kunna förvandlas till en ärlig och uppriktig värld? Varför skulle inte denna tid så full av skymfer och kränkningar, strider och dödande en dag kunna förvandlas till en värld där den starke inte förtrycker den svage, där de många inte krossar de få, där de visa inte vilseleder de godtrogna eller där de oförskämda inte ofredar de lättskrämda? (Franz Michael, dokument 10)

Hong Xiuquan funderar och skriver, men under dessa år verkar han inte ha ägnat sig åt att predika sin lära i någon större omfattning. Däremot når hans rykte missionärskretsar i Guangzhou och han blir inbjuden att där besöka Issachar J. Roberts, en amerikansk missionär som kom till Kina 1837. Robert är baptist, en kompromisslös och fundamentalistisk baptist.

I början av 1847 beger sig Hong Xiuquan och hans kusin Hong Rengan till Guangzhou. Hong Rengan återvänder snart hem, medan Hong Xiuquan stannar ett par månader och undervisas av Roberts. Men innan han ska genomgå det kristna dopet börjar Roberts tvivla på hans ärliga vilja och dopet blir aldrig av. Hong och Roberts tycks också ha svårt att förstå varandra på grund av att de talar olika kinesiska dialekter, men Hong har ändå en viss respekt för Roberts och de kommer att träffas igen tretton år senare.

Hong Xiuquan döper andra, som till exempel hans kusiner, men han själv kommer aldrig att döpas av någon kristen präst.

"Jag härskaren"

Sommaren 1847 lämnar Hong Guangzhou och Roberts. Han beger sig dock inte hem utan tar sig för andra gången till provinsen Guangxi för att söka upp Feng Yunshan, som han inte sett sedan de skiljdes åt 1844. Förmodligen har Hong Xiuquan nu med sig en fullständig bibel på kinesiska, en som han fått av Issachar J. Roberts i Guangzhou och som han kan ta del av för första gången. På vägen mot Tistelbergen utför Hong sin kanske första symboliska upprorshandling. På väggen av ett tempel skriver han ett poem om sig själv som sänd av Gud för att förgöra demonerna på jorden. Men istället för att skriva tecknet för *wo* (jag) skriver han tecknet för *zhen* (jag härskaren) – ett tecken som sedan förste kejsarens tid är tabu för vanliga kineser och som bara får användas av kejsaren (Franz Michael, dokument 72). Ingen någotsånär bildad kines lär kunna missa denna provokation...

Det är dock inte säkert om Hong verkligen ser sig själv som en fullödig rebell vid denna tidpunkt. Hans hädiska användning av pronomet *zhen* kan helt enkelt vara ett uttryck för hans allt starkare insikt om att vara Guds andre son och utvald. Förmodligen ser han sig själv mer som missionär och upplysare än som upprorsledare.

I Tistelbergen träffas Hong och Feng igen och Hong får veta att Feng ett par år tidigare bildat Gudsdyrkarnas sällskap, som nu har över tre tusen medlemmar i ett dussintal distrikt. Hong Xiuquan välkomnas till sällskapet som *mäster Hong* (Hong-zi).

Hong attackerar Konfucius

Hong och Feng ägnar sig framför allt åt att skriva och att utveckla de betraktelser som Hong påbörjat i sin hemby och de sprider sina alster bland byarna vid Tistelberget. Enligt en *himmelska krönika*, skriven av Hong Rengan 1848 (Franz Michael, dokument 17), anslår Hong Xiuquan nu en mer antikonfuciansk ton. Han citerar sin Gud fader som i hans drömvision 1837 ska ha anklagat Konfucius skrifter för att vara fulla av fel och brister, för att ha förlett och förvirrat det kinesiska folket och för att ha eggat demonerna. Hongs äldre bror, Jesus, anklagar dessutom Konfucius för att med sina skrifter ha skadat hans yngre bror, det vill säga Hong Xiuquan.

Enligt Hongs skildring av drömvisionen ska Konfucius, efter dessa anklagelser, i hemlighet ha flytt från himlen, där han uppenbarligen uppehållit sig sedan hans död, för att ansluta sig till demonernas ledare på jorden. Men på order av den himmelske fadern sändes Hong Xiuquan och en änglaskara för att hämta tillbaka Konfucius till himlen, där han blir piskad. Till sist bestämmer sig den himmelske fadern för att Konfucius trots allt också har förtjänster som väger upp hans brister. Konfucius tillåts därför stanna kvar i himlen, men får aldrig mer ta sig ner till jorden igen.

Budskapet går knappast att missta sig på. Konfucius, den under mer än två tusen år vördade läraren ochg filosofen, visar sig, enligt Hongs visioner, vara en lögnare och förledare. Han är visserligen inte helt ond, men knappast någon att lita på. Framför allt, det råder ingen tvekan om vem som står över den andre, Hong Xiuquan eller Konfucius.

Ett annat föremål för Hongs och Fengs religiösa nit är allt som kan betraktas som avgudabilder. De attackerar ett tempel tillägnat kung Gan och förstör bilderna av kungen. De avslutar tempelskändningen med att Hong på väggen skriver ett poetiskt manifest mot demonen Gan. Hong skriver också en *himmelsk befallning*, i vilken han dels beskriver demonens tio allvarliga synder, dels förklarar att han själv agerar på uppdrag av den himmelske fadern. Demonen tillåts inte längre att begå onda handlingar och folket i området får inte fortsätta att tillbedja demonen. Hong avslutar denna himmelska befallning med: *Respektera detta.*

På tempelväggen presenterar Hong sig själv som *Fullkomliga Fridens Himmelske Kung, Herre över den Kungliga Vägen, Quan* – den titel han i sin drömvision fått av Gud (Franz Michael, dokument 17).

Skändningen av Gan-templet gör de båda ledarna för gudsdyrkarna än mer ryktbara i området, samtidigt som den också väcker vrede bland folk. En belöning utlovas till den som arresterar förövarna, men som förhållandena är under denna tid är den lokale magistraten inte särskilt villig att bli inblandad i några konflikter mellan olika grupper och gör följaktligen ingenting. Däremot agerar en av dem som klarat av första examensnivån. Han mobiliserar en lokal milis som under en period då Hong Xiuquan råkar vara på besök i byn Sigu tar Feng Yunshan och en annan av aktivisterna till fånga och överlämnar dem till domaren för rättegång. Feng lyckas argumentera för sin sak och blir frisläppt på villkor att han återvänder till sin hemby i Guangdong.

Nu är det Hong som stannar kvar i Guangxi, medan Feng våren 1848 återvänder till Guanlubu och efter fyra års frånvaro återser sin hustru och sina söner. Historien förtäljer inte heller vad hon tycker om Fengs frånvaro.

Gudomliga språkrör

Medan både Hong och Feng är på resa händer något i Tistelbergen. En av gudsdyrkarna, en träkolsarbetare och hakka, Yang Xiuqing, förklarar att han har direktkontakt med den himmelske guden och att Gud talar genom honom när han befinner sig i ett transliknande tillstånd. När Hong Xiuquan återvänder till Tistelbergen accepterar han Yangs anspråk på att vara Guds röst. Men mer kommer; några månader senare hävdar en annan medlem av Gudsdyrkarnas sällskap och fattig hakka-bonde, Xiao Chaogui, att han är Jesu röst. Hong accepterar även denna nya auktoritet.

Yang och Xiao blir av vissa ledare ifrågasatta för att de saknar bildning och för att de knappt är läskunniga. Men de båda, som då och då sinsemellan konkurrerar om uppmärksamheten, försvarar sig. De hånar sina kritiker för att de föredrar antikverade texter och klassisk poesi framför praktisk erfarenhet och användbara kunskaper.

I gudsdyrkarnas ögon är Hong fortfarande Guds andre son och Jesu yngre bror, men nu finns dessutom Yang som särskilt språkrör för Gud och Xiao för Jesus. Ingen gör dock anspråk på att tala för Jesu och Hongs gemensamma himmelska moder, Guds hustru...

Genom Xiaos mun låter Jesus höra av sig flera gånger under 1848 med olika slags budskap till gudsdyrkarna. För Hong berättar han dessutom vad som hänt i himlen sedan Hongs besök där elva år tidigare, vad som hänt med hans himmelska hustru (som längtar efter honom), vad som hänt med hans son etc. Jesus berättar också för Hong att den buddhistiska barmhärtighetsgudinnan *Guanyin* också lever i himlen och att både Hong och Jesus får kalla henne syster. Däremot tillåter inte Gud att hon återvänder till jorden eftersom hennes budskap kan missförstås.

Guanyin är i Kina en populär bodhisattva, en medlidandets och nådens gudinna. Det är också hon som tänks leda de fromma buddhisterna till Västra paradiset (som infördes av en av de buddhistiska riktningarna i Kina, Rena landet, för alla andra än de få buddhister som lyckades uppnå Nirvana).

Flera av gudsdyrkarna hamnar då och då i trans under bönestunder och har olika slags visioner. En del upplever till och med att de, liksom Hong gjorde 1837, färdas upp till himlen och får se Gud. Men det är Hong, Yang och Xiao som med auktoritet kan förmedla budskapen från ovan. Det är också de som då och då behöver korrigera villfarelser och avgöra om en speciell vision under trans är ett verk av Gud eller av demoner.

Efter det kinesiska nyåret 1849 beger sig Hong Xiuquan igen hem till familjen i Guanlubu, där han finner att hans far nyss dött. Enligt den konfucianska traditionen ska en son iaktta tre års sorgetid efter en förälders död, vilket bland annat innebär sexuell avhållsamhet. Men Hong, som mer och mer har distanserat sig från Konfucius, stannar i Guanlubu tills han får bekräftelse på att hans hustru är gravid igen innan han under sommaren återvänder till Tistelbergen tillsammans med Feng Yunshan.

Ett brödraskap

Sommaren 1849 bor gudsdyrkarna i fyra områden i och runt Tistelbergen. Fortfarande betraktas de av myndigheterna som en religiös sekt, som inte kräver några motåtgärder, men de möter en hel del fientlighet från den övriga lokala befolkningen. Dessutom finns det många banditer i bergstrakterna och det är riskabelt för gudsdyrkarna att färdas annat än i grupp mellan de områden där de kan försvara sig själva. Vid ett tillfälle färdas Hong Xiuquan ensam, i strid mot sällskapets regler, och blir attackerad av rövare. Han klarar sig men blir efteråt offentligen tillrättavisad av sin äldre himmelske bror som talar genom språkröret Xiao Chaogui. Hong blir ångerfull och ber, också offentligen, om ursäkt.

Gudsdyrkarna har ekonomiska problem. De som ansluter sig till dem är framför allt fattigt folk, ofta hela familjer eller ännu fler, för vilka Hong och hans lära kan erbjuda något slags hopp om en bättre framtid, i detta eller i nästa liv. Bland medlemmarna finns emellertid även några mer förmögna hakka-familjer, som generöst delar med sig av sina tillgångar. En av dessa familjer tillhandahåller, med Jonathan D. Spences ord

(God's Chinese Son), inte bara stora summor pengar utan även en av sina yngre män, den nittonårige Shi Dakai. Han kommer senare att föräras titeln *Kung av fem tusen år* och bli ryktbar över hela Kina.

Under sommaren 1849 får Gudsdyrkarnas sällskap ett ledarskap i form av ett brödraskap bestående av sju personer. Som brukligt rangordnar de sig efter ålder: Hong Xiuquan, Feng Yunshan, Yang Xiuqing, Xiao Chaogui, Wei Changhui och Shi Dakai. Jesus, Hongs äldre himmelske broder, betraktas som den sjunde i brödraskapet och är därmed logiskt sett den äldste och främste bland dem. Målet för brödraskapet blir att störta de manchuriska härskarna och etablera en ny dynasti – men kommer brödraskapet att hålla?

...alla svårigheter är prövningar planerade av vår himmelske
fader och vår himmelske äldre broder för att testa våra sinnelag
(...) så att vi alla tillsammans må blicka ut över den
majestätiska vyn av det jordiska paradiset.

(Hong Xiuquan, ur Franz Michael, dokument 23.)

5. Upproret – man låter håret växa

Under perioder av ekonomist kris i Kina har många av dem
som förlorat allt de ägt som sista utväg anslutit sig till laglösa
rövarband. En del av alla de grupper som myndigheterna kallat
banditer var – eller startade som – rövare som stal från de rika
och gav till de fattiga. Det var romantiska hjältar – även då och
då hjältinnor – som blivit laglösa på grund av jordägares girig-
het eller ämbetsmäns korruption och som framför allt bekäm-
pade dessa grupper. Dessa romantiska rövare tänktes hjälpa
vanligt folk och även ärliga ämbetsmän. Dessa "goda" rövare
ansågs också hylla de konfucianska idealen, även om de försva-
rade dem mer med påken och svärdet än med argumen-tation
och poesi. Det finns många berättelser om sådana Robin
Hood-grupper i Kina, de mest kända är från Song-dynastin och
är samlade i romanverket *Berättelser från träskmarkerna*.
    Under slutet av Qing-dynastin blev laglösa grupper allt
vanligare. Men Robin Hood-rövarna hörde nog till undan-
taget. Det flesta rövarna var, eller utvecklades till att bli, rena
kriminella gäng, som inte hyllade något annat än sina egna
intressen. Däremot var det inte ovanligt med lokalt förankrade

rövare som betraktades som hjältar på hemmaplan, där de delade med sig av vad de stulit från andra byar och från främlingar. Som tack fick de någonstans att gömma sig mellan räderna. Flera av dessa grupper bestod av säsongsbanditer, som under jordbrukets lågsäsonger drygade ut inkomsterna med vad andra jobbat ihop.

Det fanns också en speciell anledning, som indirekt kan ha bidragit till att många anslöt sig till rövarband och hemliga sällskap. I kinesiska familjer prioriterades söner framför döttrar och det var vanligt att de rika höll sig med ett antal bihustrur, så kallade konkubiner. I praktiken innebar detta att det fanns ett underskott av kvinnor på äktenskapsmarknaden och många fattiga män hade ingen rimlig chans att någonsin kunna bilda familj. Följaktligen fanns för dessa varken hustrur eller barn att ta hänsyn till när de stod inför valet att bli laglösa eller ej.

Uppror och naturkatastrofer

De ekonomiska och sociala problemen under senare delen av Qing-dynastin urartade i ett antal uppror, av vilka ett av de största (1796–1804) leddes av en buddhistisk sekt, *Vita Lotusen*. Det blev aldrig något riktigt hot mot Qing-dynastin, men det tog ändå flera år innan rebellerna besegrades. Anledningen var framför allt den utbredda korruptionen inom den reguljära armén. Generalerna tjänade på konflikten och överdrev rebellernas styrka i rapporterna till kejsaren, dels som en förklaring till varför de var så svåra att besegra, dels för att få ännu mer resurser för krigföringen.

Nio år senare, 1813, startade ett annat uppror, *Åtta trigrammen*, som till och med lyckades ta sig in i Förbjudna staden i Beijing (de åtta trigrammen, ba gua, är symboler eller diagram ur Förvandlingens bok eller Yi Jing). Det skulle bli många fler uppror, bland annat i de nyligen erövrade områdena i väst, de som kallades nya territorierna, Xinjiang.

Det fanns missnöje på många håll i Kina, med skatterna, med korrumperade ämbetsmän etc. Men det var framför allt i rikets utkanter som regelrätta uppror bröt ut, som i Taiwan, Xinjiang och Guangxi. Där rådde etniska motsättningar mellan ursprungliga befolkningar och inflyttande han-kineser. Dessa motsättningar skärptes också av Qing-dynastins strävan att inordna dessa minoriteter i den kejserliga administrationen. Dessutom hade dessa folk relativt sent blivit delar av Mittens Rike och delade inte självklart han-kinsernas långa tradition av konfucianskt tänkande, den kinesiska kosmologin och synen på kejsarmakten. I mitten av 1800-talet blev det värre. Kinas påtvingade eftergifter mot västländerna uppfattades som förödmjukande, vilket stärkte motståndet mot utlänningarna och minskade respekten för Qing-dynastin. De ekonomiska problemen med stigande skatter för vanliga kineser förvärrades än mer av några svårare naturkatastrofer under 1840- och 1850-talen.

Till exempel svämmade Gula floden (Huanghe) över 1855 och ändrade sitt lopp. Den 5 464 km långa floden har sitt källområde i provinsen Qinghai på det tibetanska höglandet och vindlar sig österut för att rinna ut i Gula havet. Den sista delen av floden rinner över ett slättland som utgör Kinas centrala och äldsta jordbruksområde och som är platt som en bordsskiva. Floden för med sig mängder av slam och när den saktar ner ute på slätten avlagras detta slam på botten och bygger på världens största floddelta. För att kontrollera floden har man byggt vallar, men då och då bryter floden igenom vallarna och översvämmar det tättbefolkade landet. Under de senaste 2 500 åren har floden svämmat över minst vart tionde år. Ett antal gånger har den också helt ändrat förlopp. Före 1855 rann Gula floden ut i havet söder om Shandong-halvön. Efter översvämningen fann den en ny väg och rann ut norr om halvön.

Underhållet av Gula flodens vallar, av Stora kanalen och andra floder och kanaler, är ett ständigt bekymmer – och har så varit i några tusen år. Underhållet kräver stora insatser varje år och ju mer investeringar som görs i nya vallar och kanaler desto mer ökar behovet av årligt underhåll – vilket ändå inte är någon garanti mot katastrofer. Till exempel svämmade Gula floden över vallarna den 2 augusti 1841, drygt sju kilometer norr om den gamla staden Kaifeng. För att reparera de förstörda vallarna tvingades man för hand gräva en 40 kilometer lång kanal för att avleda flodens vatten. 40 kilometer...

Naturkatastrofer har som nämnts ofta setts som tecken på att den regerande dynastin har förlorat det himmelska mandatet, det vill säga inte längre betraktades som legitim. Det stigande missnöjet ledde till nya uppror. Gula flodens översvämning, som drabbade miljontals bönder, kom framför allt att stärka Nian-upproret, som pågick i de nordliga provinserna, främst i Shandong, Henan, Jiangsu och Anhui 1853–1868. Nian var ett löst sammanhållet nätverk av flera bandit- och rebellgrupper. Det fanns ingen övergripande politisk organisation eller administration och man hade ingen gemensam ideologi.

I provinsen Yunnan i sydvästra Kina gjorde den muslimska hui-minoriteten och andra muslimska grupper uppror 1856 under ledning av Du Wenxiu. De bildade ett nytt rike med centrum i den gamla staden Dali (numera en känd turiststad). Ett annat muslimskt uppror startade 1862 i nordväst, i provinsen Gansu, och flera muslimska revolter ägde rum i Xingjiang, provinsen längst i väster.

De i kapitel 2 nämnda Röda turbanerna var ett annat uppror i södra Kina 1854–56.

Det största och våldsammaste av alla uppror var däremot i högsta grad ideologiskt och hade en stark central ledning. Det startades i södra Kina 1850 av en ung man som under påverkan av några kristna texter översatta till kinesiska ansåg sig vara Guds andre son och Jesu yngre bror.

Dock, inget av dessa uppror uppfyllde de två kriterier som C.P. Fitzgerald ansåg vara nödvändiga för att de skulle lyckas. Uppror i Kina kunde bli långvariga och förödande, men för att de slutligen skulle lyckas krävdes att de fick stöd både av bondebefolkningen och av de intellektuella (The Revolutionary Tradition in China).

Demonerna

Från slutet av 1849 blir Hong Xiuquan allt tydligare i att identifiera den manchuriska Qing-dynastin och dess civila och militära stödtrupper som de demoner han av Gud fått i uppdrag att förgöra. Men ibland tycks han betrakta alla som demoner som inte tror på den kristne guden och på Jesus. I likhet med Himmel- och jordsällskapet betraktar han det kinesiska folket som förslavat av de erövrande manchurerna, men till skillnad från sällskapet ser han inte den gamla Ming-dynastin som Kinas räddare. Istället menar han att en ny dynasti måste etableras – och en ny ideologi. Medan Himmel- och jordsällskapet tar avstånd från Qing-dynastin för att den inte är kinesisk och för att den inte lever efter de konfucianska idealen tar Gudsdyrkarnas sällskap avstånd från de konfucianska idealen. Gudsdyrkarna accepterar gärna före detta medlemmar i hemliga sällskap, men bara om de i sin tur helt accepterar gudsdyrkarna och deras tro.

Gudsdyrkarna blir med andra ord revolutionära. I alla fall framställer sig Hong Xuiquan och de andra ledarna som revolutionära. Vad de vanliga anhängarna tycker är en annan fråga. Kanske de helt enkelt vill ha ett tryggt liv utan alltför betungande skatter?

I ett poem som Hong skriver 1850 påminner han läsaren indirekt, på typiskt kinesiskt vis, om de båda grundarna av Han-dynastin (206 f.Kr.–220 e.Kr.) och Ming-dynastin (1358–1644). Båda gjorde uppror mot förtryckande regimer och båda kom från fattiga bondefamiljer.

I början av 1850 börjar Hong Xiuquan också bli tydligare om det moraliska leverne som förväntas av gudsdyrkarna, inte minst att män och kvinnor bör leva åtskilda tills det himmelska riket har förverkligats. Det gäller även gifta par. Med allt striktare etiska krav följer också allt hårdare straff för dem som bryter mot reglerna.

Hyllas av luftens fåglar

I januari 1850 får Hong Xiuquan ett efterlängtat brev från hemmet i Guanlubu; hans hustru har fött en son, som Hong döper till Tiangui, *Himlens älskade*. Senare kommer sonen av sin far att få ytterligare ett namn, Fu (Lycka), skrivet med ett tecken som ingen annan får använda. Hong blir också lycklig över att få veta att sonens födsel uppmärksammats av naturkrafterna. Enligt J. Milton MacKie ska en stor skock med olika slags fåglar ha kretsat över träden runt hemmet under mer än en månad efter födseln, varpå folk sa att luftens fåglar kommit för att hylla den nyfödde kungen och profeten.

Enligt filosofen Zou Yan (305–240 f.Kr.) ska en ny kejsare eller kung förebådas av något slags tecken från Himlen för folket. Exempelvis berättades att den förestående upphöjelsen av Gule Kejsaren, en av de legendariska kinesiska kejsarna, hade manifesterats i form av jättelika daggmaskar och syrsor (Fung Yu-lan).

I juni sänder Hong en delegation till Guanlubu för att hämta hustrun, barnen och andra nära släktingar – och de kommer efter att först ha sålt sina egendomar. Bland dem även Hong Xiuquans svåger, Lai Hanying, som är läkare och därför extra välkommen. Lai kommer att få ett spännande liv och ungefär tjugofem år senare kommer han att bli idol för en av Kinas framtida stora ledare.

Feng Yuanshans två söner ansluter sig också till Gudsdyrkarnas sällskap, men resten av hans familj väljer att stanna kvar i Guanlubu. Hongs andre kusin, Hong Rengan, följer inte

heller med till Tistelbergen. Medan Hong Xiuquan och Feng
Yuanshan vistas med gudsdyrkarna försöker Hong Rengan
utan framgång att igen klara av examen. Senare under 1850,
när regeringstrupper letar efter Hong Xiuquans släktingar runt
Guanlubu, försöker han ta sig till gudsdyrkarnas områden, men
misslyckas och tar sig istället till Hong Kong där han börjar
arbeta för västerländska missionärer. Bland dem träffar han
den svenske missionären Theodore Hamberg.

Gudsdyrkarna angrips

Gudsdyrkarna får allt fler anhängare och 1849 är antalet runt
tio tusen. Ett år senare är man ungefär dubbelt så många. En
utbredd svält i Guangxi-provinsen under 1850 leder också till
att allt fler utblottade och hungriga söker sig till Tistelbergen.

Det är också nu som gudsdyrkarna är tillräckligt många för
att börja tillverka egna vapen och organisera sig som en riktig
armé. Hong Xiuquan börjar också att allt oftare omnämnas
som *Taiping-kung* (Fullkomliga fridens kung). Det är också nu
som rörelsen på allvar börjar uppmärksammas av andra och av
kejserliga företrädare, som inser att det inte bara är ytterligare
en i raden av fredlösa banditgrupper eller religiösa sekter.

Det för de kejserliga myndigheterna förmodligen mest
provocerande – och det som antyder att gudsdyrkarna inte bara
vill vara en lokal sekt – är att de manliga medlemmarna skär av
sina hårpiskor och låter håret växa. I april 1850 framträder
Hong Xiuquan dessutom i en dräkt som är kejserligt gul. Det
är ännu en tydlig provokation eftersom kläder i den färgen
bara får användas av kejsaren eller av kejsaren särskilt utnämn-
da personer.

I juli samma år talar Jesus, genom hans språkrör Xiao
Chaogui, till Hong och säger åt honom att kämpa för himlen,
att ta ansvar för alla floder och alla berg, att Gud gett honom
full auktoritet att styra sitt kungadöme samt att Hong måste se
långsiktigt och inte bara fokusera på vad som ligger omedelbart

framför honom. I augusti och september sätter de olika enheterna av Gudsdyrkarnas sällskap upp egna trupper som beväpnas och samlas i Jintian vid Tistelberget. Den 29 oktober 1850 ger Hong Xiuquan order om en mer allmän mobilisering och säger till sina följeslagare att de ska förbereda sig genom att bland annat skaffa stora mängder krut.

I slutet av 1850 samlas tusentals gudsdyrkare i Jintianområdet, huvudsakligen hakka som lämnat sina byar på grund av det ökande våldet mot dem från icke-hakka-bor, från ämbetsmän och lokala ledare samt från banditer. I Jintianområdet samlas även ett antal laglösa banditer, vilka söker undkomma de allt massivare kampanjerna mot dem från Qingtrupper, bland annat grupper som tillhör Himmel- och jordsällskapet.

Hotet från dessa och andra laglösa gäng var en av anledningarna till att Gudsdyrkarnas sällskap i mitten av 1840-talet bildades som skydd för dess medlemmar. Nu gör man gemensam sak gentemot regeringstrupperna. Ett par av dessa banditgäng leds för övrigt av kvinnor.

Gudsdyrkarnas ökande aktiviteter leder slutligen till att Qing-dynastin reagerar och i december 1850 anländer en mindre truppstyrka till Tistelbergen för att driva bort gudsdyrkarna. Regeringstrupperna besegras emellertid och deras befälhavare dödas. Detta leder till att en mycket större truppstyrka anländer under ledning av en manchurisk befälhavare. Men även denna styrka besegras av gudsdyrkarna, den 1 januari 1851.

Det blir emellertid bara en tillfällig lättnad. Gudsdyrkarna inser att Qing-regeringen kommer att skicka ännu större styrkor mot dem. Dessutom byter de flesta av de laglösa grupperna sida mot löfte att bli benådade och att deras ledare ska belönas med officiella poster. Anledningen är troligen att de inte tror att gudsdyrkarna i längden kan stå emot regeringstrupperna. Kanske vill de inte heller underkasta sig gudsdyrkarnas stränga disciplin. Förmodligen är de också besvikna över att privat plundring inte tillåts; erövrade vapen, livsmedel och andra ägodelar tillfaller Gudsdyrkarnas sällskap och inte några enskilda.

En av de laglösa som stannar kvar och förblir gudsdyrkarna trogen är den kvinnliga bandithövdingen Su Sanniang, som kom med ett par tusen man. Hon föddes förmodligen i byn Ling-shan i provinsen Guangdong, där hon sägs ha lärt sig klassisk stridskonst av sin far. Hon flyttade till provinsen Guangxi efter att ha gift sig med en viss Su San. Efter att de ruinerats av någon lokal pamp gick de med i en grupp inom Himmel- och jordsällskapet. År 1849 organiserade de en laglös grupp med mottot *Stjäl från de rika för att hjälpa de fattiga och återvänd till din hemtrakt för att utkräva hämd* (Lily Xiao Hong Lee). Efter att Su San dödats i ett bakhåll 1850 organiserade Su Sanniang jakten efter mördaren, som hon själv dödade. Med gudsdyrkarna väljer Su Sanniang en mer nationalistisk och revolutionär bana. Hon vinner ryktbarhet och till och med ett par hyllningsdikter av några då kända poeter.

En annan som ansluter sig till gudsdyrkarna och stannar kvar är Luo Dagang, en före detta pirathövding och ledare inom Himmel- och jordsällskapet från Guangdong. Övertygad anti-manchu kommer han med flera tusen man och blir en framgångsrik rebellgeneral. Enligt någon uppgift gifter han och Su Sanniang sig senare med varandra.

Fullkomliga fridens himmelska rike

Gudsdyrkarna lämnar Jintian och flyttar sin bas österut till Jiangkou, en mer lättförsvarad plats. Men snart belägras Jiangkou av ännu starkare regeringstrupper och gudsdyrkarna drar sig bort till Guiping, nära staden Wuxuan. I mars 1851 samlar Hong Xiuquan gudsdyrkarna och utropar *Taiping Tianguo*, Fullkomliga fridens himmelska rike – i fortsättningen kallad *Taiping* – med sig själv som *himmelsk kung*. Med detta tar gudsdyrkarna det definitiva steget från en lokalt förankrad religiös sekt till en nationell upprorsrörelse, till och med en revolutionär upprorsrörelse.

Pressen från Qing-trupperna fortsätter och för att upprätthålla moralen inom Taiping belönas de lydiga och sedesamma medan de som visar olydnad eller feghet straffas strängt, ofta med döden. Förrädare avrättas offentligt och alla påmins om att alltid lyda order och att aldrig bryta mot ens den minsta bestämmelse.

Striderna fortsätter i mindre skala och båda sidor får känna av både framgångar och bakslag. Efter ett sådant bakslag uppmanar Hong Xiuquan Taiping-trupperna att inte bara slåss för det Taiping-kungadöme som just nu existerar utan att tänka på det framtida gudsrike på jorden där alla följeslagare kommer att bli belönade över förväntan. Därmed får trupperna en vision att kämpa för, en plats som ska bli gudsdyrkarnas eget jordiska paradis. Men var det ska etableras är det ingen som vet.

I augusti 1851 blir läget kritiskt för Taiping. Hela styrkan, hela kungadömet, lämnar Tistelbergen med basområdet runt Guiping efter att först ha förstört sina hem. Flera år senare, 1864, ska en av Taipings generaler, Li Xiucheng, avslöja att husen brändes ner innan de lämnade Guangxi för att folket ... *inte skulle känna hemlängtan.* En exodus utan återvändo...

Man rör sig snabbt, alltför snabbt för de förföljande regeringstrupperna. En kejserlig ämbetsman skriver vid något tillfälle att rebellerna ...*förflyttar sig som råttor medan regeringssoldaterna rör sig som kor; man kan inte använda kor för att fånga råttor* (Yeung King-To).

Hong Xiuquan försöker ingjuta mod bland gudsdyrkarna och skriver att de ...*inte behöver vara rädda därför att (...) alla svårigheter är prövningar planerade av vår himmelske fader och vår himmelske äldre broder för att testa våra sinnelag (...) så att vi alla tillsammans må blicka ut över den majestätiska vyn av det jordiska paradiset* (Franz Michael, dokument 23).

Men han säger inget om var detta jordiska paradis kan tänkas finnas. Man beger sig i alla fall åt nordost längs Mengfloden i riktning mot staden Yongan (idag Mengshan), en sträcka på ungefär hundra kilometer. Taipings landtrupper leds av Xiao Chaogui, Jesu språkrör, och Shi Dakai medan en flodstyrka förflyttar sig med båtar under ledning av Luo Dagang, den före detta flodpiraten som lierat sig med gudsdyrkarna. Den 25 september 1851 intas den muromgärdade Yongan. Taiping består nu av bortåt 40 000 män, kvinnor och barn.

Folket med revolutionär karaktär

Gudsdyrkarnas sällskap består av flera grupper av egendomslösa, fattiga, undanträngda, laglösa… Det är folk som på ett eller annat sätt är i konflikt med staten eller majoritetsbefolkningen. Flera etniska minoriteter är representerade, men den stora och dominerande gruppen, liksom flertalet ledare, är hakka.

Varför ansluter man sig till gudsdyrkarna? Är det i desperation över fattigdomen och för att få skydd av en välorganiserad milis? Är det för att nå någon slags frälsning eller i hopp om att få bättre tur om man gör sig av med de gamla gudabilderna? Eller är gudsdyrkarna revolutionärer som vill störta Qing-dynastin? Eller är det gudsdyrkarnas radikala jämlikhetsideal som lockar? Tror de att Hong Xiuquan är den som är utsedd att få himlens mandat?

Eller kan det vara så som den nämnde Taiping-generalen Li Xiucheng senare skulle påstå, att de flesta som ansluter sig till Gudsdyrkarnas sällskap gör det för att helt enkelt få mat i magen och att de varken vet eller bryr sig om något mer? När allt kommer omkring, möjligheten att äta sig mätt tar lätt över alla andra behov och drifter.

Kanske är det så för många, medan andra lockas av det mer religiösa budskapet eller av visionen om ett paradis. Till exempel förklarar en kristen hakka och bekant med Hong Xiuquan, Li Tsinkau, att ... *när vi hörde om Hongs visioner, då föll vi helhjärtat för honom och vi trodde att våra böner hade blivit hörda och att han hade sänts av Himlen för att komma med bättre tider* (Nicole Constable).

Samme Li skulle senare, 1858, uppmanas att ansluta sig till gudsdyrkarna men han ångrar sig när han får veta att den gestalt som Hong Xiuquan såg i sin drömvision var en arg gammal man klädd i svart; för Li var Gud varken arg eller svartklädd och den som Hong såg måste därför ha varit djävulen och inte Gud.

Enligt Nicole Constable är hakka kända för att ha en *revolutionär karaktär*. Hakka-folket sägs ha varit de sista att ha accepterat de nya härskarna efter manchurernas erövring av Kina 1644. Men det var uppenbart ett påtvingat accepterande; de fortsätter att vara fientligt inställda till Qing-dynastin och många vill ha en återgång till han-kinesiskt styre.

Å andra sidan förefaller det faktum att Qing-dynastin är manchurisk inte vara något vanligt skäl för att göra uppror. Det främlingsskap man kan känna mot just manchurer skiljer sig antagligen inte nämnvärt från det man på landsbygden i södra Kina känner mot folk från norr eller mot stadsbor.

En 19-åring ärver ett oroligt rike

Den 29 mars 1850 tillträder den sjunde Qing-kejsaren i Kina. Han heter Xianfeng och är nitton år gammal. Det är knappast någon idealisk tid för en ung och oerfaren kejsare. Det har gått åtta år sedan Xianfengs far tvingades acceptera Storbritanniens förödmjukande villkor för att få slut på det första opiumkriget och den händelsen kom att skaka om kejsardömet. Under 1840-talet drabbades landet dessutom av flera svåra natur-katastrofer.

Den nye kejsaren blir orienterad om de oroligheter som pågår runt om i riket. Bland annat har en ny religiös sekt bildats längst i söder, i provinsen Guangxi, med fattiga lantarbetare som medlemmar, framför allt folk från hakkagruppen. De manliga medlemmarna i sekten skär av sina hårpiskor och låter håret växa medan ledaren, en hakkabondson, gör rebelliska uttalanden.

Strax efter Xianfengs trontillträde framträder dessutom denna hakka-bonde i en kejserligt gul dräkt och tre kvarts år senare besegrar denna sekt en mindre styrka av regeringstrupper. Det är uppenbart inte någon av de vanliga små sekterna. Under våren 1851 får kejsaren veta att sekten nu kallar sig Taiping Tianguo, Fullkomliga fridens himmelska rike. I oktober kommer ett bud om att sekten har intagit distriktsstaden Yongan i provinsen Guangxi.

Men överlägsna regeringstrupper har omringat Yongan och det kan bara vara en tidsfråga innan rebellerna är tillintetgjorda.

Papperssoldater

Men den unge kejsaren har ett problem han kanske inte är medveten om och det är tillståndet inom den reguljära armén. År 1850 består Kinas reguljära armé enligt W. J. Hail av totalt drygt 600 000 man, fördelade på kavallerienheter (87 000 man), infanteri (194 815 man) och garnisonstrupper (336 404 man). Dessa styrkor ska dels försvara imperiet på drygt fyra hundra miljoner invånare mot yttre fiender, dels skydda den regerande dynastin mot interna upprorsrörelser.

Dessa trupper är utspridda på små enheter. I provinserna Guangdong och Guangxi, där Taiping-upproret startade, finns det år 1850 på papperet totalt 89 439 soldater förlagda i 142 militärläger. Det innebär i genomsnitt drygt 600 man i varje läger. På grund av en splittrad befälsordning är det komplicerat att tillräckligt snabbt samla tillräckligt stora styrkor för att kunna bekämpa större upplopp eller uppror.

På grund av korruptionen inom armén existerar dessutom många av dessa drygt 600 000 man enbart på papperet. När militära befälhavare rapporterar in att de har värvat de soldater de enligt planerna ska, blir de tilldelade ekonomiska medel för soldaternas försörjning och avlöning. Men ett stort antal av de påstådda soldaterna existerar inte i sinnevärlden och istället kan befälhavarna stoppa betalningen för dem i egen ficka. När det blir dags för inspektion av högre befäl hyr man in kraftigt byggda unga bönder och lantarbetare som för några dagar får dra på sig uniformer och försöka se ut som professionella soldater.

Det hela ser på ytan bra ut – tills en kris inträffar och det krävs en större militär insats. Då blir det istället frestande för befälhavarna att försöka muta lokala banditgäng till att hålla sig något så när lugna eller flytta till ett annat distrikt. För att undvika kritik uppifrån blir det också frestande att i rapporter till hovet tona ner hoten från banditgäng och upprorsgrupper och hoppas på att problemen ska lösa sig av sig själva.

Missbruket av opium har också spridits till delar av armén och de trupperna anses inte längre vara kapabla att strida. Visserligen vittnar många berättelser om att opiumrökare mycket väl kan sköta deras ordinarie arbeten under dagtid, bara de får deras nattliga doser av drogen. Men soldater har inga nio till femjobb i krigstider...

Dessutom har Qing-dynastin som nämnts under denna tid stora finansiella problem. Ofta får de reguljära trupperna rycka ut för att dämpa oroligheter eller bekämpa banditer eller rebeller utan att få med sig tillräckligt med proviant. Men även soldater måste äta och istället blir det den lokala befolkningen som får ställa upp, frivilligt eller ej.

Det är kanske inte märkligt att soldaterna blir kända för att ofta ställa till med mer problem och förödelse än de banditer

de ska skydda befolkningen mot. Och det är inte heller
märkligt att vanliga kinser mer förlitar sig på lokalt mobili-
serade miliser än till kejsarens trupper.

Exodus

Den vandring, den exodus, som gudsdyrkarna ger sig ut på
1851 blir inte bara ett kombinerat flykt- och erövringståg, i
likhet med den exodus som israeliterna enligt de bibliska
myterna ska ha genomfört ut ur Egypten ca tre tusen år
tidigare. I likhet med israelernas exodus blir också gudsdyrkar-
nas vandring den period då dess mission, dess organisation och
dess ledarskap formas.

Det är också under denna exodus som rörelsen allt tydligare
framstår som ett både nationalistiskt och revolutionärt uppror
mot den manchuriska kejsardynastin. Målet blir inte bara att
störta en för dem förhatlig dynasti utan att krossa den;
dynastin är ju de demoner Hong Xiuquan fått i uppdrag att
befria mänskligheten från.

Dessutom ska de värderingar som genonsyrat det kinesiska
samhället under mer än två årtusenden ersättas med ett helt
nytt idébygge.

De med miljoner är skyldiga oss pengar,
De som är halvfattiga och halvrika kan odla deras fält,
De med ambitioner men inga pengar bör ansluta sig till oss.
Ruinerade eller hungriga, Himlen kommer att ta väl hand om
er.
(Taipinsk rekryteringsjingel, ur Jonathan D. Spence:
God's Chinese Son)

6. Exodus – en ny tid med nya uppenbarelser

Kristendomen kom till Kina första gången på sexhundratalet
under Tang-dynastin i form av nestorianer. Det var en kristen
riktning uppkallad efter Nestorius (ca 381–451), en patriark i
Konstantinopel som år 431 förklarades som kättare av katolska
kyrkan varpå hela rörelsen tvingades dra österut. Under Yuan-
dynastin (1279–1368) fanns både nestorianska och katolska
församlingar i Kina, men de tycks framför allt ha appellerat till
de styrande mongolerna och inte till kineser. Nestorianerna
tycks ha försvunnit under mitten av 1500-talet.

På 1500- och 1600-talen vistades några jesuitiska missionä-
rer i Kina. Den främste av dem, Matteo Ricci, anlände till Kina
1588 och blev känd som Li Madou. När icke-kinesiska namn
översätts till kinesiska väljer man tecken som låter så likt det
ursprungliga namnet som möjligt, samtidigt som man försöker
behålla den kinesiska namntraditionen, det vill säga med

familjenamnet bestående av ett tecken (stavelse) följt av egennamnet bestående av två. Ricci blev Li, ett vanligt familjenamn i Kina, och Matteo blev Madou.

Matteo Ricci blev uppskattad bland kineser för sin bildning och intelligens och lyckades även värva en del proselyter. Han menade att konfucianismen och förfädersdyrkan gick att förena med den kristna läran. Den tolkningen uppskattades dock inte av påven i Rom och efter Riccis död förändrades den katolska missionen till att bli mer fundamentalistisk. År 1715 bannlystes de traditionella kinesiska riterna av påven och de kristna i Kina tvingades, med Julia Chings ord, att välja mellan att vara katoliker eller att vara kineser. Den kinesiske kejsaren Kanxi kontrade 1721 med att förbjuda kristen mission. Resultatet blev att kyrkan snabbt förlorade det goda rykte som Ricci uppnått, men några få katolska församlingar överlevde ändå i Kina (1939 ändrade sig katolska kyrkan och tillät kinesiska katoliker att genomföra de traditionella ritualerna för förfäderna).

Matteo Ricci och hans jesuitiska kollegor accepterade också den konfucianska uppfattningen om människors ursprungliga godhet och möjligheter att med studier utveckla sig själva. Senare tiders kristna missionärer hävdade istället människornas inneboende ondska och att frälsning bara kan ske tack vare Guds nåd.

Även den ryskortodoxa kyrkan fanns representerad i Kina, sedan 1685 då en grupp ryska kosacker efter att ha besegrats av en kinesisk truppstyrka vid gränsfloden Amur längst i öster valde att gå i kinesisk tjänst och tvingade med sig en rysk präst. Det blev grunden till en ryskortodox församling i Beijing som skulle komma att existera in på 1900-talet. Församlingens präster skulle framför allt sörja för själarna hos de ryssar som av olika själ hamnat i Kina och deras ättlingar; de bedrev inte någon nämnvärd mission bland vanliga kineser och hamnade därmed inte heller i konflikt med kinesiska myndigheter.

Är Gudsdyrkarna kristna?

Under 1800-talet tar det kristna missionerandet fart igen, så att säga i hälarna på de handelsavtal som västmakterna tvingar Kina att acceptera, och nu är framför allt protestantiska missionärer med i leken. För varje avtal som sluts med Kina utökas de områden där kristna missionärer tillåts verka och till sist, 1860, är i stort sett hela landet öppet. Men redan ett decennium tidigare blir en del protestantiska missionärer i södra Kina närmast extatiska över utsikten att i stort sett hela Kina inom loppet av några få år skulle kunna bli kristnat – en dröm sporrad av en framgångsrik upprorsrörelse med kristen karaktär, de så kallade gudsdyrkarna.

Är Gudsdyrkarnas sällskap en kristen församling eller sekt? Är det ett nytt hemligt sällskap som lagt sig till med vissa kristna traditioner och dogmer? Är det en fredlig sammanslutning som trakasseras av regeringstrupper eller en upprorsrörelse som vill störta dynastin? Det är inte konstigt om kristna västerlänningar i Kina är förvirrade. Gudsdyrkarnas ”kristna” lära och ceremonier lämnar en del att önska för renläriga missionärer. Theodore Hamberg skriver att gudsdyrkarna i början bara har vaga begrepp om hur de kristna ritualerna ska gå till. Bland annat har han hört att de vid bröllop och andra ceremonier brukar offra djur som de närvarande sedan äter upp. En del rykten är förmodligen sanna; andra är säkerligen överdrivna eller påhittade.

Trots dessa oortodoxa ritualer är många kristna missionärer, speciellt protestanter, till en början entusiastiska över Hong Xiuquan och över den mängd kineser som ansluter sig till Gudsdyrkarnas sällskap. För dessa missionärer framstår det äntligen som fullt möjligt att en stor del av det kinesiska folket på över fyra hundra miljoner kan låta sig omvändas och döpas. Förhoppningarna om gudsdyrkarna håller i sig tills missionärerna får mer inblick i Hong Xiuquans lära och inser att han

inte bara betraktar sig själv som kristen utan som Guds son –
visserligen yngre bror till Jesus, men ändå...
En av de mer entusiastiska missionärerna är Issachar J.
Roberts, som Hong Xiuquan besökte i Guangzhou 1847.
Roberts känner att han har en speciell relation med Hong
eftersom han har undervisat honom. Roberts föreställer sig att
Hong även i fortsättningen ska kunna undervisas av honom
och andra missionärer och få en del missuppfattningar korri-
gerade. Han hoppas också att ännu fler kineser genom Hong
och missionärerna ska kunna få del av det kristna budskapet,
det rätta kristna budskapet.

Hong korrigerar Bibeln

Det är hans drömvisioner i kombination med Liang Fas kristna
skrifter som övertygat Hong Xiuquan om att han är Guds
andre son och Jesu yngre bror. Den övertygelsen ger honom en
auktoritet och ett tolkningsföreträde som simpla präster och
missionärer inte kan mäta sig med.

När Hong Xiuquan väl trängt lite djupare in i Bibelns
texter, inser han att det istället är dessa präster och missionärer
som har missuppfattat en hel del, som exempelvis detta med
Guds ende son. I den bibeltolkning som godkänns inom Taiping
korrigerar han de felaktigheter han upptäcker. Bland annat
ändrar han de hänvisningar i Nya Testamentet där det talas om
Guds ende son till *Guds förste son*.

I enlighet med hans drömvision då han besökte himlen
1837 utvidgar Hong Xiuquan den himmelska familjen. Istället
för att bara bestå av Gud med son får dessa två varsin hustru.
Trots denna utökning är Hong noga med att framhålla att det
bara finns en skapare och Gud. Följaktligen är Gud allas
himmelske fader. Han tycks anamma den kristna *treenigheten*
(fadern, sonen och den helige ande). Men för Hong är det en
enighet som består av tre distinkta och självständiga delar, där

bara Jehova är Gud medan Jesus är sonen och enligt kinesisk tradition klart underställd fadern.

Hong gör fler redigeringar. Enligt Jonathan D. Spence (God's Chinese Son) stryker han till exempel de sista åtta verserna av Första Mosebokens kapitel 19, som handlar om hur Lots döttrar med list förför deras far för att ...*det finns inga män här i landet som kan göra oss med barn på vanligt vis.* Detta är uppenbarligen för mycket för den sedesamme Hong.

Han stryker även andra delar av Bibeln som stör hans sexual- eller dryckesmoral, exempelvis allt som refererar till Noa's nakenhet och berusning.

Hong Xiuquan skriver också en hel del kommentarer i marginalen på sin bibel. En av de delar som fascinerar honom speciellt är *Uppenbarelseboken* eller *Johannes Uppenbarelse*, den sista boken i Nya Testamentet. Det är en apokalyptisk vision, en fantasifull undergångsvison som utmynnar i att ondskan förgörs av Gud medan de troende kan träda in i himmelriket där det råder fullkomlig frid (Taiping).

Oräkneliga synder

I ett dokument, *Taipings kejserliga deklaration*, som enligt Theodore Hamberg skrevs av Hong Xiuquan redan 1844–46 då han var lärare i sin hemby, varnas läsarna för sex synder: lössläppthet eller utsvävande leverne (*när människor blir demoner då vredgas Himlen som mest*), olydnad mot föräldrar (*ett stort brott mot Himlens bud*), mord (*att döda ens nästa är det värsta av alla brott*), stöld, trolldom eller häxeri samt hasardspel. Detta är inte de enda försyndelser man kan begå, men ...*alla andra orätter är alltför talrika för att nämnas...* (Franz Michael, dokument 10)

I dokumentet slås också fast att korrekthet, det vill säga att leva i enlighet med *Taipings kejserliga deklaration*, är människans ursprungliga natur. Män som är inkorrekta är inte längre mänskliga; kvinnor som är inkorrekta är inte mer än monster.

Tror gudsdyrkarna på dessa ord från Guds andre son? Ja, om man ska fästa avseende vid den bekännelse som Li Xiucheng, Taiping-generalen, skrev 1864. I den skriver denne ryktbare general, som aldrig verkade vara rädd på slagfältet, att han själv inte vågade överträda några bud det minsta utan var en sann troende som alltid fruktade att skadas av ormar och tigrar, som var det man hotade anhängarna med.

Hong Xiuquan poängterar att Gud råder över hela världen, över Kina och över alla andra länder: *I världen finns många män och de är alla bröder; i världen finns många kvinnor och de är alla systrar.* Liksom Konfucius på sin tid skriver Hong Xiuquan om en forntid – *Den stora gemenskapens samhälle* – då härskarna var dygdiga och rättrådiga och då ...*män inte bara älskade sina egna föräldrar och inte bara behandlade sina egna söner som barn.*

Hong Xiuquan anklagar framför allt buddhisterna och daoisterna för att ha fjärmat Kina från den sanna vägen. Buddhismens och daoismens *perversa anhängare* har med obegripligheter vilselett det kinesiska folket i syfte att sälja sina påhitt och *göda sina egna börsar.*

Taipings kejserliga deklaration publiceras 1852, förmodligen i Yongan.

En ny tid

Yongan är ingen stor stad, men det är en riktig stad med stadsmur, det vill säga en förvaltningsstad med magistraten, kejsarens ämbetsman, och med ett antal institutioner, hantverkare, affärer m.m. Som centralort för det lokala distriktet har den bland annat ett tryckeri som Taiping utnyttjar för att mångfaldiga och sprida ett antal dokument. Den 1 oktober 1851 påminner Hong Xiuquan Taipings soldater och officerare att de måste känna samhällsansvar och vara osjälviska och att ...*närhelst ni dödar demoner och intar deras städer ska allt beslagtaget guld och alla värdesaker (...) överlämnas till det himmelska hovets heliga statskassa.* Officerare och soldater ska över huvud taget inte äga värdesaker och de som ertappas med sådana ska avrättas (Franz Michael, dokument 23).

I en annan deklaration utlovas belöningar till de Yonganbor som hjälper Taiping med att avslöja var demoner håller till medan de Yongan-bor som hjälper fienden istället utlovas en snabb avrättning.

Yongan-borna uppmärksammas på att det snart gått 210 år sedan manchurerna erövrade Kina och etablerade Qingdynastin. Astrologen Wen Shu profeterade för nästan två tusen år sedan att slutet för Han-dynastin (206 f.Kr.–220 e.Kr.) skulle komma efter tre gånger sju decennier, det vill säga 210 år. Nu gör skribenten detsamma vad gäller Qing-dynastin genom orden: *Demonernas levnadslott på tre gånger sju har nått slutet...* (Franz Michael, dokument 28).

I Yongan konsolideras ledningen för Taiping. En ny dynasti proklameras den 4 december 1851 med Hong Xiuquan som förste kung. Fem biträdande kungar utses, liksom ministrar och andra befattningshavare. Ett arméreglemente fastställs och officerare utnämns. Taiping inför även en ny kalender med 366 dagar och sjudagarsveckor, en solkalender istället för den traditionella mån- och solkalendern. Att anta en ny tideräkning är ytterligare en utmaning mot den kejserliga dynastin, eftersom beslut om kalendern är ett kejserligt privilegium.

I och med att den gamla kalendern avskaffas förkastas också alla de dagar som varit tillägnade olika traditionella högtider, ansetts lyckosamma etc. Det är inte bara en ny dynasti som tillträder utan också en ny tid.

De fem biträdande kungarna är Hong Xiuquans närmaste medarbetare, medlemmarna i det brödraskap som bildades 1849. Med deras titlar och utnämningar kommer de att stå i en klass för sig själva i den taipingska hierarkin. De fem extra kungarna är *Yang Xiuqing* (Guds röst), östra kungen och härskare över nio tusen år, *Xiao Chaogui* (Jesu röst), västra kungen och härskare över åtta tusen år, *Feng Yunshan*, södra

kungen och härskare över sju tusen år, *Wei Changhui*, norra
kungen och härskare över sex tusen år samt *Shi Dakai*,
assisterande kungen och härskare över fem tusen år. Hong
Xiuquan själv är himmelsk kung och härskare över tio tusen år
(en vanlig titel för kinesiska kejsare). Hans två år gamla son,
Tiangui, tituleras *den unge kungen av tio tusen år*.

De fem kungarna blir också chefer för varsin armé: Yang
Xiuqing för centrala armén, Xiao Chaogui för frontarmén,
Feng Yunshan för bakre armén, Wei Changhui för vänstra
armén och Shi Dakai för högra armén. Denna organisation,
med underlydande kungar som kommenderar egna arméer,
påminner om Zhou-dynastins Kina, det vill säga det Kina som
existerade före första kejsaren.

Ingen av dessa sex kungar kommer att överleva Taiping,
men bara tre av dem kommer att dödas av kejserliga trupper.

Betydelsen av ett namn

Med dessa kungliga utnämningar införs också en del språkliga
förhållningsorder. De tecken som används för att skriva Guds
namn, *Ye-huo-hua*, får inte användas i andra sammanhang – för
att bevara dessa teckens renhet. Detsamma gäller de tecken
som används för att skriva Jesus, Kristus, Himlen, äldre broder
etc. Det gäller även tecknen för Hong Xiuquans och de andra
kungarnas namn. Alla dessa tabubelagda tecken måste i
profana sammanhang ersättas med synonymer eller med andra
tecken med samma uttal eller med tecken som förändrats.

När Hong Xiuquans son 1861 får ett extra namn, *fu* (lycka),
får det tecknet bara användas i andra sammanhang om man
lägger till ett streck i tecknet. I en proklamation 1861 ger Hong
Xiuquan en detaljerad beskrivning av vilka teckenvarianter
som är tillåtna. Han avslutar instruktionen med att meddela
att den är riktad till *hela världen* (Franz Michael, dokument
225).

I det kejserliga Kina får kejsarens egennamn vanligen inte användas av någon annan levande person eller i något annat sammanhang. Efter ett byte på kejsarens tron kan det således som följd bli ett stort antal namnbyten runt om i landet. Inom Taiping gäller dock ovanligt många tabun, bland annat för att det inte bara finns en kung.

Guds namn får således inte missbrukas och ej brukas i profana sammanhang. Enligt Thomas H. Reilly har detta långtgående betydelser för Taiping, vars gud på kinesiska kallas Shangdi. Men de kinesiska kejsarna kallar sig själva, alltsedan förste kejsaren av Qin, för *huangdi*, där *di* är samma tecken som *di* i *Shangdi*. I enlighet med dessa teckens helighet får *di* bara användas om *Shangdi*, vilket innebär att alla kejsare under de senaste två tusen åren har missbrukat Guds namn. Genom att använda tecknet *di* om sig själva vill de bli dyrkade som gudar och därmed har de retat upp *Shangdi*, den ende guden.

Enligt den här tolkningen är det således inte enbart manchurerna och deras anhängare som är demoner utan alla kinesiska kejsardynastier sedan Qin.

Sjunde budet

I ett längre dokument, *Boken om himmelska budord*, kommenterar Hong Xiuquan Tapings version av tio Guds bud. Om bud nummer sju, *Du skall icke begå äktenskapsbrott eller vara lösaktig*, skriver han att alla män ska bo för sig och alla kvinnor för sig:
...*Män och kvinnor som begår äktenskapsbrott eller är lösaktiga betraktas som monster*... (Franz Michael, dokument 24).

I februari 1852 ger Hong Xiuquan order till alla inom Taiping att ständigt kontrollera att sjunde budet efterlevs. De som ertappas med att ha syndat ska halshuggas och deras huvuden sättas upp till allmän beskådan. Den himmelske kungen, liksom de biträdande kungarna, betraktar sig själva däremot som stående över dessa förbud. Hong Xiuquan bor inte tillsammans med andra män utan med sin första hustru,

Lai Xiying, och hans många bihustrur. I en proklamation den 2 mars klargör Hong Xiuquan att allt prat om drottningen (drottningarna?) är förbjudet och att överträdelse straffas med att den skyldige mister huvudet, ...*det är inte för att jag önskar allvarliga restriktioner; jag vill bara ge uttryck för den himmelske faderns och den himmelske äldre broderns heliga önskan* (Franz Michael, dokument 23).

Enligt Kazuko Ono & Joshua A. Fogel dömer västra kungen, Xiao Chaogui, sina egna föräldrar till att halshuggas när han upptäcker att de delar samma bädd.

Två år senare, 1854, skriver östra kungen, Yang Xiuqing, ett långt dokument, *Boken om den himmelska naturens principer,* i vilken han klargör att det visserligen är i enlighet med mänsklig natur för män att ...*då och då besöka hustru och barn,* men att samtal mellan makarna i så fall ska ske ...*framför dörren, på några stegs avstånd från varandra och med hög röst* (Franz Michael, dokument 50).

En av konsekvenserna av dessa förbud blir en ökad jämlikhet mellan könen; för att upprätthålla separationen tvingas männen nämligen att tvätta och laga sina egna kläder. Brott mot dessa regler, liksom exempelvis homosexualitet, bestraffas med döden. Gäller det prostitution straffas den prostituerades hela familj med döden.

En ny "klassiker"

I början av 1852 publiceras en taipingsk version av *San Zi Jing* (Tre Teckens Klassiker), en motsvarighet till den text för nybörjare om konfuciansk etik som kinesiska barn lärt sig utantill sedan Song-dynastin (se det inledande citatet i kap. 2). Taipings version är en kortkort version i 88 verser av gamla testamentet, Jesu gärningar och Hong Xiuquans gudomliga mission. Den är troligen skriven av Hong Xiuquan själv och en av verserna lyder:

De som har tron kommer att bli räddade
och få stiga upp till himlen;
Men de som inte tror
blir de första att fördömas.

I en annan vers, om honom själv, skriver Hong:
Han bad honom, tillsammans med hans äldre broder,
nämligen Jesus,
att driva bort de djävulska demonerna,
med hjälp av änglar.

(Franz Michael, dokument 29)

Ett folk och en armé

Den 10 december går Qing-trupperna till anfall mot Yongan.
De lyckas bara inta en närliggande by där Taiping har lagrat
stora förråd, vilka "demonerna" sätter eld på. Xiao Chaogui
(Jesu röst), nyligen utnämnd till västra kungen, skadas i
anfallet. Skadorna är inte akut livshotande för han kommer att
leva nio månader till. I alla fall, den 17 december utnämns
Yang Xiuqing (Guds röst), östra kungen, av Hong Xiuquan till
överordnad kung över de andra biträdande kungarna – men
underställd Hong Xiuquan själv. Yang blir senare till och med
betraktad som Guds fjärde son och således yngre bror till Hong
Xiuquan, medan Feng Yunshan, Hong Xiuquans kusin, anses
vara den tredje sonen.

Staden Yongan har visserligen en skyddande stadsmur, men
det är ingen stor stad och regeringstrupperna som omringat
den utgör ett ständigt hot. Taipings ledning inser att man
måste ta sig ur belägringen vilket man gör den 5 april 1852.
Taiping förlorar ett par tusen man i striderna och Qing-
trupperna gör ännu större förluster.

En viss Hong Daquan tas den 7 april till fånga av regerings-
trupperna och skriver några dagar senare en bekännelse, i
vilken han hävdar att han haft en hög position bland Taipings

ledare. Han är ännu en av dem som flera gånger misslyckats att ta examen. Istället blev han buddhistmunk, därefter medlem i ett lokalt hemligt sällskap för att senare ansluta sig till Hong Xiuquan i Guangxi. Hans bekännelse är emellertid omtvistad och flera bedömare anser att den är påhittad eller förbättrad, antingen av honom själv eller av företrädare för regeringen. Jen Yu-wen skriver att han förmodligen blev väl mottagen i Taiping tack vare hans kontakter med hemliga sällskap, men att någon konflikt måste ha brutit ut strax innan han blev tillfångatagen av Qing-trupperna eftersom han då var kedjad. Hans riktiga namn, Chiao Liang, blir känt först efter att han avrättats.

Den 29 april nås det kejserliga hovet i Beijing av budet om att rebellerna lyckats ta sig ur den belägrade staden och är på väg norrut genom provinsen Hunan.

De rebeller som är på väg norrut består av män, kvinnor och barn organiserade som en armé. Den militära organisation man använder sig av är tagen från den klassiska skriften *Zhous riter* (Zhou li), som beskriver förhållandena i början av Zhou-dynastin för tre tusen år sedan. Den välutbildade Hong Xiuquan känner naturligtvis också till de militära strateger som under Zhou-dynastin skrev ner sina visdomsord, som den bekante Sun-zi med hans *Krigets konst*. Guvernören i provinsen Guangxi skriver berömmande om Taiping att de praktiserar en taktik från Sun Bin, en annan av de klassiska militärstrategerna som levde under *De stridande staternas period* (478–221 f.Kr.) och dog år 316 f.Kr. Hans skrift, *Krigets konst*, hittades 1972 under en arkeologisk utgrävning efter att ha varit förlorad under nästan två tusen år.

Under 1852 fastställs ett antal regler för Taipings armé, under läger och under förflyttning. Bland annat förbjuds officerare och meniga att i byar man passerar förstöra bostäder, stjäla folks ägodelar etc (Franz Michael, dokument 27). I ett annat dokument några år senare, *Uppföranderegler*, listas 62 detaljerade regler för soldater och hovet, som till exempel: *Närhelst högre tjänstemän kommer in utifrån skall lägre tjänstemän resa sig och servera te.* Dokumentet stadgar också straffen för underlåtelser att följa reglerna – eller snarare straffet för det handlar nästan alltid om ett och samma straff, halshuggning. Till exempel: *Närhelst några försenar eller felaktigt tar emot eller förmedlar viktiga offentliga dokument, hugg av deras huvuden* (Franz Michael, dokument 178).

Systrarna

På grund av den strikta separationen mellan män och kvinnor finns knappast några gravida kvinnor eller spädbarn bland rebellerna – utom möjligen bland de sex kungarnas harem. Åtskilliga yngre kvinnor, de som inte behöver ta hand om barn eller åldringar, bildar egna stridande förband.

Dessa kvinnobrigader består av tre tusen kvinnor vid utbrytningen från Yongan för att öka till över tio tusen ett år senare (Kazuko Ono och Joshua A. Fogel). Nyrekryterade kvinnor kallas *nya systrar* medan de gamla från Guangxi och Guangdong är *gamla systrar*. Det sägs att Taipings kvinnliga soldater är minst lika djärva och grymma som de manliga. En Qing-officer som senare kan observera rebellerna i Nanjing varnar sina överordnade för att efter segern visa mildhet mot de kvinnliga rebellerna: *Efter att vi intagit Nanjing bör alla kvinnor från Guangxi avrättas.*

När Taiping lämnar Yongan är de till antalet kanske 40 000, varav ett tusental är före detta gruvarbetare från Guangxi som blivit arbetslösa på grund av att ett stort antal koppargruvor tvingats slå igen. Privata gruvor är tvungna att sälja en del av metallen till staten för att användas till mynt. Staten betalar ett fast pris, som på grund av inflationen blivit allt mindre värt och eftersom Qing-dynastin vägrar att justera det fasta priset har gruvproduktionen helt enkelt blivit för dyr. Särskilt i sydvästra Kina finns många nedlagda koppargruvor.

Taiping ger sig av norrut, mot staden Guilin. Är det den väg som Hong Xiuquan och de andra kungarna valt eller tar de den för att alla andra vägar är blockerade av regeringstrupper?

I ett försök att bluffa sig igenom Guilins stadsmur klär sig flera hundra Taiping-soldater i motståndarnas uniformer, som de tagit från stupade regeringssoldater. Men av en slump avslöjas de och trupperna i Guilin hinner förbereda sig inför attacken. Under trettiotre dagar belägrar Taiping staden innan man tröttnar och fortsätter marschen åt nordost. Efteråt förklarar Taiping misslyckandet med att man ändå inte varit särskilt intresserad av att inta Guilin eftersom spioner hade upptäckt att stadens förrådshus var tomma (Curwen).

Med andra ord: Surt sa räven...

Taipings styrkor avancerar längs Li-floden (Lijiang). Därmed kan de frakta icke stridande (kvinnor, barn, åldringar) liksom förråd på båtar medan landtrupperna på ömse sidor om floden blir rörligare. Ca hundra kilometer norr om Guilin kommer de till ett bergigt område mellan provinserna Guangxi och Hunan. På sydsidan flyter vattendragen söderut genom Guangxi och Guangdong mot Sydkinesiska sjön. På nordsidan av bergen rinner vattendragen norrut genom Hunan mot Långa floden.

Vid staden Xingan finns en gammal kanal som förbinder Li-floden i Guangxi med Xiang-floden (Xiangjiang) i Hunan. Kanalen kallas Lingqu (Ling-kanalen) och byggdes på order av förste kejsaren, Qin Shi Huangdi, år 214 f.Kr., för att binda samman floderna Xiangjiang och Lijiang. Syftet var att underlätta erövringen av de sydligaste delarna av Kina.

Kanalen fungerar fortfarande och Xingan, som lämnats utan försvarsstyrkor, intas den 23 maj. Snart når Taiping en annan stad, Quanzhou, men man har bråttom, regerings-trupper följer dem i hälarna och man bestämmer sig för att helt enkelt strunta i staden. Taipings båtar passerar emellertid inom skotthåll från Quanzhou och på en av dem sitter Feng

Yunshan, Hong Xiuquans kusin och ungdomsvän från hembyn Guanlubu, grundaren av Gudsdyrkarnas sällskap och utnämnd till södra kungen. Feng syns tydligt i hans praktfulla kläder och han såras dödligt av skottet från stadsmuren.

Marschen avbryts omedelbart och istället anfalls Quanzhou med sådan frenesi att staden faller den 3 juni. Ingen i staden överlever utom de som lyckats fly i tid. De förföljande trupperna verkar skrämmas av Taiping-soldaternas ursinne och vägrar lämna sina förskansade läger för att hjälpa stadens invånare.

Det avgörande är förmodligen att militära befälhavare i den kejserliga armén riskerar att straffas om de gör större förluster, som att förlora en stad. Bättre då att inte göra något alls och istället skylla på bristande information, tid eller något annat som i efterhand är svårt att kontrollera från huvudstaden långt från händelsernas cenrum.

Nära slutet

Den 5 juni återupptar Taiping marschen åt nordost, bara för att efter några kilometer gå rakt in i ett bakhåll intill ett vadställe, Suoyi, i Xiang-floden. I en flodkrök med kraftigt strömmande vatten har en frivillig lokal milisstyrka byggt en barriär av stockar som Taipings båtar seglar in i samtidigt som de beskjuts från stranden. Milisstyrkan leds av Jiang Zhongyuan (1802–54), en skollärare från södra Hunan.

Som tur är för Taiping har Jiang Zhongyuan bara ett par tusen man i sin milis. Taiping lyckas undkomma men förlorar tio tusen man och alla båtar, flera hundra. Man tvingas till en fyra månader lång omväg till fots med uppehåll i några mindre städer innan man når fram till Changsha, provinshuvudstaden i Hunan. Längs vägen lyckas man dock värva nya anhängarna och Taipings styrkor växer till mellan 50 000 och 100 000 man. Men dessa nyvärvade ansluter sig säkerligen av flera olika skäl. En del fångas antagligen av Taipings religiösa budskap, andra går med av helt andra motiv.

Den lokala befolkningen drabbas inte bara av att de förlorar söner som mer eller mindre frivilligt ansluter sig till rebellerna.

Den förödelse och det kaos som passerande arméer, oavsett vilka de är, lämnar efter sig utnyttjas även av banditgäng och av andra som tar tillfället att berika sig på andras bekostnad. Att ge sig på en armé är naturligtvis alltför riskabelt, men när soldaterna dragit bort är den kvarvarande civilbefolkningen oftast ännu mer försvarslös än tidigare.

I ett försök att med en mindre styrka överraska Changsha skjuts västra kungen, Xiao Chiaogui, i september 1852 för andra och slutliga gången. Xiaos död får Hong Xiuquan att marschera mot Changsha med hela Taiping-armén. Men när de anländer i oktober är staden väl befäst, med gott om regeringstrupper, under ledning av Hunans guvernör, Luo Bingzhang. Luo är en av de mest framstående kejserliga ämbetsmännen under denna tid, han kommer från samma län i Guangdong som Hong Xiuquan och har gjort den akademiska karriär som Hong som ung drömde om.

Under belägringen av Changsha gräver de före detta gruv-arbetarna tunnlar för att komma åt att spränga stadsmuren underifrån, vilket Taiping-generalen Li Xiucheng flera år senare skulle berätta om. Stadens försvarare gräver i sin tur ner stora träbehållare i marken för att fungera som öron och an-vänder blinda med extra känslig hörsel för att lyssna efter de grävandes ljud. Taiping försöker å sin sida att störa lyssnandet genom att ihållande slå på stora trummor. Men de slår inte tillräckligt hårt och så fort en tunnel kommer tillräckligt nära muren krossas den uppifrån med stora järnkulor och fylls med vatten.

Efter nästan två månader ger Taiping i slutet av november 1852 upp försöket att ta Changsha. Istället fortsätter man norrut längs Xiang-floden, nu välförsedd med tusentals båtar.

Taipings befälhavare har lärt sig av sina misstag och nu genomför man en snabb, effektiv och segerrik framryckning –

först längs Xiang-floden och sedan forsätter man längs Långa floden, efter att ha passerat den stora insjön Dongting. Dongting är en stor grund sjö, vars storlek varierar beroende på årstid. Den ligger söder om Långa floden och har gett namn åt två av Kinas provinser, Hunan som betyder *söder om sjön* och Hubei *norr om sjön*. Enligt en legend har de välbekanta drakbåtstävlingarna sitt ursprung just i Dongting-sjön. En poet och minister under *De stridande staternas period*, Qu Yuan (329–299 f.Kr.), ska ha dränkt sig i en av sjöns tillflöden, floden Miluo, i protest mot tidens korruption och mot att staten Qin erövrat hans rike – men först efter att ha skrivit en längre klagodikt. Byborna ska ha rott ut med sina båtar i sjön för att rädda Qu Yuan, men de kom för sent. Istället slog de med årorna på vattnet för att skrämma iväg onda andar från Qu Yuan och slängde ut ris i vattnet för att fiskarna skulle äta av riset istället för av hans kropp. Till minne av bybornas försök att rädda Qu Yuan började man ordna drakbåtstävlingar varje år på hans dödsdag. Senare har denna tradition spridit sig till många andra länder.

Wuchangs rikedomar

Direkt efter Dongting-sjön intar man den 13 december staden Yuezhou där man lägger beslag på en av Wu Sanguis vapen-arsenaler. Wu Sangui var en general som lät manchurerna passera kinesiska muren 1644 och som blev belönad med provinsen Yunnan som förläning. Tillsammans med två andra före detta Ming-generaler startade Wu Sangui *Tre vasallernas uppror* (1673–1681). De nästan två hundra år gamla vapnen är tydligen fortfarande användbara, för de lastas på Taipings båtar innan rebellerna den 17 december fortsätter färden. Eller kanske det är så att detta fynd blir så värdeullt för Taiping på grund av en desperat brist på vapen att utrusta alla nya rekryter med? Mångs har i brist på annat fått hålla tillgod med jordbruksredskap.

Den 14 januari 1853 faller storstaden Wuchang, huvudstad för regionen Huguang, bestående av provinserna Hubei och Hunan (idag ingår de gamla städerna Wuchang, Hankou och Hanyang i storstaden Wuhan). Belöningen blir mängder av silver och andra skatter, främst från regionens och provinsens penningkistor men också från bostäder som övergivits av förmögna Wuchang-bor. Som tack genomför Taiping sitt sociala program. Man inrättar några nya institutioner för sjuka, för handikappade, äldre med flera. Dessutom separeras befolkningen efter kön, män får bo i manshus och kvinnor och barn i kvinnohus. Reglerna gäller alla, även gifta par, och överträdelser bestraffas hårt. Stadens invånare uppmanas också att ansluta sig till gudsdyrkarna.

Nu, i början av 1853, består Taipings armé av omkring 100 000 soldater. Av dessa är kanske 30 000 av männen och kvinnorna från Guangxi och Guangdong.

I Wuchang tvångsrekryteras ett stort antal män och kvinnor till Taiping-trupperna, nästan alla som inte flytt staden de första dagarna efter ockupationen (Jen Yu-wen). Man motiverar utskrivningarna med några ord från Mencius, med innebörden att allt land under himlen tillhör kungen och allt folk är hans eget. Därmed får Taiping ett stort tillskott av soldater, men det innebär också att armén från denna stund kommer att bestå av två huvudgrupper: de som frivilligt anslutit sig, av religiösa eller nationella skäl eller för att helt enkelt få mat i magen varje dag, och de som tvångsvärvats.

En del av de tvångsvärvade är kriminella. Ett exempel är Sun Dong, 42 år från Wanping utanför Beijing. Som straff för stölden av en kamel blev han 1851 förvisad till södra Kina. Ett år senare rymmer han, vandrar omkring en månad och råkar komma till ett pass, Linhuai, som kontrolleras av Taiping. Han tas till fånga och får välja mellan att dödas eller ansluta sig till rebellerna.

Sun Dong låter sig villigt övertalas att bära en röd turban och röd väst, låta håret växa och avhålla sig från alkohol och opium. Enligt hans egen berättelse arbetar han två månader som kock för de 40 eller 50 rebellerna i lägret. Sedan får han veta att han ska följa med och anfalla Beijing och fungera som guide till huvudstaden. Fler än tio tusen rebeller samlas för marschen, som först går till staden Kaifeng. Men innan man har hunnit mycket längre lyckas Sun Dong rymma. Han slänger turbanen och västen i Gula floden och tar sig till huvudstaden där han letar upp vänner och släktingar. Men på grund av det brännmärke han fick när han blev dömd för stöld blir han upptäckt av myndigheterna och utfrågad om vad han haft för sig sedan han rymde från sin förvisningsort.

Historien är återgiven av Elizabeth J. Perry i artikeln *When Peasants Speak*. Eftersom vittnesmålet ges inför myndigheter kan man anta att Sun Dong försöker framställa sig själv i så god dager som möjligt, men det finns flera liknande redogörelser för hur Taiping inte var särskilt noga med vilka de rekryterade som soldater. Ett annat exempel är en viss Guo Er, som 24 år gammal tvångsvärvas när Taiping-armén passerar hans by. Först får han bära vapen för soldaterna, sedan tycks han ha avancerat till att bli soldat. I alla fall berättar han att han var med om att inta ett antal byar där Taiping-soldaterna plundrade invånarna för sitt nöjes skull och dödade alla som inte ville samarbeta. Han erkände att han själv stal fläskkött.

Målet?

Wuchang är Taipings största kap hittills, men vad blir nästa steg? Rimligen står valet mellan att gå norrut mot Beijing, imperiets huvudstad och center för den manchuriska Qing-dynastin, *demonerna*, eller österut längs Långa floden mot Nanjing, som var huvudstad för den förste Ming-kejsaren. Kanske blir det den vid det här laget beprövade taktiken att med båtar och till fots ta sig längs en flod som fäller avgörandet? I alla fall, den 10 februari ger sig Taiping iväg igen, österut längs Långa floden, med tiotusentals nya anhängare och med ytterligare några tusen båtar, lastade med alla erövrade skatter. Det är samma väg som den invaderande mongolarmén tog 1275, innan den störtade Song-dynastin och etablerade Yuan-dynastin (1279–1368).

Båtarna är inga oceangående fartyg, men Långa floden är bred och många av farkosterna som trafikerar floden är stora. Ingen som ser denna armada kan förbli oberörd. Man har också lärt sig av hur det gick vid bakhållet i södra Hunan, då man färdades på båt längs Xiang-floden. Så fort man nu kommer till något riskabelt ställe längs Långa floden låter man ett antal båtar, lastade med sten och lera, flyta obemannade före de andra båtarna. Om dessa tungt lastade båtar hamnar under beskjutning hinner fienden vanligen göra av med all ammunition innan Taipings bemannade båtar dyker upp.

Nanjing ligger drygt 700 kilometer nerför floden som ett hägrande mål. Dit rör Taiping-styrkorna sig snabbt, fyller på förråden och tömmer skattkistorna i mindre och lätt erövrade städer som man passerar. De städer som ser välbefästa ut låter man vara för att inte tappa tempo. Man skickar ut små grupper av spejare framför armén för att försöka övertala folk att ansluta sig till Taiping eller i alla fall att inte göra motstånd.

I en proklamation, skriven av östra kungen, Yang Xiuqing, står det att han är befälhavare över den stora armén på väg att sopa bort manchurerna och etablera en ny dynasti. Rovgiriga ämbetsmän och andra korrupta tjänstemän kommer att elimineras i erövrade städer, liksom laglösa landstrykare. Men folk i allmänhet behöver inte oroa sig, bara de sätter upp en lapp med tecknet för *shun* (lydig) över dörren till deras hem. Munkar i buddhist- och daoisttempel har däremot all anledning att oroa sig, för Yang Xiuqing deklarerar tydligt att de kommer att halshuggas. Yang vänder sig också särskilt till de intellektuella och förklarar att Taiping så snart som möjligt kommer att återuppta de traditionella examinationerna (Franz Michael, dokument 35).

Trettio dagar efter att man lämnat Wuchang når de första Taiping-trupperna fram till Nanjing. Innan trupperna anländer har Taiping infiltrerat staden med agenter utklädda till daoist- och buddhistmunkar. Den 19 mars spränger sig Taiping genom stadsmuren och sedan följer att par dagars jakt och slakt på "demonerna", av vilka många väljer att med sina familjer begå självmord istället för att hamna i fiendens händer. Fler än 30 000 förlorar livet dessa dagar (Jen Yu-wen).

Den 29 mars anländer Hong Xiuquan, buren i en gyllene täckt bärstol, med sitt hov till Nanjing. Men två av Taipings sex kungar har man lämnat bakom sig tillsammans med tiotusentals andra som stupat, drunknat eller dukat under för ansträngningarna.

Den himmelska huvudstaden

Nanjing är en stor stad, en av de största i världen. Dess stadsmur är lång, 33 km, den längsta i Kina vid den här tiden, kanske i världen. Innanför muren ligger inte bara stadsbebyggelse utan också en hel del jordbruksmark och några mindre sjöar. Under Qing-dynastin är Nanjing huvudstad i regionen *Liangjiang*, som omfattar provinserna Jiangsu, Anhui och Jiangxi. Staden är gammal och har haft flera namn, såsom Moling, Jinling, Danyang och Jiangnan. Sedan 1368 kallas den Nanjing, *Södra huvudstaden*, eftersom den flera gånger varit huvudstad för hela eller delar av Kina. Nu, efter Taipings erövring, döps den om igen, till Tianjing, *Himmelska huvudstaden*.

Som särskilt betydelsfull stad har Nanjing naturligtvis också en anläggning för de kejserliga examinationerna. Dessa äger vanligen rum under drygt en vecka vart tredje år. Varje kandidat får ett bås där han också kan sova på natten. Båsen, ca en meter gånger en meter, är försedda med tre träskivor, som fungerar som sittbänk, skrivbord och hylla. På natten flyttar man ner skrivskivan till samma höjd som sittskivan och får därmed en kort och bred brits att sova på. Examinationsplatsen i Nanjing anlades 1168 och byggdes ut efterhand. Under 1800-talet kan man där examinera fler än 17 000 kandidater samtidigt.

Det gamla kejsarpalatset från Ming-dynastin byggs ut till *Tianwang Fu* (Himmelske kungens palats), där Hong Xiuquan installerar sig med sitt hov. De andra kungarna får också ståndsmässiga palats, med plats för deras egna hov. Dessutom repareras och förstärks stadsmuren och andra försvarsverk. Utanför muren grävs gropar i marken och maskeras. Mellan groparna sticks korta bambupinnar ner, vilka är tillräckligt vassa för att tränga igenom skor, för att inte tala om nakna fötter.

Taipings arméer förefaller omättliga. Nu är det dags för Nanjing-borna att fylla luckorna. De som är mellan 20 och 50 kommenderas till armén eller till hårdare arbeten. De under 20 och över 50 får lättare tjänster, medan de som är för gamla och orkeslösa placeras på institut där de kan få enkla uppgifter som att plocka skräp på gatorna. Ynglingar i tonåren placeras i särskilda pojkkårer där de tränas som soldater. De kommer att bli bland de mest vildsinta och tappra och en del av dem kommer att avancera till ryktbara officerare.

Det uppskattas att Taiping vid denna tid har ca en halv miljon man under vapen och tillgång till ca 20 000 fartyg av olika slag på Långa floden med dess biflöden och sjöar.

De utbildade och de som kan läsa och skriva bra blir assistenter till Taipings tjänstemän och officerare, vilka sällan behärskar denna konst. De slipper därmed alla militära uppdrag, vilket enligt Jen Yu-wen förklarar varför så många bland de utbildade kommer att överleva denna långa kamp.

Mot demonernas håla

Med utropandet av Nanjing till *Himmelsk huvudstad* ser det således ut som om Taipings exodus, den långa marschen, nått sitt mål. Nu är Taiping inte bara en armé på marsch utan ett rike – *Fullkomliga fridens himmelska rike* – med en huvudstad och i den ett palats för den himmelska kungen. (I Kina handlar *den långa marschen* vanligen om då den kinesiska röda armén, kommunisternas armé under 1900-talets inbördeskrig, tvingas iväg av nationalistarmén på en drygt ett år lång vandring, 1934–35, från Jiangxi-provinsen i södra Kina till Yanan i provinsen Shaanxi i norra Kina.)

Men Taipings kamp är ännu inte avslutad. Vad som framför allt återstår är att avsluta Hong Xiuquans himmelska uppdrag att förgöra demonerna, den manchuriska Qing-dynastin och alla dess stödtrupper. Ett antal av dessa befinner sig faktiskt strax utanför Nanjing. Här har Qing-regeringen två stora arméläger i ett kuperat och lättförsvarat område, ett av dem intill förste Ming-kejsarens mausoleum. Dessa regerings-trupper förmår inte på allvar hota Nanjing, medan Taipings trupper å sin sida inte förmår att förstöra dessa basläger. Men det innebär att Taiping-ledningen ständigt tvingas hålla stora styrkor runt Nanjing.

Ledningen för demonerna befinner sig däremot långt i norr i Beijing, den kejserliga huvudstaden, som av Hong Xiuquan utpekas som *demonernas håla*. Taipings militära styrkor organiseras i tre arméer: centrala armén för försvaret av den himmelska huvudstaden, västra armén med uppgift att ta provinserna Anhui, Jiangxi, Hubei, Hunan och Sichuan, samt norra armén för att gå mot demonernas håla.

Knappt två månader efter erövringen av Nanjing sätter sig därför en Taiping-armé i rörelse norrut. Men kampanjen ger ett halvhjärtat intryck. Varken den himmelske kungen eller någon av de andra kungarna leder armén. Är de helt enkelt nöjda med vad de uppnått och skickar iväg den nordliga armén mest för att det är vad som förväntas? Eller är de så övermodiga av sina senaste framgångar att de inte räknar med några större problem?

Men problem kommer de att stöta på, framför allt i form av regeringstrupper som också lärt av sina misstag och som ser till att förstöra alla förråd i de städer de tvingas överge. Det är bara 20 000 som den 8 maj lämnar Yangzhou, men styrkan ökar till ungefär det dubbla genom att fler soldater rekryteras under marschen. Den nordliga armén rör sig snabbt i början, men ju närmare man kommer huvudstaden desto mer ökar motståndet. Dessutom förlorar man tid genom svårigheter att passera Gula floden.

På den nordkinesiska slätten möter den nordliga armén för första gången mongoliskt kavalleri, vilket blir en obehaglig upplevelse. Dessutom tillkommer vintern, en annan obehaglig upplevelse för hakka-krigarna från det varma södern. Trots detta lyckas en del av Taiping-armén i slutet av oktober 1853 nå nästan ända fram till staden Tianjin, mindre än 150 kilometer sydost om Beijing. Men där är det definitivt stopp.

I februari drar sig Taiping-armén tillbaka mot Stora kanalen där man hoppas möta de förstärkningar som enligt uppgift skickats norrut. Stora kanalen går från staden Hangzhou i söder till Beijing i norr och byggdes bland annat för att transportera ris från södra Kina till norra. De äldsta delarna är från fyrahundratalet före vår tideräkning men det var under Sui-dynastin (589–618) som ett antal äldre och mindre kanaler byggdes samman till den Stora kanalen och det var under Ming-dynastin (1368–1644) som dess kapacitet byggdes ut.

Men förstärkningarna består bara av 7 500 man, för få och för sent. De besegras av regeringsstyrkor innan de når fram till den nordliga armén som de skulle förstärka.

Slutet kommer i maj 1854, efter åtta månaders belägring, vid staden Lianzhen. Halvdränkta av vatten, som från Stora kanalen letts till deras läger, skjuts rebellerna ner, en efter en, av regeringssoldater som är de enda som har tillgång till torrt krut. De Taiping-soldater som lyckas överleva ansluter sig till andra laglösa grupper, framför allt till Nian-upproret som sedan 1851 pågår i norra Kina.

Det går att peka på flera anledningar till att den nordliga armén misslyckas, men den viktigaste måste vara att Taiping inte klarar av att samtidigt satsa på tre stora militära projekt: försvaret av Nanjing, den nordliga armén och kampanjen västerut.

Kampanjen västerut

Samtidigt med den nordliga expeditionen sätter Taiping nämligen igång några större offensiver västerut – för att återta tidigare erövrade städer och för att utöka det himmelska riket med nya städer och ytterligare jordbruksland. Det blir både framgångar och bakslag. Wuchang, den stora staden vid Långa floden, som erövrades den 14 januari 1853 och övergavs mindre än en månad senare, återtas och blir ett starkt fäste i inlandet, lätt att ta sig till tack vare floden. Staden Changsha lyckas man däremot inte ta och inte heller Hunan, den provins som Taiping genomkorsade från söder till norr hösten 1852.

Provinsen öster om Hunan, Jiangxi, behärskas dock till större delen av den unge Taiping-generalen Shi Dakai och hans trupper, förstärkta med lokala förband från hemliga sällskap.

I provinsen Anhui står hårda strider om staden Luzhou, där försvararna leds av den före detta skolläraren Jiang Zhongyuan, han som nästan lyckades stoppa Taiping helt och hållet i bakhållet den 5 juni 1852 i södra Hunan. Jiang är nu guvernör i Anhui (en ämbetsman kan inte få någon tjänst i sin egen hemprovins). Enligt Jonathan D. Spence (God's Chinese Son) använder sig Taiping av en ny belägringstaktik. De gräver dubbla tunnlar fram till stadsmuren, en över den andra, och apterar dem med tidsfördröjda laddningar. När den övre tunneln exploderat skyndar Qing-soldater fram för att reparera

skadorna och då smäller det i den undre tunneln. Luzhou faller
för Taiping och Jiang Zhongyuan tar sitt eget liv.

Paniken sprider sig

Flera städer och stora områden kommer under de följande åren
att erövras och förloras, ibland flera gånger. Staden Wuhu vid
Långa floden erövras åtta gånger mellan 1853 och 1855.
En av de städer som tas av rebellerna 1853 är Yangzhou,
öster om Nanjing. En lokal milistrupp, ledd av Zuo Ruan (en
av dem som klarat examen på länsnivå), försöker förgäves
försvara staden och Zuo Ruan stupar. Stadens invånare sätter
upp lappar på ytterdörrarna med tecknet för *shun* (lydig), vilket
inte hindrar rebellerna från att döda ett antal invånare och föra
bort ett stort antal kvinnor. Många kvinnor föredrar att dö
framför att bli våldtagna eller bortförda (Antonia Finnane).
En annan grupp som förs bort är stadens boktryckare, vilka i
Nanjing får trycka strida strömmar av pamfletter och andra
alster som Hong Xiuquan och de andra kungarna författar.

Erövringen blir ett hårt slag för Yangzhou och det tar
många år för staden att återhämta sig. Bland annat förstörs en
av de sex filialerna till det kejserliga bibliotek i Beijing, *Fyra
skatters bibliotek*, vilket inrättats för den största utgivningen av
böcker i Kinas historia och förmodligen den mest ambitiösa
enskilda bokutgivningen någonsin.

Verket, *Siku Quanshu* (Kejserlig samling av fyra, syftande på
de fyra traditionella kategorierna: klassiker, historia, filosofi
och övrigt), sammanställdes under åren 1773–82. Det blev en
samling av böcker på totalt 36 381 volymer – och då hade
redaktörerna rensat ut ett stort antal böcker som ansågs som
anti-manchuriska. Denna samling skrevs för hand och kopiera-
des av 3 826 skrivare i sex exemplar. Originalet och kopiorna
placerades i sju olika bibliotek, Fyra skatters bibliotek, i För-
bjudna staden, Sommarpalatset, Jehol, Shenyang, Hangzhou,
Zhenjiang och Yangzhou.

I boken *Ancestors* skriver författaren, Frank Ching, om stämningarna i staden Wuxi, som ligger i provinsen Jiangsu mellan Nanjing och Suzhou. När befolkningen får höra om Nanjings fall blir det panik. Under april 1853, under Qing Ming-festivalen, då man hedrar bortgångna släktingar, sprids ett rykte om att Taiping-rebellerna närmar sig. Under tumultet som följer omkommer 27 personer, antingen genom att de faller från stadsmuren eller trampas till döds. En tiggare kastar till och med ifrån sig sin tiggarskål och begår självmord.

En gatuförsäljare, som råkar passera två kejserliga militärenheter, bjuder som seden är ut sina varor till försäljning genom att slå ihop två bambukäppar. Men det skarpa ljudet får soldaterna att tro att de är under attack. Några öppnar eld medan andra försöker fly och springer på varandra. I kalabaliken dör fler än tio soldater. Gatuförsäljaren undkommer oskadd.

Ryktena om de annalkande Taiping-trupperna är emellertid falska. Det dröjer till maj 1860 innan en Taiping-armé till sist anfaller och intar Wuxi. Men under dessa sju år lever stadens invånare under ett konstant hot av Taiping-styrkor i närheten. I mars 1860 deserterar 50 000 kejserliga soldater, som ska ha vaktat staden – av rädsla eller på grund av de halverade ransonerna som följd av förödelsen i landet och som följd av att Taiping kontrollerar några av de bördigaste provinserna. Stadens invånare bildar en egen försvarsmilis och de får också förstärkningar utifrån, men det hjälper inte. När anfallet kommer går hela försvarsstyrkan ut för att möta Taiping-armén varpå en annan Taiping-styrka bakifrån tränger in i den försvarslösa staden.

När rebellerna intar Wuxi sätter de upp anslag om att de inte tänker skada någon, men redan nästa dag stormar de genom staden, dödar män samt våldtar och för bort kvinnor. Under en månad dödas 190 000 män, kvinnor och barn. Taiping håller staden i fyra år och under denna tid blir förhållandena allt värre med ödelagda jordbruk runt staden och till sist tvingas befolkningen till och med att äta sina döda.

När Wuxi i slutet av 1863 befrias av Qing-trupper, under befäl av generalen Li Hongzhang, är 90 procent av staden förstörd – i stort sett alla hus utom de bästa vilka hade tagits över av rebellerna. Efter "befrielsen" startar de segrande Qing-soldaterna en orgie av våld och förstörelse som sägs ha blivit än värre än vad Taiping-rebellerna åstadkom.

Det är inte bara i de direkta stridshandlingarna mellan de kejserliga styrkorna och rebellerna som människor dödas. Det är till exempel inte bara rebellerna själva som dödas när kejsarens trupper får tillfälle, utan även deras släktingar, speciellt släktingarna till de ursprungliga gudsdyrkarna i Guangdong och Guangxi. Särskilt efter att Taiping intagit Nanjing jagas och avrättas dessa släktingar i södra Kina, oavsett om de själva tagit del i några upproriska handlingar eller ej. Hong Rengan, Hong Xiuquans kusin, tog sig till Hongkong redan ett par år tidigare och klarar sig undan dessa massakrer.

Hotet

Under alla dessa strider är det bara Shi Dakai av de ursprungliga kungarna som ständigt befinner sig i fält, i ledningen för sin armé. Den himmelske kungen, Hong Xiuquan, håller sig i sitt palats i Nanjing och är Taipings religiösa och symboliska ledare. Den som utövar den verkliga makten är östra kungen, Yang Xiuqing, som fungerar som premiärminister, medan norra kungen, Wei Changhui, är ansvarig för Nanjings försvar och försörjning.

Trots de arméer som skickas ut i olika väderstreck har Taiping i och med erövringen av Nanjing gått över från att vara en folkarmé på marsch till att bli ett kungarike att försvara. Därmed har upproret förlorat sin offensiva dynamik – och den kommer ej tillbaka. Flera år senare förklaras beslutet att stanna i Nanjing som ödesdigert av Augustus Lindley, en ung brittisk före detta sjöofficer som 1860 ansluter sig till Taiping.

Dock, vid mitten av 1850-talet framstår Taiping som starkare än någonsin. Man har visserligen förlorat en del mindre bataljer mot lokala och regionala milisförband, bestående av frivilliga, men de utgör ingen match mot Taipings arméer på kanske upp till en miljon man. Och de reguljära regeringstrupperna utgör ett ännu mindre hot. Taiping har förlorat den nordliga armén, den som skickades mot *demonernas håla*, men man förmår fortfarande värva hundratusentals nya soldater – frivilligt eller med tvång.

Kring årsskiftet 1855/56 kontrollerar Taiping-styrkorna i princip alla distrikt längs Långa floden mellan Wuchang och Nanjing, en sträcka på ca 730 kilometer. Det är det ekonomiska och bördiga kärnområdet i centrala Kina, nödvändigt för att Taiping ska kunna överleva. Riket omfattar även större delen av provinserna Hubei, Jiangxi, Anhui och Zhejiang samt södra delen av Jiangsu.

Men kontrollen är inte total; att Taiping förmår erövra och hålla städer innebär inte att man också kontrollerar alla byar på landsbygden utanför stadsmurarna. Och runt rikets allt annat än fasta gränser lurar demonerna, i form av reguljära trupper och frivilliga miliser.

Det ska emellertid visa sig att det största hotet 1856 inte kommer från regeringens trupper utan inifrån Taiping...

Detta är inte bara en katastrof under vår stora Qing-dynasti
utan i själva verket den värsta katastrofen sedan universums
skapelse...

(Zeng Guofan om Taiping)

7. Demonerna – imperiet förlitar sig på frivilliga

Den kejserliga administrationen ute i landet är under Qing-dynastin organiserad i fyra nivåer: åtta regioner, arton provinser, ett par hundra län och runt två tusen distrikt. Regionerna består vardera av en, två eller tre provinser och leds av en generalguvernör med kansli. Exempelvis utgör de två provinserna i södra Kina, Guangdong och Guangxi, en region, kallad Liangguang (de två guang). Provinserna är mer traditionella områden, vars gränser fastställdes under 1300- och 1400-talen. Dessa leds under Qing-dynastin av en guvernör med kansli. Varje provins är indelad i ett antal län och varje län är i sin tur indelat i distrikt (i storlek motvarande dagens kommuner i Sverige). Den statliga administration på distriktsnivå kan närmast liknas vid de gamla svenska magistraten; den utgör den lägsta nivån i administrationen och är den som har ständig direktkontakt med folk i allmänhet.

Det område som under 1800-talet ligger runt huvudstaden Beijing kallas Zhili och styrs direkt av den kejserliga regeringen. Det omfattar nuvarande provinsen Hebei, inklusive städerna Beijing och Tianjin, plus delar av omkringliggande provinser.

Magistraterna

Över distriktsnivå råder en hög grad av specialisering med enheter för skattefrågor, vattenkontroll, transporter, salthandel (som är ett statligt monopol) etc. Distriktsämbetsmannen, magistraten, är däremot ansvarig för alla ärenden inom sitt distrikt: lag och ordning, medling, skatteindrivning, underhåll av bevattningsanläggningar, tillsyn över skolor, nödhjälp etc. Däremot har magistraten ingen tillgång till militära styrkor utan bara till en egen mindre polisstyrka som används mot brottslingar. Vid större social oro tvingas magistraten antingen att förlita sig på frivilliga inom hans domäner eller att vända sig till närmsta militärförläggning. Men att begära hjälp utifrån innebär också att han riskerar att själv bli anklagad för försummelse; han har ju då bevisat att han misslyckats med att upprätthålla harmonin och förebygga missförhållanden i det egna distriktet.

Magistraten ska också, på lokalbefolkningens vägnar, vid vissa tider betyga dess vördnad både för kejsaren och för lokala gudar.

Folket påminns också då och då om den *heliga förordning* som kejsar Kangxi skrev 1670 och som vid lämpliga tillfällen läses upp för menigheten. Den trycktes i 30 miljoner exemplar för att spridas till varje hushåll i imperiet. Den bestod av sexton korta punkter som dels uppmanade till harmoniskt leverne i enlighet med de konfucianska doktrinerna, dels påminde om skyldigheterna gentemot staten. Till exempel uppmanade punkt 14 folk att till fullo betala sina skatter för att inte riskera att drabbas av efterkrav.

Magistraten är även domare och dömer själv vid mindre brott. Vid allvarligare fall håller han ett förberedande förhör och skickar sedan ärendet vidare till högre instans med en rekommendation. Magistraten kan utdela både belöningar och straff – och även använda tortyr vid förhör. Visserligen anser seriösa konfucianer det förnedrande för ämbetet att ta till sådana metoder; ämbetsmän borde påverka människor genom moralisk upplysning och genom att själva leva exemplariskt. Ändå, flertalet magistrater styr förmodligen sina små "riken" till icke oväsentlig del med hjälp av både belöningar och straff. Magistraten är med andra ord ansvarig för att på lokalplanet dels bevaka den regerande dynastins intressen, dels svara för befolkningens välfärd. Man är medveten om distriktsmagistraternas betydelse, som en av presidenterna i departementet för civilärenden skriver 1859: *Inga ämbetsmän står så nära folket som distriktsmagistraterna. Om alla distriktsmagistrater är kapabla, då kommer styrandet att vara enkelt, straffen tydliga, folket fredligt och det kommer att finnas ett materiellt överflöd. Hur skulle det då kunna bli våldsamma omstörtningar?* (John R. Watt)

Trots denna betydelse utgör distrikten den lägsta administrativa nivån och tjänsterna som distriktsmagistrater eller assisterande distriktsmagistrater är de första stegen på karriärstegen. Det innebär att på dessa poster sitter de yngsta och oerfarnaste bland ämbetsmännen. Dock, på grund av examinationssystemet är de flesta ändå över trettio år eller ännu äldre.

Under magistraten, och eventuellt en assisterande distriktsmagistrat, består distriktets personalstyrka av ett antal tjänstemän, kanslister och biträden, som vanligen har anställts av en företrädare. Där finns polischefen med personal och fångvaktare, skatteindrivare, postmästare, bokhållare, personalchefer och andra handläggare. Där finns också inspektörer för spannmålsmagasin, dammanläggningar, slussar och andra gemensamma anläggningar.

Varje magistrat brukar också ha ett eget sekretariat (mu-fu) av förtrogna rådgivare, som avlönas av honom själv och som följer honom när han förflyttas. Dessa rådgivare har vanligen avlagt åtminstone en examen och åtnjuter därmed ofta mer respekt från allmänhetens sida än de lokalt anställda kanslisterna och biträdena. De har också närmare och mer personliga relationer med magistraten och följer honom under längre perioder än den lokalt anställda personalen. Detsamma gäller för övrigt på högre nivåer inom administrationen. I mitten av 1800-talet besöker till exempel en viss Yung Wing den kejserliga överbefälhavaren för kampanjen mot det hakka-ledda uppror som startade i provinsen Guangxi i södra Kina. Han noterar att det i överbefälhavarens högkvarter finns minst ett par hundra tjänstemän av olika slag: ett stort antal sekreterare, jurister, matematiker, astronomer, maskiningenjörer samt andra experter och skriftlärda. Han, överbefälhavaren, hyser ... *en stor beundran för framstående och lärda män med talang och älskade att umgås med dem* (Kenneth E. Folsom).

Det finns sammanlagt ungefär två tusen distrikt. Med en total folkmängd på mer än fyra hundra miljoner (1850) har distrikten i genomsnitt en befolkning på drygt 200 000; de största kan ha över en miljon. För att klara av att administrera och styra så stora enheter är de offentligt anställda magistraterna och deras personal också beroende av stöd från den lokala och klassiskt skolade eliten. De har ofta klarat av första nivån i examinationssystemet men inte gått vidare och inte heller fått någon statlig tjänst. Bland dem finns även pensionerade ämbetsmän.

Denna lokala elit förväntas att ge sina statligt anställda ämbetsbröder ett moraliskt stöd och vid behov goda råd. De förväntas också att frivilligt engagera sig i ett antal offentliga uppdrag, som att övervaka skolor och allmänna arbetsprojekt, medla i konflikter, befrämja utvecklingen av jordbruket, delta i folkbildande verksamheter etc. Under oroliga tider förväntas de också ta ansvar för lokala miliser och dylikt. Ju oroligare tider, desto mer engagemang och arbetsinsatser krävs av denna inofficiella grupp.

Byledarna är en annan nyckelgrupp som distrikts-
magistraten är beroende av att ha goda relationer med. Dessa
utses av männen i respektive by och kommer vanligen från den
dominerande klanen, som magistraten också har anledning att
ha goda relationer med. Klanerna utgör en bas som ger de
inflytelserika ännu mer inflytande och de fattiga ofta ett visst
grundskydd. Särskilt i södra Kina är klanerna viktiga.

Trots det informella men ofta högst påtagliga stödet från
den bildade eliten är distrikten för stora för den slimmade
administrationen som oftast inte hinner med att utföra dess
uppgifter. Detta lämnar istället utrymme för inflytelserika
familjer och grupper att ta för sig på bekostnad av svaga:
storjordägare, förmögna köpmän, banditer med flera. William
T. Rowe skriver bland annat: *In the late empire's system of
governance on the cheap, the frustrated magistrates simply did not have
the resources to do the job their Confucian moral training impelled
them to do* (Under det sena imperiets system av minimal
förvaltning hade de frustrerade distriktsämbetsmännen helt
enkelt inte tillräckligt med resurser för att utföra det som deras
konfucianskt etiska utbildning krävde att de skulle utföra).

Dock, även när magistraten kan utföra de uppgifter de är
ålagda är den kejserliga administrationen inte särskilt påträng-
ande. Så länge som inte harmonin eller dynastin hotas, och så
länge skatterna i stort flyter in som det är tänkt, får folk sköta
sig själva. Inte ens skatteindrivningen tycks genomföras med
någon större kraft; administrationen i Beijing nöjer sig med att
få in minst 70 procent (vilket innebär att all skatt därutöver
som man lyckades samla in i provinserna kan stanna där).
Detta har fått många utomstående att betrakta den kinesiska
kejsarmakten som kraftlös. Å andra sidan har den kejserliga
styresformen överlevt under mer än två tusen år.

Den sofistikerade kejserliga byråkatin karakteriseras av
John King Fairbank (China – A New History) med följande

ord: *Never have so few ruled for so long over so many* (Aldrig har så
få styrt så länge över så många).

Regleringar etc...
Ämbetsmännen regleras av detaljerade tjänsteförordningar,
med fastställda löner och andra förmåner. De har också
reglerade lediga dagar och semestrar och de får tjänstledigt för
viktiga familjeangelägenheter. Vid sjuttio års ålder kan de dra
sig tillbaka med pension.

I ett försök att förhindra favoriseringar får ingen ämbets-
man tjänstgöra i den egna hemprovinsen. Han får inte heller
arbeta tillsammans med någon släkting eller med någon annan
ämbetsman från hemprovinsen. Dessutom är varje förord-
nande tidsbegränsat, normalt till tre år. Systemet fungerar bra
för att förhindra lokala potentater att bli för mäktiga. Men det
innebär samtidigt att framför allt ämbetsmännen i distrikten
lätt kan bli alltför beroende av den lokala eliten och av
anställda med lokalkännedom.

Mot ämbetsmännen i distrikten står ofta förmögna jord-
ägare som visserligen saknar formell politisk makt men som
kan ha gott om medel att köpa sig inflytande för. Exempelvis
försöker hovet vid flera tillfällen att begränsa jordägarnas makt
över deras arrendatorer och värna om dessas rätt att flytta.
Men för att en arrendator i praktiken ska kunna hävda sin rätt
gentemot jordägaren krävs en omutbar ämbetsman. Dessutom
tvingas den kränkte arrendatorn att ofta argumentera för sin
sak inför en ämbetsman som delar samma socioekonomiska
bakgrund som den anklagade jordägaren.

Den decentraliserade administrationen ska också hindra
ämbetsmän att samla mer makt än de är behöriga till och på så
sätt undanröja risken för att någon ska kunna bli ett hot mot
dynastin.

Administrationen ute i landet är således ett invecklat
system som ska försvåra korruption av olika slag, säkerställa en

central kontroll och hindra ämbetsmän från att gå utanför sina ansvarsområden – medan det samtidigt ska ge utrymme för lokala initiativ och lösningar.

Ibland leder sådana lokala initiativ och lösningar till nationella rekommendationer eller nya kejserliga policybeslut. När något konstruktivt initiativ blir känt i huvudstaden och befinns vara effektivt och i överensstämmelse med den grundläggande ideologin och dynastins intressen kan kejsaren besluta att övriga distrikt eller provinser ska informeras och uppmanas att på lämpligt sätt följa initiativet.

I andra fall kan kejsaren ge direktiv när något missförhållande har uppdagats. Hans Hägerdal redovisar ett fall då kejsar Yongzheng år 1727 beordrade att alla som eventuellt var livegna skulle bli fria. Han hänvisade till ett visst område, Jiangnan, där ärftlig livegenskap skulle ha förekommit och förklarade att det var en ond sedvänja: *Om människor av denna sort verkligen existerar, så ska deras* [låga] *status avskaffas och de ska bli vanligt folk…* (Hägerdal). Livegenskapen var vid denna tid olaglig, den hade enligt lag avskaffats av Yongzhengs far, kejsar Kangxi. Men detta exempel visar att landet är stort och kejsaren ofta långt borta…

Bärarna av den kinesiska civilisationen

Enligt Franz Michael är antalet officiella ämbetsmän under 1800-talet inte fler än ca 40 000. Enligt andra bedömare är antalet ämbetsmannatjänster bara runt 20 000. Detta är i så fall ungefär lika många som under Song-dynastin (960–1279) och bara lite mer än de under Tang-dynastin (618–907) – då befolkningen kan ha varit en fjärdedel av Qing-dynastins folkmängd.

Kinas bildade elit är däremot betydligt fler till antalet, kanske drygt en miljon i början av 1800-talet och ca 1,5 miljoner i slutet av århundradet. Tillsammans med deras familjemedlemmar utgör denna grupp mellan 5,5 och 7,5 miljoner eller knappt två procent av Kinas befolkning. En väsentlig skillnad mellan Kina och Europa är att den kinesiska eliten är en grupp med ständigt skiftande medlemskap. Medan adelskap i Europa går i arv måste varje ny generation i Kina bevisa sin kompetens genom examinationerna. Det är framför allt denna grupp som bär upp den kinesiska civilisationen och kejsarmakten. I Kina är den kulturella eliten och den politiska eliten till stor del en och samma grupp, med en och samma utbildning och med en och samma grund i konfucianismen, kryddad med lite daoism och buddhism. Ämbetsmän i statens tjänst är påfallande ofta också författare, poeter, kalligrafer, målare... Många av dem som på heltid ägnar sig åt de sköna konsterna är före detta ämbetsmän eller har strävat efter att bli ämbetsman men misslyckats i examen.

En av de mest kända kinesiska operastyckena, Pionpaviljongen, skrevs exempelvis av Tang Xianzu (1550–1616). Tang blev godkänd i provinsexamen vid 21 års ålder, i den nationella examen när han var 34 år och innehade därefter officiella tjänster i Nanjing och ett antal andra platser. När han var 48 år gammal drog han sig tillbaka till sin hemstad för att ägna sig åt att skriva dramer.

Det gäller för övrigt också kejsarna, som ofta gärna skriver poesi – i något fall med kanske oönskat resultat. En av kungarna under De fem dynastierna och de tio kungarikena (907–960), Li Yu, satt fängslad efter att han givit upp kampen mot den segrande Song-dynastin. I fångenskapen skrev han nostalgiska dikter om sitt gamla kungarike, vilket övertygade Song-härskaren att det var bäst att han fick tillbringa resten av sitt liv bakom galler.

Medan kungarna i Europa under flera hundra år förväntades kunna hantera svärdet, helst bättre än andra, förväntas kinesiska kejsare att behärska de kalligrafiska verktygen och poesins konst. De kejsare som är mer konstnärligt begåvade kan räkna med både respekt från de intellektuella och goda eftermälen i de historiska annalerna.

Den intellektuella eliten är respekterad av folket, antingen de är officiella ämbetsmän eller tillhör den stora gruppen som studerat utan att ha klarat examen eller bara klarat de lägre examena. Alla vet att de inte fått något gratis, även om en del av dem har förmögna föräldrar – vilket inte tycks vara fallet i någon anmärkningsvärt hög grad under 1800-talet. De har ekonomiska, sociala och juridiska privilegier – men de har inte ärvt dem utan förtjänat dem.

Zeng Guofan får ett uppdrag

När Taiping-upproret bryter ut befinner sig Zeng Guofan i Beijing. Zeng är bondsonen från provinsen Hunan – han som är ättling till Zeng-zi, en av Konfucius lärjungar, och han som 1833 vid sjunde försöket klarade av examen på länsnivå, året efter att hans far, byskolläraren, vid sjuttonde försöket blev godkänd i samma examen.

Trots sin relativa ungdom är Zeng Guofan i mitten av artonhundratalet en av kejsarens mest betrodda rådgivare. Han har gjort sig känd bland annat för sin uppriktighet och sin omutbarhet – två karaktärsdrag som under 1800-talet tycks ha blivit allt ovanligare bland ämbetsmän. Han lever ett enkelt liv i huvudstaden. På grund av studierna och karriären, men också på grund av brist på pengar, har han inte kunnat besöka hembyn i Hunan sedan han 1838, vid 27 års ålder, reste till Beijing för att delta i den nationella examen.

I juli 1852 blir Zeng Guofan utnämnd till examinator i Jiangxi, den provins som i öster gränsar till Zengs hemprovins Hunan. Han lyckas få sextio dagars tjänstledighet för att på vägen till Jiangxi besöka familjen i byn Xiangxiang. På vägen dit nås han av budet att hans mor just avlidit, den 28 juli. Enligt traditionen får han tjänstledigt för att i sin hemprovins observera den sedvanliga 27 månader långa sorgetiden efter en förälders död. Under denna period förutses man varken arbeta eller delta i några examinationer; däremot går det bra att studera. Egentligen ska sorgperioden omfatta tre år, därför att sorgtiden ska motsvara den tid man som barn inte klarar sig utan sina föräldrar, tre år enligt Konfucius i *Läran om medelvägen*. Men i praktiken brukar man ta 27 månader – om inte tillståndet i riket kräver annorlunda.

Tillståndet i riket kräver annorlunda den här gången. Ett par månader innan Zeng Guofan utnämndes till examinator nåddes hovet i Beijing den 29 april av nyheten om att Taiping-rörelsen lyckats ta sig ur den av regeringstrupper belägrade staden Yongan i provinsen Guangxi. I september får Zeng, medan han fortfarande är på väg hem, veta att Changsha, provinshuvudstaden i Hunan, belägras av Taiping-rebellerna. Han undviker Changsha-området och anländer till hemmet i Xiangxiang den 6 oktober.

Medan Zeng Guofan är kvar i hembyn ger Taiping upp belägringen av Changsha för att istället gå mot Nanjing vid Långa floden och den staden intas den 20 mars 1853. Dessförinnan, i slutet av januari, får Zeng order från kejsaren att organisera en Hunan-armé bestående av de många lokala miliser med frivilliga som har bildats för att försvara byar och städer mot både rebeller och banditgäng.

Hovet i Beijing oroar sig naturligtvis för Taiping; förmodligen är man också lite oroad över vad ett antal lokala miliser skulle kunna ta sig till om de inte leds av någon av kejsaren betrodd person. Zeng är ovillig att ta på sig något uppdrag eftersom han har sorg, men övertalas av både kejsaren och vänner.

Valet av Zeng Guofan som ledare för Hunan-armén har förberetts länge. Redan i slutet av 1851 blir Zengs neokonfucianske mentor tillfrågad av kejsaren om han kan rekommendera någon som skulle kunna leda bekämpandet av Taiping. Zengs mentor föreslår Zeng Guofan och anför att han, Zeng, är bra på att känna igen talanger hos andra. Däremot hyser mentorn vissa tvivel om Zengs andra talanger; förmodligen avser han då de talanger som krävs för att vara militär befälhavare.

Det skulle senare visa sig att förmågan att välja dugliga medhjälpare kanske var Zeng Guofans viktigaste egenskap, medan han inte lämpade sig för att leda trupper i strid. Möjligen sviktade hans omdöme när han utsåg en av hans yngre bröder, Zeng Guoquan, till general – men det skulle visa sig först flera år senare.

Zeng åtar sig således uppdraget – utan att få några finansiella eller personella resurser till sitt förfogande. Han förutses utnyttja sina kontakter för att få hjälp och bidrag från lokala och regionala myndigheter, liksom från den intellektuella eliten i provinserna. Inget av detta var någon självklarhet.

Zeng skyndar långsamt

Den 26 januari 1853 beger sig Zeng Guofan till Changsha, den stad som Taiping-rebellerna inte lyckades inta, för att träffa Hunans guvernör, Luo Bingzhang, och planera den nya armén. Han tänker sig att de nya trupperna först ska sättas in mot lokala banditgäng i Hunan innan man ger sig på rebellerna. Förutom banditer, som gynnas av uppror, plågas landsbygden också av diverse hemliga sällskap och grupper av deserterade soldater från den reguljära armén vilka hemlösa driver omkring och försörjer sig genom att stjäla.

Först ser Zeng Guofan förmodligen bekämpandet av banditerna som en förövning inför den betydligt större utmaningen att möta Taiping-trupperna. Men snart förstår han att det är nödvändigt att först rensa Hunan från de laglösa också för att få lokalbefolkningens stöd för idén att rekrytera tusentals unga män att tjänstgöra som soldater långt hemifrån.

Ett annat namn på provinsen Hunan är Xiang, vilket egentligen är namnet på den flod, Xiangjiang, som rinner genom

provinsen och i norr ansluter till Långa floden. Zengs frivillig-
trupper kommer att bli kända som Xiang-armén – för att skilja
dem från de reguljära kejserliga trupperna och från liknande
frivilliga förband som senare organiseras i andra provinser. I
denna Xiang-armé ingår bland annat den milis som under befäl
av skolläraren Jiang Zhongyuan var nära att krossa upprors-
rörelsen vid flodkröken i södra Hunan.

Zeng Guofan utsätts hela tiden för krav från huvudstaden
om att påskynda rekryteringen och träningen av den nya
armén för att angripa Taiping som är på väg att bli ett natio-
nellt hot. Han får kejsarens stöd för sin plan att skynda lång-
samt, men de återkommande uppmaningarna från hovet om
att skynda på får han leva med under hela kampanjen.

Värsta katastrofen

Zeng Guofan inleder sin militära kampanj mot Taiping genom
en *Proklamation mot banditerna från Guangdong och Guangxi*, som
sprids i de områden som är påverkade av upproret.

I denna proklamation refererar Zeng till Kinas konfucian-
ska traditioner och förlöjligar Taipings vana att kalla varandra
bröder och systrar oavsett social rang. Han skriver att bönder-
na under Taiping inte längre kan odla sin egen mark, och bara
betala skatt för den, därför att all mark tillhör den himmelske
kungen. Och han skriver att de lärda inte längre får läsa de
klassiska texterna eftersom de ersatts med Nya Testamentet
och doktrinerna om Jesus:

> ...*I korthet, det moraliska systemet, etiska relationer, kulturarvet
> och institutioner från flera tusen år håller på att sopas bort. Detta
> är inte bara en katastrof för vår stora Qing-dynasti utan den värsta
> omvälvning sedan skapandet av kinesisk kultur och civilisation...*
> (Feuerwerker).

Zeng Guofan är medveten om att den nya armén måste få
lokalbefolkningens stöd. Han poängterar för officerarna att det

viktigaste av allt är att deras soldater inte trakasserar folket och inte heller ägnar sig åt hasard eller opium. Han uppmanar officerarna att sörja för sina soldater som föräldrar sörjer för sina söner. Zeng komponerar till och med en sång som soldaterna får lära sig utantill, *Sången om att älska folket*, med bland annat följande rader:

Ta inte människors dörrar,
För inte bort deras tegel eller stenar,
Trampa inte ned deras fält eller egendomar,
Stjäl inte deras hönor eller ankor,
Låna inte deras grytor och skålar,
Tvinga dem inte att gräva diken,
Bygg inte murar som blockerar deras gator,
Fäll inga träd nära deras förfäders gravar,
Ta inte vatten från deras fiskdammar.

...

Det gäller också för soldaterna att vara vältränade och några av Zeng Guofans budskap till Xiang-armén lyder: *Man kan inte stiga upp tidigt för att strida om man inte är van vid att stiga upp tidigt. Man kan inte vänja sig vid hårt arbete på slagfältet om man inte är van vid att arbeta hårt. Man kan inte stå ut med kyla och hunger på slagfältet om man inte är tränad för det.*

För att stärka moralen och motståndet mot propagandan från Taiping får soldaterna också lyssna till föreläsningar om konfucianska värderingar etc.

Kan arméer vara humana?

Under ideala förhållanden kan det vara tämligen lätt att leva upp till sina ideal. En väldisciplinerad armé, med gott om egna förråd, kan säkerligen passera genom ett jordbruksområde utan att befolkningen drabbas alltför svårt. Bönderna kan kanske till och med glädja sig åt att kunna sälja mat till soldaterna? Men när dessa soldater är trötta och hungriga, när de varit med om för många strider, för många förluster och för många grymheter, när de då kommer till områden där befolkningen inte har något att sälja därför att de redan fått besök av andra trupper...

I mitten av artonhundratalet befinner sig stora delar av den kinesiska landsbygden i en försörjningskris; den mat man kan få fram räcker helt enkelt inte till för att alla ska kunna äta sig mätta. I sådana lägen blir varje "gäst" i en by med några hundra invånare en belastning. Om det då kommer inte bara en utan tio eller hundra soldater till byn – soldater som behöver mat och som har medel för att tvinga bönderna att plocka fram även det de gömt...

Även om de inte tar några dörrar eller våldtar några döttrar, och även om de råkar betala med klingande mynt, riskerar ett sådant besök att bli en katastrof för vilken by som helst.

Zengs armé

Zeng Guofan kommer slutligen att värva över 130 000 man till sin Xiang-armé. I jämförelse med Taipings arméer är det ingen styrka som imponerar vad gäller antalet soldater, men Zeng räknar uppenbarligen med att kvaliteten ska uppväga bristerna i kvantitet. Xiang-armén blir en modell för bildandet av liknande styrkor i andra provinser. Den viktigaste av dessa blir Huai-armén i provinsen Anhui, som organiseras av Li Hongzhang som liksom Zeng Guofan på grund av upproren i Kina gör karriär både som civil ämbetsman och militär. Li föddes 1823 i en liten by i provinsen Anhui. Han studerade bland annat för Zeng Guofan i Beijing och 24 år gammal blev han godkänd i examen på högsta nivå och blev två år senare medlem av Hanlin-akademin.

En annan frivilligarmé, Chu-armén, sätts några år senare upp av Zuo Zongtang. Zuo föddes 1812 i provinsen Hunan. Han gjorde ett antal försök att klara den högsta examen utan att lyckas och återvände istället hem för att ...*odla silkesmaskar,*

dricka gott te och studera. Bland annat läste han böcker om
västerländsk vetenskap och politisk ekonomi. När Taiping-
upproret bröt ut anställdes han som rådgivare till Hunans
guvernör. Zuo Zongtang och Li Hongzhang kommer att
samarbeta med Zeng Guofan under mer än tio år.

Dessa lokalt rekryterade trupper kommer att visa sig vara
effektivare och mindre korrupta än de reguljära Qing-
trupperna. En anledning till deras effektivitet är att soldaterna
får tre gånger så mycket i lön som de kejserliga soldaterna.
Fattiga bondsöner låter sig villigt rekryteras och därmed kan
deras familjer få ett icke föraktligt tillskott till ekonomin. Enligt
Stephen R. Platt belönas soldaterna också rikligt om de dödar
en bandit (10 tael silver), tar en bandit till fånga (15 tael och 20
tael om det är en långhårig rebell), fångar en rebellhäst, som
man får 10 tael för om man vill behålla den själv, etc (en tael
motsvarade värdet av 50 gram silver).

En annan orsak till effektiviteten beror på rekryteringen.
Zeng Guofan rekryterar personligen de högsta befälhavarna, de
som ska svara direkt inför honom, och han väljer dem bland
annat efter deras karaktärer och värderingar. Dessa befälhavare
rekryterar i sin tur nästa nivå av officerare, en och en, på
samma grunder. Och så vidare ner till underbefälen som rekry-
terar och noggrant väljer vilka meniga soldater de vill ha av alla
som tack vare den höga lönen anmäler sig som frivilliga. På så
sätt skapas en armé som hålls samman av personliga relationer
både uppåt och neråt i hierarkin. En konfuciansk armé.

Dessutom rekryteras vanligen soldaterna i en viss enhet
från samma by eller område, vilket ytterligare stärker samman-
hållningen och förenklar kommunikationen. På grund av dessa
starka personliga band blir de enskilda truppenheterna ofta
uppkallade efter sina officerare. Dessa grupper blir till och med
så starkt sammanhållna att de ofta måste upplösas ifall deras
närmsta befäl stupar (Edward A. McCord) om de inte kan
rekryteras av en annan officer.

Om man trots detta frestas att försöka smita eller inte visa tillräckligt med mod finns också straffsatser att ta till: halshuggning av desertörer under strid, fyrtio slag med käpp för den som simulerar sjukdom eller skada etc. Det sätt som Xiang-armén rekryteras blir dock närmast en garanti för att knappast någon soldat försöker smita – till skillnad mot förhållandena i de kejserliga reguljära trupperna.

I den reguljära armén är det inte alla som uppskattar de nya frivilliga miliserna och vid några tillfällen blir frivilliga ur Xiang-armén attackerade av professionella soldater. Men hovet i Beijing inser värdet och nödvändigheten av dessa frivilliga styrkor.

Zengs byråkrati

Zeng Guofan bygger också upp en egen administration, som i stort bemannas av två olika grupper. Den ena gruppen består av specialiserade handläggare för militära, ekonomiska, juridiska, tekniska och andra ärenden. Den andra gruppen utgörs av klassiskt skolade generalister aom fungerar som Zengs rådgivare och förtrogna. Liksom när det gäller armén är rådgivarna och den administrativa personalen valda med omsorg. Till skillnad från magistrater och andra reguljära kejserliga ämbetsmän, som så att säga ärver en uppbyggd administration av företrädarna, får Zeng bygga upp sin egen stab från ingenting.

Flera av Zeng Guofans närmaste medarbetare kommer under senare delen av 1800-talet att få höga poster inom den kejserliga byråkratin. De närmaste rådgivarna står honom också personligen nära och blir hans partners när det gäller mer filosofiska samtal eller till exempel att spela schack. Kinesiskt schack, *Xiangqi*, är liksom vårt schack ett strategiskt krigsspel. Båda spelen fungerar på samma sätt men skiljer sig åt i detaljerna. De har förmodligen samma ursprung, det indiska spelet *Chaturanga*.

Flera av dessa rådgivare är inte formellt anställda utan kommer och går och håller ofta kontakt med Zeng via brev. Zeng Guofan satsar också på vad man kalla ideologisk skolning. En särskild enhet har till uppgift att hedra minnet av fallna hjältar och ge folket goda förebilder genom att sprida berättelser om föredömliga personer. Ett exempel är Tso Shute, vars by intogs av en Taiping-styrka. Envist skyddade Tso familjens gravplats medan övriga bybor gömde sig. Rebellerna blev så imponerade att de erbjöd honom mat och pengar. Men Tso vägrade att ta emot några gåvor och till slut lämnade rebellerna byn utan att bränna husen, för att de inte ville förstöra en by med en så föredömlig son (Porter).

Varannan månad ordnar Zeng Guofan ett seminarium för hans stab. Den 18 juni 1862 handlar seminariet om användningen av hårda respektive mjuka metoder i styrandet, med referenser till Kong-zi, Lao-zi, Zhuang-zi, Shang Yang, Han Fei-zi och andra klassiska tänkare. Zeng avslutar introduktionen av seminarieuppgiften med ...*diskutera detta och hjälp mig att korrigera mina brister* (Porter).

Xiang-armén färdig för strid

Vid slutet av februari 1854 rapporterar Zeng Guofan till kejsaren att han planerar att ge sig iväg norrut mot provinsen Hubei med en flotta på 360 fartyg i varierande storlekar och med 5 000 marinsoldater tillsammans med en landsstyrka på också 5 000 man. Med understödsfolk består hela den nya Xiang-armén av 17 000 man. Man färdas längs floden Xiang mot Långa floden. Några mindre rebellstyrkor besegras och de överlevande drar sig tillbaka till staden Yochow (idag: Yueyang) vid norra delen av Dongting-sjön, strax söder om Långa floden. Dit beger sig även Zengs armé, till lands och över sjön, och tvingar rebellerna att dra sig tillbaka igen.

Det blir inte någon lätt kamp för Xiang-armén och turen verkar också vara emot den. Den 4 april sjunker 24 av fartygen

med många män av en storm som drar fram över Dongting-
sjön.

Samtidigt kommer det nödrop från provinsen Hubei. Dess
huvudstad, Wuchang, som erövrades av Taiping 1853 för att
senare överges hotas nu igen av rebellerna. Provinsen Anhui
håller också på att helt tas över av Taiping. En enhet på 2 000
man ur Xiang-armén ger sig iväg mot Wuchang, men hamnar i
bakhåll och besegras lätt av en överlägsen Taiping-styrka. De
överlevande drar sig tillbaka till Yochow, som strax anfalls av
rebellernas huvudstyrka. På grund av bristande förråd tvingas
hela Xiang-armén retirera söderut till Hunans huvudstad,
Changsha, varifrån man startat en månad tidigare.

I en rapport till kejsaren den 17 april ber Zeng Guofan att
få bli överlämnad till ministeriet för bestraffningar på grund av
sitt misslyckande.

En vecka senare skickas en styrka ur Xiang-armén söderut
till den gamla staden Xiangtan, en viktig handelsstad som hålls
av rebellerna. Det är också den närmsta större staden till Zeng
Guofans hemby (trettionio år senare kommer en annan namn-
kunnig kines vid namn Mao Zedong att födas nära Xiangtan).
Den 1 maj lyckas man återta staden och den segern blir viktig
för Xiang-arméns stridsvilja. Men samtidigt leder Zeng Guofan
själv en misslyckad expedition mot en annan stad norr om
Changsha, där han möter en värdig motståndare i form av Shi
Dakai, assisterande kung i Taiping. I sin förtvivlan över förlus-
terna kastar sig den icke simkunnige Zeng i floden. Han gör
två eller tre försök men räddas båda gångerna av sin sekrete-
rare.

Zeng Guofan fortsätter som befälhavare över Xiang-armén,
men han gör aldrig mer om misstaget att försöka leda sina
trupper i strid. Kejsaren glädjer sig över segern vid Xiangtan
och förlåter Zeng hans misslyckanden i övrigt. Det blir några
fler mindre segrar för Xiang-armén under hösten 1854, vilka

också tillfredsställer kejsaren som i övrigt inte har särskilt mycket att glädja sig åt vid den här tiden.

Den 14 oktober 1854 tar Xiang-armén tillbaka staden Wuchang – som erövrades av Taiping den 14 januari 1853, övergavs den 10 februari 1853 för att erövras igen den 26 juni 1854. Det blir Taipings hittills kanske största nederlag. Wuchang är en av de strategiskt viktigaste städerna längs Långa floden. I början av november 1854 fortsätter Xiang-armén österut, med en flodflotta längs Långa floden och med marktrupper på båda sidor om floden. Man vinner flera mindre segrar men stoppas av den 23-årige Taiping-generalen Shi Dakai vid Jiujiang, en administrativ stad sedan förste kejsarens tid som ligger på södra sidan av Långa floden i nordvästra delen av provinsen Jiangxi. Jiujiang ligger i ett område med nio floder, vilket har gett staden dess namn, *Nio floder*. Nio betraktas som ett lyckosamt tal i Kina, men det hindrar inte Jiujiang från att nästan helt förstöras under Taiping-upproret (talet nio återfinns i flera sammanhang, till exempel i olika detaljer i Förbjudna staden i Beijing, som antalet beslag på portar).

Som belöning för de framgångar han trots alla motgångar ändå haft reser Zeng Guofan till Beijing för att av kejsaren få rätt att bära en enögd påfågelsfjäder; det finns sådana fjädrar med en, två eller tre ögon. Han blir samtidigt utnämnd till guvernör för Hubei, men den utnämningen vägrar han att ta emot eftersom det ännu inte hunnit gå tre år sedan hans mor avlidit. Under en sådan sorgperiod kan en ämbetsman inte vägra att ställa upp vid akut fara för riket. Men att acceptera en icke nödvändig utnämning, som innebär att han gör karriär, skulle vara en oförskämdhet mot hans mors minne. Zengs vägran accepteras av kejsaren.

Zengs vägran leder till att han fortsätter att ha problem med att finansiera Xiang-armén. Att vara armébefälhavare innebär inte att han har någon rätt att ta ut skatter. Och efter-

som Xiang-armén inte är en reguljär enhet finns ej heller
någon reguljär finansiering.

Medan Zeng är i huvudstaden för att motta ärebetygelserna
passar Taiping-trupperna på att den 3 april 1855 ta tillbaka
Wuchang och bränna den del av Zengs flotta som skulle
skydda staden.
Och så där skulle det hålla på...

Zeng studerar och förmanar

Trots Zeng Guofans uppdrag tar han sig tid att läsa varje dag;
studierna får inte försummas. Han är en flitig skribent och han
gillar att spela schack. Under sin livstid kommer han att för-
fatta 156 böcker eller skrifter, plus en del poesi. I en dagboks-
anteckning den 3 mars 1856 skriver Zeng att *...jag skrev tre*
poem. Sammanlagt har jag avslutat sexton kompositioner. Efter lunch
kom Teng Mi-chih och med hela sällskapet pratade vi om poesi. Under
krigstid har jag alltför lätt att försumma vanliga plikter gentemot poesi
och essäer. Från och med nu måste jag bli mer aktsam (Porter).

År 1865 kommer han att skriva förordet till en ny översätt-
ning till kinesiska av den grekiske matematikern Euklides (ca
325–265 f.Kr.) verk om geometri. De första sex böckerna av
Euklides översattes av Matteo Ricci, den jesuitiske missionären
som verkade i Kina 1582–1610 och vars kinesiska namn var Li
Madou.

Zengs högsta ambition tycks vara att bli bland de främsta
bland de lärda. När hans liv närmar sig slutet kommer han att
lite vemodigt beklaga att de officiella plikterna hindrat honom
från att fördjupa sig i sina studier. Men han kan roa sig också,
trots de militära plikterna. Till nyårsaftonen 1861 bjuder han
till exempel in ett trettiotal poeter för att tillsammans njuta av
varandras vänskap, god dryck och poesi (Hsieh Andrew
Cheng-Kuang).

Zeng Guofan skriver brev till familjen och förmanar dem
att leva ett hederligt liv. Den 7 oktober 1855 skriver han: ...

*Ämbetsmännens och medelklassens familjer bör inte bygga upp för-
mögenheter. Det kommer att få deras barn att förstå att de inte har
något att förlita sig på, att de måste arbeta varje dag för att inte riskera
att svälta i framtiden. På så sätt kommer den yngre generationen att
gradvis lära sig arbeta, i vetskap om att man måste vara självförsör-
jande.* (W. J. Hail.)

Han skriver i samma brev att familjen inte ska färdas i bär-
stol utan vandra – för att inte vänja sig vid lättja och för att
träna musklerna.

Zeng lever som han lär och verkar sällan ha några pengar;
det lilla han får över skickar han till familjen eller använder för
att stödja fattiga släktingar. Han har åtta fundamentala
levnadsregler. Två av dem handlar om att aldrig älska pengar
när man är i tjänst och att aldrig störa befolkningen när man
leder trupper. Hans sekreterare, Zhao Liewen, skriver i sin
dagbok om ett besök i Zeng Guofans sovrum: *Det enkla tältet
var lågt och litet. Där fanns bara ett bomullstäcke och en stråmatta.
Förutom två små lådor och papper och penslar på ett litet bord fanns
inget av värde. Så beundransvärt!* (Porter).

Zeng pekar också ut tre områden som han misstror:
geomantik (det vill säga konsten att placera byggnader för att
bringa lycka), läkare och mediciner samt präster och magi. Han
har svag fysik och är sjuklig och har därför en hel del erfarenhet
av läkare. Hans misstro mot organiserad religion är möjligen
påverkad av Taiping-upproret. Det hindrar honom dock inte
från att iaktta de traditionella ceremonierna för förfäderna.
Det hindrar honom inte heller från att i kritiska lägen ta hjälp
av spådomar för att fatta beslut (Porter).

Zeng får tjänstledigt en gång till

I början av 1856 börjar Xiang-armén att igen belägra staden
Wuchang men det är först i slutet av året, efter nästan ett års
belägring, som staden faller, den 19 december 1856. Det är

först när alla vägar till Wuchang blockeras som försvararna ger upp och ger sig av.

Zeng Guofan är beredd att igen starta en offensiv österut längs Långa floden då han i början av mars 1857 får bud om att hans far dött. Zeng begär på nytt tjänstledigt och tio dagar senare är han på väg hem. Han beviljas tre månaders tjänstledighet av kejsaren.

Förhållandena vid fronten försämras efter att Zeng åkt hem och kejsaren uppmanar Zeng att återvända och ta befälet igen. Zeng å sin sida begär förlängd ledighet, vilket beviljas på villkor att han omedelbart ska återvända till sin post om förhållandena blir akuta. Zengs tjänstledighet kommer att vara ett år.

Zeng utnyttjar tiden hemma för att i ett meddelande till kejsaren klargöra varför han hittills bara haft begränsade framgångar. Två centrala anledningar är svårigheterna att skaffa pengar till de frivilliga trupperna och hans bristande befogenheter. Finansieringen av trupperna är en ständig huvudvärk för Zeng. Under de första åren måste han förlita sig på lokala fonder och frivilliga bidrag. Vid flera tillfällen tvingas han låta soldaterna vänta på sin sold, vilket han försöker undvika för att inte riskera att de ska ta ut sin frustration på civilbefolkningen. Men några gånger befinner sig hans trupper på randen till myteri.

Zeng Guofan har visserligen fått ett antal fina titlar av kejsaren, men ingen av dem ger honom någon tydlig auktoritet utöver att leda Xiang-armén. För att kunna finansiera kriget måste han få tillgång till statliga medel. Under de första åren har han bara råd att rekrytera drygt 10 000 soldater – en liten armé i jämförelse. Först 1857 uppgår Xiang-armén till 50 000 man – fortfarande en liten styrka i jämförelse med Taipings arméer. Som mest kommer Xiang-armén att ha drygt 130 000 man.

Läget förbättras något i och med att en ny skatt, *lijin*, införs i fler och fler provinser under 1850-talet. Det är en varuskatt

med låg skattesats och därför kallas den lijin (promille-
skatten). Skattesatsen höjs visserligen snart, men den räcker
ändå inte till för att Zeng Guofan och de andra befälhavarna
helt ska kunna avlöna sina trupper.

En annan ständig huvudvärk som Zeng Guofan har att
hantera är censorsmyndigheten, den statliga kontrollmyndig-
het som övervakar ämbetsmän och myndigheter. Det är
förståeligt att denna myndighet reagerar när olika delar av
landet hotas av rebeller och att den kräver att kejserliga befäl-
havare ska ila till undsättning. Men Zeng anser att censorerna
inte alltid förstår det militära läget och han får ägna tid åt att
försvara sina beslut.

Överbefälhavaren

Förhållandena vid fronten blir akuta och i mars 1958, efter ett
års ledighet, återinträder Zeng Guofan i aktiv tjänst. Samtidigt
får han befogenhet att inrätta en särskild finansieringsbyrå,
som under honom ska svara för att finansiera de regionala
trupperna. På så sätt kan Zeng själv koncentrera sig på att vara
befälhavare för Xiang-armén.

I maj 1860, då det gått mer än tre år sedan hans far dog, blir
Zeng Guofan utnämnd till överbefälhavare över alla regerings-
trupper i provinserna Jiangxi och Jiangnan (idag Anhui och
Jiangsu) samt Zhejiang. Han är orolig för den avundsjuka som
utnämningen kan leda till och avböjer, men kejsaren insisterar.
Han blir även utnämnd till ordförande i krigsrådet.

På grund av det allt allvarliga läget, med stora förluster för
de reguljära regeringstrupperna, tvingas Qing-regeringen att
samma år utnämna de regionala milisledarna till general-
guvernörer, vilket innebär att de får möjlighet att finansiera
sina trupper med skattemedel. Dessa utnämningar strider mot
Qing-dynastins policy för ämbetsmän, men man har knappast
något val. En ämbetsman ska inte kunna upprätthålla mer än
en tjänst i taget för att förebygga att han får mer inflytande än

vad som känns hälsosamt för det kejserliga hovet. Zeng Guofan
blir generalguvernör för Liangjiang (de två jiang), som består
av provinserna Jiangxi och Jiangnan. Han är därmed både
militär överbefälhavare och civil generalguvernör – en under
Qing-dynastin unik maktkoncentration för en ämbetsman –
och han är medveten om att han har ögonen på sig.
Utnämningarna, med de nya befogenheterna, gör det
däremot möjligt för Zeng Guofan att äntligen fullfölja det
uppdrag han fick i januari 1853, att krossa Taiping-upproret.
Men de ekonomiska problemen – bristen på pengar – tycks
förfölja honom under hela kriget.

Den långa kampen

Zengs strategi är att med Xiang-armén avancera från väster
längs Långa floden mot Nanjing och återta landet bit för bit.
Hans två underordnade generaler, Zuo Zongtang och Li
Hongzhang, ska rensa provinserna Zhejiang och Jiangsu från
rebeller och därefter avancera mot Nanjing från öster.

Det första kraftprovet för Xiang-armén blir återtagandet av
staden Anqing i södra Anhui vid Långa floden, sydväst om
Nanjing. Det är en ca 2500 år gammal stad, omtalad under
Vår- och Höstperioden (770–476 f.Kr.). Staden är välbefäst och
svår att nå från land. Den ligger på flodens norra strand och
det är också där som alla större fartyg måste passera, alldeles
intill Anqings kanoner. Så länge som Taiping håller staden kan
man stoppa alla större skepp på väg österut med trupper eller
förråd.

Anqing är således vital för försvaret av Nanjing, den
himmelska huvudstaden. Zeng anser att regeringssidan måste
kontrollera staden för att kunna gå vidare och ta Nanjing.
Taiping-generalen Li Xiucheng menar å sin sida att så länge
Taiping håller Anqing behöver man inte oroa sig i Nanjing.

Det är Zeng Guofans bror, Zeng Guoquan, som får ansva-
ret för själva belägringen av Anqing. Staden har varit besatt av

Taiping sedan 1853 men är nu, 1861, nästan helt avskärmad
från omvärlden. Den enda vägen att fylla på med förråd är med
hjälp av utländska ångbåtar som trafikerar Långa floden. De
främmande makterna, Storbritannien med flera, stöder från
1860 formellt Qing-dynastin men är i början inte särskilt
angelägna att engagera sig mer än nödvändigt i inbördeskriget.
De utländska handelsmännen gör däremot gärna affärer med
alla som kan betala. Taiping-generalerna försöker komma till stadens undsätt-
ning eller att locka iväg belägringstrupperna. Men Zeng
Guofan står emot frestelsen att ila iväg för att undsätta andra
hotade områden. Han står också emot påtryckningar från sina
överordnade att ändra sina planer.

Den 5 september 1861 kan Zeng Guoquan, Zeng Guofans
bror, tåga in i Anqing med sin armé – efter en fjorton månader
lång belägring med svåra förluster på båda sidor. Samma kväll
skriver Zeng Guofan till en av hans andra bröder att han skulle
vilja dela ut tio tusen tael silver som belöning till officerarna
och soldaterna. Men han har bara knappt sex tusen tael och
undrar om brodern på något sätt kan ordna fram fyra tusen till.

Anqing blir Qing-truppernas bas för de fortsatta operatio-
nerna mot Taiping och Zeng Guofans högkvarter. Zeng låter
bland annat bygga några vapenfabriker i staden. Han ser också
till att provinsakademin repareras och att de klassiska examina-
tionerna återupptas. Men det kommer att ta lång tid för staden
att helt återhämta sig efter dessa år av belägringar och strider.
Sextio år senare kan besökare notera att stora delar av staden
fortfarande ligger i ruiner.

Efter erövringen av Anqing faller den ena staden efter den
andra för Xiang-armén längs Långa floden mot Nanjing. Men
det blir en lång kamp för Zeng Guofan och för de regerings-
trogna trupperna. Segrar blandas med nederlag och många
städer kommer att erövras, förloras och åter erövras flera
gånger. Det är möjligt att hela kriget hade kunnat avgöras flera

år tidigare, om bara Zeng Guofan då hade haft tillräckligt med män tillräckligt nära Nanjing och om han vetat vad som hände innanför dess höga stadsmur.

Det missade tillfället kom hösten 1856...

Nu, solande oss i Himlens djupa nåd, är vi alla en familj.
Varför skulle det vara skillnad mellan du och jag, eller mellan
andra och vi själva, när vi alla är bröder och systrar av samma
härkomst, födda av en andlig fader? När det finns kläder, låt
alla bära dem; när det finns mat, låt alla äta. (...) Trygghet för
alla, sympati för de unga och medkänsla för de föräldralösa, allt
utvecklas tack vare östra kungens kännedom om vår himmelske
faders kärlek för allt levande...

(*Tianjing Daoli Shu*, skriven på uppdrag av östra kungen,
Yang Xiuqing, 1854. Franz Michael, dokument 50)

8. Gudsriket – det himmelska paradiset på jorden

Långa floden (Changjiang eller Yangtze) är världens tredje
längsta flod, 6 378 km, och även världens tredje vattenrikaste.
Den har sina källor på det tibetanska högplatån i provinsen
Qinghai i väst, passerar genom nio av Kinas provinser och
mynnar ut i Östkinesiska havet, strax norr om Shanghai. Där
avlämnar den varje sekund 34 miljoner liter sötvatten till
havet, när det inte är dubbelt så mycket efter sommarens regn
och avsmältningar av Tibetanska högplatåns glaciärer.

Strax väster om staden Yichang bryter floden fram genom
bergen som omger provinsen Sichuan och där har bildats vad
som kallas *Tre raviner* (San xia). Under 1800-talet, innan man
började använda sig av maskindrivna fartyg, drogs flodbåtarna

uppför strömmen med rep av grupper av dragare som på ömse sidor av ravinerna gick på uthuggna stigar i klippväggarna. Numera, på 2000-talet, slussas fartygen vid världens största dammbyggnad.

Vattenföringen i Långa floden är mer regelbunden i jämförelse med Gula floden och har vanligen ett lugnt förlopp. Men under sommarmånaderna kan områden längs floden nedanför Tre raviner drabbas av översvämningar, speciellt de år man har riklig nederbörd i kombination med omfattande avsmältningar från de tibetanska glaciärerna.

Långa floden har traditionellt utgjort gränsen mellan norra och södra Kina och på grund av flodens storlek har den fungerat som en verklig barriär för alla transporter i nordsydlig riktning, inklusive för arméer under förflyttning. Det var inte förrän 1957 som den första bron för både biltrafik och tåg byggdes över floden, vid staden Wuhan. År 1969 tillkom bron vid Nanjing och därmed kunde tågen köra direkt från Shanghai till Beijing utan att behöva transporteras med färja över floden.

I öst-västlig riktning är Långa floden däremot Kinas viktigaste vattenled och trafikeras av tiotusentals båtar varje dag och har gjort så under några tusen år. Med dess sju hundra bifloder och mängder av kanaler bildar Långa floden stommen i ett rikt förgrenat nätverk av vattenvägar. Den längsta av kanalerna är Stora kanalen som går från staden Hangzhou i söder till Beijing i norr och som korsar Långa floden strax söder om staden Yangzhou.

Man bygger palats...

Detta nätverk av floder och kanaler kring Långa floden utgör under mitten av 1800-talet också stommen i Taiping, Fullkomliga fridens himmelska rike. I detta perspektiv är det inget märkligt över uppgifterna att Taiping-armén färdas mot Nanjing på tusentals båtar längs Långa floden.

När Taiping väl intagit Nanjing år 1853 förskansar man sig bakom dess murar. Kungadömet har nu en huvudstad och kontrollerar ett vidsträckt landområde med ett antal andra muromgärdade städer. Man kontrollerar också en stor del av Långa floden. Men är det detta man kämpat för? Är Nanjing slutmålet?

Är det inte en revolution man kämpar för? Åtminstone är det som Hong Xiuquan predikar inget annat än en total förvandlig av det kinesiska samhället, en revolution.

Armén som skickas norrut mot Beijing tyder på att himmelske kungen inte vill nöja sig med enbart ett mindre kungadöme, men det företaget misslyckas och några nya försök i den riktningen görs inte. Istället byggs stora palats i Nanjing för Hong Xiuquan och de andra kungarna. Palatsen är överdådiga, tjänarna många, liksom de förmodat vackra kvinnorna i kungarnas harem.

Det är som i kejserliga palats i Kina, med två undantag. I Hong Xiuquans palats finns inga eunucker. Lika lite som Kinas kejsare vill Hong ha potenta manliga tjänare i palatsets mer privata gemak. Men han löser det problemet på ett mer tilltalande sätt – mer tilltalande för dem som slipper att bli kastrerade och förmodligen även för honom själv. Alla sådana tjänare är nämligen kvinnor. Dessutom är alla kvinnor i respektive harem hustrur, formellt vigda och därmed jämställda – i alla fall med varandra. Månggifte tillåts således inom Taiping, men bara för kungarna och högre tjänstemän.

I det kejserliga Kina råder monogami – men det är å andra sidan vanligt med konkubiner (bihustrur) i förmögnare hem. Konkubinerna är underställda den legala hustrun, men de barn de får betraktas som legala barn till mannen med samma rättigheter som de som hustrun eventuellt fött. En av anledningarna till att en man tar en konkubin är för övrigt att den lagliga hunstrun inte kan få något barn – eller ingen son, vilket betraktas som en tragedi.

Förhållandena i en familj med både en så att säga lagvigd hustru och en eller flera konkubiner blir inte alltid så harmoniska. Men det finns också åtskilliga exempel på att kvinnorna i sådana familjer utvecklar starka och nära relationer. En viss Zhang Daye, född 1854, refererar för övrigt i en bok han skrev som vuxen till hans *tre mödrar*, det vill säga hans biologiska moder (en av faderns två konkubiner), faderns andra konkubin och faderns lagvigda hustru.

Sonen har en närmast mytisk betydelse för familjer i det klassiska Kina. Förutom att man som i andra länder prioriterar söner för deras roll som försörjare, har söner i Kina – speciellt äldste sonen – också en avgörande rituell betydelse. Han har en skyldighet att sörja för föräldrarnas tillvaro i andevärlden efter att de dött – och för att så att säga vårda förbindelserna med förfäderna. Det är den äldste sonens ansvar att sörja för de avlidnas själar så att de i sin tur ska se efter och skydda deras efterkommande.

...och planerar för en utopi

Ökenvandringen tycks således vara slut, men kampen är inte över. Taiping fortsätter att vara organiserat som en armé och man fortsätter att utvidga området, erövra nya städer, lägga mer av landsbygden under sig. Samtidigt pressas Taiping ständigt av de kejserliga trupperna, som efter de första katastrofala åren gradvis blir effektivare.

Taipings framgångar är anmärkningsvärda och man kan peka på flera orsaker: Gudsdyrkarnas dragningskraft bland människor som befinner sig på samhällets botten och som knappt har något att förlora. Deras radikala program om jordägande och jämlikhet. Hong Xiuquans vision om ett kommande gudsrike utgör säkert också en lockelse för många. Taiping-arméns inledande segrar över regeringstrupperna måste dessutom ha övertygat många om att det är dags för ett skifte av regerande dynasti, ett byte av det himmelska mandatet.

Yttre omständigheter har hjälpt till, den decentraliserade administrationen, den splittrade Qing-armén, den allmänna förslappningen samt korruptionen inom byråkratin och den reguljära armén. Därtill kommer västerlänningarnas aggressioner och Qing-dynastins oförmåga att försvara landet, några större naturkatastrofer med omfattande svält som följd, vidgade klyftor mellan besuttna och fattiga, ökande sociala skillnader mellan han-kineser och etniska minoriteter...

Visserligen har Taiping misslyckats i sitt halvhjärtade försök att ta Beijing och förlorat en armé på köpet. Men i Nanjing och i de provinser som man mer eller mindre kontrollerar längs Långa floden, är man överlägsen de regeringstrupper man möter i strid.

Det tycks finnas förutsättningar att förverkliga Taipings idealsamhälle, dess utopi...

Åt var och en efter hans behov...

Gudsdyrkarnas mål är inte bara att besegra Qing-dynastins arméer, demonerna, utan att omdana hela samhället. Det är därför Taiping, Fullkomliga fridens himmelska rike, utropats. Efter att Nanjing intagits 1853 presenterar Hong Xiuquan *Den himmelska dynastins landsystem*, ett dokument som i detalj ger riktlinjer för hur Taiping ska organiseras (Franz Michael, dokument 46). Det stadgar hur åkermarken och skördarna ska fördelas så att alla i riket ska få lika del av den *överflödande lycka* som tillhandahålls av den himmelske fadern. All jord betraktas som statlig och ska fördelas lika till alla.

Det är som en gammal modell, *likafältssystemet*, från Norra Wei-riket (426–535). Det skapades av ett turkiskt folk, *Tabgach*, under den långa splittringsperiod (220-589) då Kina var uppdelat mellan flera olika mindre riken. Jorden delades ut så att varje man över femton år skulle få 40 mou, medan varje kvinna skulle få hälften (mou var ett ytmått som kunde variera mellan 0,035 och 0,092 hektar beoende på plats). Systemet varade inte så länge. Att dela upp jorden rättvist är ingen enkel uppgift; att behålla den rättvist fördelad trots befolkningsförändringar får nog anses vara en närmast övermäktig uppgift. Men idén om att jorden borde fördelas rättvist levde kvar och en liknande reform infördes under Tang-dynastin (618-907) och alltså också under Taiping.

(Idén är fortfarande levande, i Folkrepubliken Kina. Från slutet av femtiotalet till början av åttiotalet ägdes och brukades nästan all jord kollektivt i så kallade folkkommuner. Men med reformperioden efter 1979 avvecklades folkkommunerna och jorden delades ut till familjerna, oftast efter antal familjemedlemmar. Men när storleken på familjerna förändrade blev det vanligt att man inom byarna mer eller mindre regelbundet omfördelade jorden, så att den skulle fortsätta att vara någotsånär rättvist fördelad. Detta fortsatte man med på många håll även efter att kommunistpartiets ledning från nittiotalet gav direktiv om att varje familj skulle få trettio år långa kontrakt på den mark man fick bruka.)

I Taiping ska systemet bli ännu mer jämlikt. Den tillgängliga jorden ska fördelas mellan familjerna i enlighet med antalet familjemedlemmar, lika för män och kvinnor. De över sexton års ålder ska få dubbelt så stor areal som de som är femton eller yngre. Den odlingsbara jorden ska delas in i nio klasser efter den avkastning den ger och varje familj ska, på ett rättvist sätt, få del av både de bättre jordarna och de sämre.

All jord ska brukas likvärdigt av alla i riket. Om jorden på ett ställe är fattig ska folk flytta till områden med bättre jordar. På samma sätt ska skördarna omfördelas så att folk i områden med tillfälligtvis dåliga skördar inte ska drabbas.

Dokumentet ger detaljerade föreskrifter, som att varje familj ska ha fem hönor och två suggor och att varje familj ska plantera ett mullbärsträd vid varje vägg så att alla kvinnor kan ägna sig åt silkesproduktion.

Varje dag ska alla pojkar gå till kyrkan där gruppens underofficer lär dem läsa texter ur Bibeln och ur Hong Xiuquans proklamationer.

Riket ska organiseras i en enhetlig hierarkisk struktur – administrativt, ekonomiskt, religiöst och militärt. Den grundläggande enheten är en grupp bestående av 25 familjer under ledning av en *liang xuma*. Det är en militär titel som i likhet med andra officiella titlar inom Taiping är tagen från en av de klassiska skrifterna, *Zhous riter* (Zhou li). Zhous riter skildrar ett tänkt idealsamhälle under Zhou-dynastin för nästan tre tusen år sedan. Denne underofficer ska fungera som civil administratör och domare, leda religiösa ceremonier, vara skatteindrivare och militär befälhavare under krigstid. Underofficeren ska också ansvara för enhetens gemensamma förråd av spannmål och kontanter, som ska kunna nyttjas vid missväxt och i krigstider men också vid giftermål och andra familjehögtider. Han ska också se till att varje familj har tillräckligt med mat och kläder.

Andra verksamheter och hantverk, som snickeri, ska också organiseras inom dessa enheter.

Varje familj med barn måste ge upp ett barn till den gemensamma militära enheten om 25 soldater plus under-officeren. Fyra sådana plutoner utgör ett kompani, fem kompanier en bataljon, fem bataljoner en division samt fem divisioner en arméenhet. Högste befälhavaren för en sådan arméenhet, generalen, ska också vara näst högste chef i den civila administrationen för ett distrikt.

Vid tillsättandet av officiella tjänster kan var och en ge förslag på lämpliga personer. Om dessa visar sig fungera väl på sina nya poster får förslagsställaren en belöning, i annat fall straffas han (vilket också skedde ca tusen år tidigare, under Tang- och Song-dynastierna). Vart tredje år ska alla tjänste-

män utvärderas för att antingen bli befordrade eller degrade-
rade. Den som falskeligen anklagar någon blir degraderad till
vanlig jordbrukare, liksom den som rekommenderat någon
olämplig till en officiell tjänst. Alla tjänster tänks vara ärftliga.
Som vanligt avslutar Hong dokumentet med: *Respektera
detta.*

Städerna?

Detta är den samhällsorganisation som Taiping-ledarna ser
framför sig. Det har den slags enkelhet och symmetri som
brukar tilltala dem som försöker bygga idealiska samhällen på
en ideologisk grund. Det är också en samhällsorganisation för
en jordbrukande befolkning. Men hur ska städerna organise-
ras? Om detta säger dokumentet ingenting. Finns städerna
över huvud taget med i Taipings utopi? Man kan tvivla, för ett
av de första beslut som Taiping tar efter erövringen av Nanjing
är att all handel inom staden förbjuds.

En besökare, brittiske tolken R. J. Forrest, rapporterade: *Vi
anlände till Nanjing strax efter att ett påbud hade gått ut om att det
var förbjudet att idka handel i staden. Anledningen som gavs var att
Himmelska Huvudstaden var ett kejserligt residens, som inte borde
störas av skrän från handelsfolk och att dåliga element hade tagit sig in
som handlare. Fjorton olyckliga, som hade försökt tjäna lite pengar trots
förbudet, blev genast avrättade...* (Wolseley).

G. J. Wolseley själv kommenterar: *Det förefaller nästan som
om de önskade att helt avskaffa bruket av pengar och reducera
samhället till en patriarkalisk stat i vilken folket får deras dagliga föda,
kläder etc och har alla behov tillhandahållna av härskaren...*
(Wolseley ansåg för övrigt att kineserna skulle bli de stora
framtida härskarna över världen, den ena sidan i det sista stora
slaget vid Harmagedon med Förenta Staterna på andra sidan,
G. J. Wolseley: *The Story of a Soldier's Life*, 1903).

När allt kommer omkring, de ursprungliga rebellerna och
Taipings ledare är typiska landsbygdsbor. De är bönder, lant-

arbetare, skogsfolk... Förstår de sig på städerna? Med Taipings
välfärdssystem, från vaggan till graven, med dess egendoms-
gemenskap och resursfördelning, ...*åt var och en efter hans behov*
(Apostlagärningarna 4:35) samt med dess arbetsfördelning, där
varje enhet ska svara för alla slags behov – vad finns det då för
utrymme för eller behov av handel och specialiserade hant-
verkare? Och vad är städer utan köpmän och hantverkare?
Å andra sidan förekommer en hel del köpenskap, men den
bedrivs utanför städernas murar. Handeln är omfattande
mellan olika delar av Taiping och med utlänningar i Shanghai.
Till exempel är tullavgifter på Långa floden en av de viktigaste
inkomstkällorna för Taipings regering.

Någon separat kyrklig organisation finns inte. Sekten
Gudsdyrkarnas sällskap gick helt enkelt upp i Taiping. Det
finns visserligen speciella gudstjänstplatser, på samma sätt som
det finns sädesförråd och andra anläggningar. Ett himmelskt
kungarike är i sig en kyrka; där finns inget behov av en särskild
religiös institution.

Ett antal sändebud från de västmakter som har störst
intressen i Kina anländer till Nanjing under 1853 och 1854 för
att få en klarare bild av vad Taiping är, dess styrka, dess
religiösa lära etc. De negativa eller skeptiska omdömena
dominerar, men i en rapport efter ett besök i Nanjing i maj
1854 sammanfattar Robert McLane, officiellt sändebud för
Förenta Staternas regering, sina intryck i följande elva
punkter:

1. Regeringen är en teokrati.

*2. Den har blandade former, till hälften politisk, till hälften
religiös.*

*3. Det är en kunglig despoti, bestående av ett broderskap av kungar
men utan kejsare.*

4. Den hävdar en universell suveränitet.

5. Den administreras med en anmärkningsvärd energi.

6. Disciplinen och ordningen är inte mindre anmärkningsvärd än deras energi. Varken tobak eller opium tillåts.

7. De är de strängaste kristna bildstormare. De betraktar alla män av alla nationer som medlemmar i ett universellt broderskap.

8. En intressegemenskap råder inom Taiping-folket.

9. Deras antal och deras territorium är stort – mycket större än vad man vanligen tror bland utlänningar.

10. Deras fortsatta framsteg och framgång är nästan säker. Med all sannolikhet kommer de tack vare Guds outgrundliga försyn att ta över alla 18 provinser (det vill säga hela Kina, min anm.)*, att bryta ner de viktiga städerna, att slakta manchurerna och sopa bort varje spår av deras auktoritet.*

11. Deras uppträdande mot utlänningar är vänligt. Deras officerare i Chenkiang och Nanking upprepade flera gånger att deras trupper inte kommer att närma sig Shanghai och för närvarande inte heller Canton.

(Uhalley: *A New Look at the Diplomatic Missions of 1853–54 to Taiping-held Nanking.*)

Livet i Taiping

Taipings radikala ekonomiska program förblir i stort en utopi. Någon uppdelning av jorden i rättvisa delar genomförs aldrig, i alla fall inte i någon nämnvärd utsträckning. I en artikel skriver Kathryn Bernhard 1987 om situationen i Jiangnan, området söder om Långa flodens nedre lopp: *The rebels came to the Jiangnan not so much as a liberating force, but as an occupying army whose primary aim was to extract as much revenue as possible to fuel the fight against the Qing* (Rebellerna kom till Jiangnan inte så mycket som befriare utom mer som ockupanter vars främsta syfte var att pressa ut så mycket intäkter som möjligt för att underhålla kampen mot Qing).

Vad rebellerna dock i viss utsträckning genomför i vissa städer är de mer sociala delarna av programmet, inte minst separationen av könen. Den separation av könen som upprätt-

hölls inom Taiping i Guangxi och under marschen mot
Nanjing tvingar man också på Nanjing-borna. Kvinnorna
måste bo i särskilda kvinnohus. På grund av befolkningens
protester tvingas Taiping-regeringen emellertid att från 1855
tillåta gifta par att bo tillsammans samt att registrera nya
äktenskap. Enligt Jen Yu-wen är det dock risbrist som är den
främsta anledningen till att kvinnohusen stängs. Försörjnings-
bördan blir allt tyngre ju längre kriget pågår.

Dock, för att förhindra prostitution måste alla flickor och
ogifta kvinnor som saknar familj bo inom kvinnohusens
skyddande och övervakande väggar. Alla äktenskap ingås under
statligt överseende och med en officiellt utsedd vigselförrättare
– vilket strider mot den traditionella uppfattningen om
äktenskap som en strikt privat angelägenhet mellan familjer.

Äktenskap betraktas som en självklarhet, även för änkorna
som blir allt fler. De förväntas gifta om sig, tvärt emot kinesisk
tradition som inte förbjuder änkor att gifta om sig men som
hyllar dem som väljer att leva resten av sina liv i kyskhet.

Det gamla bruket med ofta stora hemgifter avskaffas och
bröllopsceremonin bekostas med allmänna medel. En annan
tung utgift för kinesiska familjer, begravningsceremonier,
avskaffas också – vilket knappast glädjer traditionella kineser.
Taiping tvingar igenom mycket enkla begravningar, utan några
av de offergåvor som man brukar lägga med i kistor för att
blidka de dödas själar så att de inte ska ta hämnd på de efter-
levande på grund av gamla oförrätten eller förvandlas till så
kallade hungriga spöken.

Hong Rengan, som blir en inflytelserik kung under
Taipings sista år, kommenterar den traditionella synen på
döda: *Sönerna ger inte sina föräldrar kött till maten eller bra kläder
för att glädja dem medan de lever. Men när föräldrarna avlidit låtsas
sönerna vara tillgivna och ger de döda guld, silver, grisar och får. Tror
de att de kan gottgöra dem för alla deras vanvördiga beteenden när de*

väl dött? Eller tror de att föräldrarnas död kan vara ett sätt att få skydd och framgång? Detta är absurda idéer.

Den strikta militära disciplinen gäller fortfarande och soldater förbjuds till exempel att utan order stiga in i folks hem. Li Xiucheng skriver 1864: *De som med deras vänstra fot steg över tröskeln till ett privat hus skulle få vänstra foten avhuggen, de som med deras högra fot steg över tröskeln till ett privat hus skulle få högra foten avhuggen* (Curwen).

Vad Taiping kanske mest nitiskt ägnar sig åt är att försöka omvända stadsbefolkningen till den nya religionen. Under de första dagarna efter erövringen av Nanjing förstörs alla avgudabilder och alla buddhist- och daoisttempel bränns ned. Muslimska moskéer skonas dock, kanske därför att man där inte kan hitta något som skulle kunna ses som avgudabilder? Romerska katoliker, av vilka det finns ett mindre antal i Nanjing, får välja mellan att börja följa Taipings gudstjänster eller bli skickade till fronten som soldater eller arbetare.

Genom offentliga förmaningsmöten försöker rebellerna förmå människor att överge sina gamla gudar. Alla stadsbor förväntas be morgon och kväll och ur minnet deklamera de himmelska buden. Underlåtelser bestraffas strängt. Under sabbaten ska man gå till en gudstjänsthall för att be till Shangdi som den himmelske fadern och få religiösa instruktioner. Tillbedjan till Shangdi sker kollektivt, tillsammans med andra församlingsmedlemmar, och inte individuellt som man är van vid i de gamla templen. Man samlas till gemensam morgonbön, med män på ena sidan och kvinnor på andra, före frukost och dagens arbete.

Det är tveksamt om någon bland han-kineserna låter sig omvändas annat än för syns skull. Den nya tron strider förmodligen alltför mycket mot de traditionella religionerna och predikas dessutom ofta av företrädare för de i Nanjing främmande minoritetsfolken i söder med deras stora fötter och obegripliga dialekter.

Många Nanjing-bor försöker fly från staden och enligt Jen Yu-wen skapas några flyktvägar för framför allt kvinnor. En sidenhandlare får tillstånd att sätta upp ett statligt sidenväveri för att tillverka sidentyger till Taipings ledare och anställa så många kvinnor han behöver. De får tillstånd att samla ved längs Långa floden och på det sättet befrias tusentals kvinnor från hårt arbete och militärtjänst och många kan smugglas ut ur staden. Några städer förvandlas i praktiken till bastioner för armén. De töms på kvinnor och barn, som skickas till Nanjing, och kvar är män och ynglingar.

Byarna

Taipings utopiska samhällsideal genomförs i viss mån i vissa städer man kontrollerar under längre perioder, men knappast alls i övrigt. Man har helt enkelt inte resurser för att förverkliga några radikala förändringar. Taipings militära enheter får nöja sig med att ta ut folk till militärtjänst och förstöra buddhistiska och daoistiska avgudabilder. De av metall smälts ner och blir mynt, Taipings egna mynt.

Lika lite som den kejserliga administrationen har Taiping möjlighet att direkt styra byarna; på sin höjd klarar man av att kontrollera ett antal städer. Därför kan landsbygden i stort fortsätta att fungera som tidigare, med gamla byledare eller med nya tillsatta av Taiping, vilka ansvarar för skatteindrivning. Ibland får lokala milisledare fungera som Taipings förlängda armar i byarna.

För Taiping är det viktigare att försäkra sig om en fungerande skatteindrivning och livsmedelsproduktion än att genomdriva jordreformer – trots att en sådana reformer kanske skulle kunna ge Taiping ett starkare stöd bland landsbygdens fattiga. Rebellerna blir makthavare och därmed allt mindre rebelliska.

För en del av bönderna innebär Taipings styre dock vissa
fördelar. På grund av kriget och ryktena om Tapings framfart
flyr många av de större jordägarna innan rebellerna anländer,
vilket innebär att de inte längre kan kräva in några arrenden.
Arrendebönderna tvingas visserligen att betala jordskatten till
Taiping, den som jordägarna normalt är förpliktigade att
betala, men de tjänar ändå på förändringarna. I alla fall om de
har turen att slippa drabbas av krigets våldsamheter eller bli
uttagna som soldater till Taipings arméer.

Ibland säljer de gamla godsägarna sina jordar billigt innan
de ger sig iväg till säkrare platser, vilket leder till att andelen
självägande bönder ökar.

En kinesisk bokförsäljare beskriver Taipings ockupation av
hans hemstad Fuzhou i provinsen Jiangxi den 25 mars 1856:
*Taiping betraktades med sympati av folket eftersom de halverade
skatten, förbjöd sina anhängare att döda boskap som användes i jord-
bruket och genom att bestraffa dem som tog till våld. Qing-trupperna
hängav sig däremot åt det mest ohämmade självsvåld, dödade bönder-
nas boskap, bar iväg deras kvinnor och döttrar samt tvingade de som
hade pengar att ge bidrag till trupperna* (Tiedemann).

I de byar där inga direkta strider äger rum kan livet ofta
fortsätta som vanligt – ibland till och med bättre än tidigare
genom att kraven på att betala arrenden ofta minskar. Männen
anpassar sig till Taiping genom att låta håret växa. Men för
säkerhets skull behåller man hårpiskan ifall de kejserliga
styrkorna skulle dyka upp...

Men, ju längre kriget håller på desto sämre blir det med
Taiping-truppernas strikta uppförandekod. I takt med att det
blir allt svårare att försörja de stora arméerna minskar hänsy-
nen till civilbefolkningen. Framför allt, så länge kriget pågår
blir allt större delar av landsbygden direkt berörda av kring-
vandrande trupper och krigshandlingar. Bakom sig lämnar
arméerna döda och flyende, förstörda och övergivna byar och
fält. En anledning till förödelsen är att arméerna rensar lands-

bygden för att försvåra för motståndarnas arméer att hitta föda. Det drabbar andra trupper – men framför allt drabbar det lokalbefolkningen som i allt större skaror dör av hunger eller epidemier, de som inte dör för soldaternas våld.

År 1861 leder den engelske upptäcktsresanden Thomas W. Blakiston (1832–1891) en brittisk expedition uppför Långa floden. Efter ett besök i Nanjing fortsätter färden uppför floden och fartygen ankrar ca 90 kilometer från Nanjing. Blakiston och några ur besättningen beger sig till fots till staden Wuhu, drygt en kilometer från floden, för att köpa proviant:

...hela sträckan (...) till staden var som en enda hög av ruiner. Vi gick omkring och tittade efter proviant, men fisk var det enda som fanns och befolkningen tycktes svälta. En fyrkantig plats – ruinerna efter ett tempel tror jag – var bokstavligen fylld med tiggare som låg i smuts och bara delvis skyldes av trasor fyllda med ohyra. En eller ett par var livlösa, andra tog sina sista andetag av den motbjudande stank som genomträngde dem. De flesta led av elakartade hudsjukdomar och allas ansiktsuttryck var stämplade med den omisskännliga domen "Död av svält". (Blakiston)

Terror

De lokala förhållandena inom de områden som kontrolleras av Taiping varierar säkerligen stort, inte minst beroende på vilken som råkar vara befälhavare för det himmelska rikets trupper på platsen. Men, Taiping är en totalitär makt som till väsentlig del styrs med hjälp av terror, det vill säga med det ständiga hotet att avrättas även för mindre förseelser.

En anledning är naturligtvis det hot som hela tiden hänger över det himmelska riket och som inte tillåter annat än total inre enighet. En annan är rörelsens ideologi som inte heller tillåter annat än total enighet eller underkastelse; de som inte är för Taiping tillhör demonerna och ska följaktligen förintas.

Man har ett gudomligt uppdrag och sådana är det inte upp till människor att kompromissa om. Det betyder bland annat att det inte finns något fritt val när Taiping behöver fler soldater. De som vägrar betraktas per definition som motståndare och därmed som demoner... Enda utvägen är att fly i tid eller begå självmord.

Kvinnorna

Kvinnorna i det kejserliga Kina har ingen avundsvärd ställning. De är alltid underställda fadern, mannen, sonen och svärmodern. Den enda position som ger kvinnan någon slags makt är just svärmorsrollen och då endast i relation till svärdöttrarna. Den situationen tycks många av svärmödrarna utnyttja så mycket att självmord bland svärdöttrar inte är någon ovanlighet.

En förklaring till kvinnans underordnade ställning är att man i Kina vanligen gifter sig som ung, som regel medan man är i tonåren, och att bruden nästan alltid flyttar till mannens hem. Detta är dock inte unikt för Kina utan tycks vara regel i de flesta länder, utom i Europa där det sedan flera hundra år är vanligt att gifta sig senare.

Vad som däremot är unikt för Kina är fotbindningen. Flertalet kvinnor, framför allt han-kvinnorna, är på grund av sina bundna fötter delvis invalidiserade. Den allmänna moralen kräver dessutom av kvinnor att de ska hålla sig hemma och inomhus och syssla med hushållsarbete. Bara de fattigaste syns utomhus och det är också de som bara har lätt bundna eller helt obundna fötter. Ju högre upp på den sociala rangskalan, och ju högre förväntningar på att få en ansedd make, desto mindre fötter och desto mer instängd inom hemmets väggar.

Denna kvinnliga kyskhet har länge varit ett ideal inom eliten, men under Qing-dynastin har idealet blivit en norm accepterad som en religiös doktrin av flertalet män och kvinnor. Hustrun skulle följa mannen, på samma sätt som

ministern var trogen sin härskare eller sonen sin far – idealiskt
in i döden (Susan Mann: *Widows in the Kinship...*).

Hakka-kvinnor har däremot inte några bundna fötter och
de är vana vid att arbeta utomhus, till och med att arbeta tillsammans med andra män än de som tillhör den egna familjen –
något i stort sett otänkbart bland han-kvinnor. Nanjingkvinnorna tvingas med i de kvinnliga arbetsstyrkorna och
jobbar med förstärkning av befästningsvallar, dikes-grävning,
skördearbeten etc. Fotbindning förbjuds och kvinnor med
bundna fötter tvingas "befria" dem, vilket för många blir en
lika smärtsam process som när fötterna en gång bands. Kvinnor från Guangxi inspekterar varje kväll Nanjing-kvinnornas
fötter och de som vägrar ta bort banden straffas – ibland med
att fötterna huggs av (Tiedemann). Många han-kvinnor väljer
att ta sina liv.

Inom Taiping har kvinnorna en mer jämlik ställning, i alla
fall i teorin. Framför allt ska de få lika mycket jord sig tilldelade som männen. Inom Taiping kan även kvinnor delta i
examen. Det finns dock inga belägg för att det verkligen sker;
en förklaring kan vara att få av dem kan läsa och skriva.

Kvinnor kan även få officiella tjänster, men när det sker tycks
det bara vara över andra kvinnor. Äktenskap ska inte heller
arrangeras av föräldrarna utan vara ett fritt val mellan de båda
parterna; hur det fungerar i praktiken är svårare att avgöra.

En av de kvinnor som har inflytande i Taiping är Hong
Xuanjiao, yngre syster till Hong Xiuquan och änka efter Xiao
Chaogui, västra kungen och Jesu röst, som stupade i försöket
att inta staden Changsha i provinsen Hunan. Hon anses vara
lika talangfull i ledarskap som i att hantera svärdet. En annan
är Fu Shanxiang, dotter till en konfuciansk lärd i Nanjing. Hon
behärskar poesins konst och den ende av Taiping-ledarna som
någorlunda kan mäta sig med henne på detta område är Shi
Dakai. Hon är dessutom ovanligt vacker och får östra kungen

att kasta sina blickar på henne (Chin Shunshin & Joshua A. Fogel).

En brittisk sjöofficer, Augustus Lindley, som 1860 ansluter sig till Taiping, skriver efter återkomsten till England en bok, *Ti Ping Tien Kwoh – The History of the Ti-Ping Revolution* (1866), under författarnamnet Lin-Le, det namn han fått i Kina. Boken tillägnar han Taiping-generalen och lojale kungen Li Xiucheng.

Lindley skriver att om det finns något i Taiping som förefaller mer beundransvärt än något annat så är det kvinnornas förbättrade ställning – ett starkt belägg för Taipings höga etiska karaktär. Även om förekomsten av polygami av en del kristna använts som förevändning att mörda Taiping-medlemmar, så

...I do not remember an instance in which those ultra-moral personages have endeavoured to teach the Ti-pings the difference between the law of well-beloved Abraham's time, upon which many of their religious rules are framed, and the later dispensation of the Gospel (...jag kommer inte ihåg något fall då dessa ultra-moraliska personer har bemödat sig om att undervisa Taiping om skillnaden mellan lagen under den högt älskade Abrahams tid, utifrån vilken många av deras religiösa regler är konstruerade, och senare evangeliska ordning).

Polygami, eller snarare polygyni, tillämpas enbart av de högsta ledarna och ses som en tjänsteförmån. Den är reglerad så att östra och västra kungarna får ha vardera elva hustrur, de övriga kungarna sex var, de högsta tjänstemännen tre etc. Enligt en av de uppgifter som finns har Hong Xiuquan 88 hustrur. Inget sägs om antal tillåtna män för kvinnor som fått högre tjänster...

Eftersom rebellerna har gjort sig av med andra hedniska vanor, fortsätter Augustus Lindley, finns det ingen anledning att tro att de inte kommer att också avskaffa polygamin helt och hållet. Dessutom tillägger han *...however detestable we may*

consider polygamy, where is the Divine *command against it?* (...hur
avskyvärd vi än betraktar polygami, var finns det *gudomliga*
budet emot det?).

Enligt Lindley skickar Hong Xiuquan till och med ett brev
till Förenta Staternas president i vilket han konstaterar att ...*I
have heard that your country emphasizes the importance of the people,
that in everything they are considered equal ...and that there are no
obstacles in the association of men and women. In these things, I am
greatly delighted to find that your principles agree completely with those
upon which we have based the establishment of our dynasty.* (...Jag
har hört att ert land betonar betydelsen av människor, att de i
allt betraktas som jämlika ...och att det inte finns några hinder
vad gäller män och kvinnor. I denna fråga är jag mycket glad
att finna att era principer helt överensstämmer med dem på
vilka vi har grundat vår dynasti...)

I teorin kan man kanske påstå att kvinnorna i Taiping har
en med männen jämlik ställning. I teorin, för praktiken skiljer
sig från retoriken. Det finns inga kvinnor i ledningen för
Taiping och kvinnor tillåts uppenbarligen inte ha befogenheter
över män. I en avhandling skriver Adrienne Johnson att ...
*Hong and the other leaders never seemed intent on reaching true
equality between the sexes* (Hong och de andra ledarna tycktes
aldrig ha avsett att nå riktig jämlikhet mellan könen).

Detta är dock en period, artonhundratalets mitt, då *riktig
jämlikhet mellan könen* knappast förespråkas av någon enda
ledare i något enda känt land.

Hong Xiuquan utmanas

I Nanjing framställer sig Taiping-ledningen som en upphöjd
och centraliserad byråkrati, men i praktiken är ledningen
splittrad mellan rivaliserande falanger. Östra kungen, Yang
Xiuqing, är den efter Hong Xiuquan högste ansvarige för
administrationen, som en premiärminister, och under honom

lyder mer än femtio myndigheter. Han har sitt eget hov och sin egen militärstab med trupper, vilket även de andra två överlevande av de ursprungliga biträdande kungarna har: norra kungen, Wei Changhui, och assisterande kungen, Shi Dakai. De truppstyrkor som lyder under respektive kung förväntas vara lojala först och främst till den egna kungen.

I slutet av december 1853 börjar Yang Xiuqing igen uppträda som Guds språkrör, så som han gjorde när gudsdyrkarna höll till i Tistelbergen, före Taipings långa marsch. Den här gången kritiserar Gud den himmelske kungen, Hong Xiuquan, för att vara för hård mot kvinnorna i hans hov och för att vara alltför överseende mot sin egen son, den fyraårige Tiangui. Gud nämner särskilt, genom Yang, med namn fyra kvinnor i Hong Xiuquans hov som behöver vila. För att de verkligen ska få vila bör de flytta över till östra kungens hov, ...*är det inte mycket bättre att de stannar i östra kungens bostad för att ha det trevligt där, vilket vore mer passande och bekvämt?* (Franz Michael, dokument 30).

Gud kräver också att Hong Xiuquan ska få 40 slag av rottingen för sin försumlighet, men när Hong kastar sig till marken för att ta emot slagen förlåts han av Yang, det vill säga av Gud.

Gud låter också Yang Xiuqing kritisera den himmelske kungen för några felaktiga principbeslut och den himmelske kungen böjer sig och förärar, som tack för dessa tillrättavisningar, den östra kungen ett par nya titlar: *Den helige andes vind* och *Hjälpare*. Den första titeln är Taipings beteckning för den helige ande. Den andra titeln refererar till Johannesevangeliets text där Jesus vid sista måltiden säger till sina lärjungar att han *... ska be Fadern, och han ska ge er en annan hjälpare, som skall vara hos er för alltid.*

Yang Xiuqing förödmjukar även den norra kungen, Wei Changhui, och en av Hongs mest betrodda generaler, Qin Rigang – något han kommer att göra vid fler tillfällen.

Detta är den första allvarliga utmaningen mot Hong
Xiuquans position som himmelsk kung och högste ledare av
Taiping – och mot de andra ledarna. Men mer följer, bland
annat publiceringen 1854 av den tidigare nämnda *Boken om den
heliga naturens principer*, som skrivs på beställning av Yang
Xiuqing och i vilken poängteras att östra kungen personligen
av den himmelske fadern beordrats att stiga ned till världen ...
*för att styra över de yngre bröderna och systrarna av alla nationer över
hela världen* (Franz Michael, dokument 50).

Yang Xiuqing ger sig också in på Hongs domäner, de teolo-
giska frågorna. Detta är det område som Hong framförallt
hämtar sin auktoritet från; han är ju den ende bland guds-
dyrkarna som träffat Gud, Jesus med flera. I en brevväxling
med kapten Mellersh på det brittiska skeppet Rattler, som i
juni 1854 tagit sig till Nanjing, ställer Yang ett femtiotal frågor
som bland annat rör Guds natur, till exempel: *Hur lång är Gud
och hur bred?* och *Vilka slags kläder bär han?* Den i sammanhanget
kanske mest anmärkningsvärda frågan – för att komma från
Hong Xiuquans närmaste man – är följande: *Om han har enbart
en son eller, som oss dödliga, många söner?*

Den 7 juli, en vecka efter att det brittiska skeppet lämnat
Nanjing, deklarerar Yang Xiuqing igen att han talar med Guds
röst och att ...*Er Gud har kommit ner till er idag av en enda orsak,
för att informera er om att både Gamla Testamentet och Nya Testa-
mentet, vilka har förvarats i främmande länder, innehåller så många
osanningar (...) att det inte längre är meningsfullt att sprida dessa
böcker* (Jonathan D. Spence, God's Chinese Son).

Yang Xiuqing fortsätter att under ett par år från Gud få
tillrättavisande budskap, vilka han låter förmedla till de berör-
da, inte minst till Hong Xiuquan. Till slut, den 1 september
1856, tröttnar de berörda.

Det finns några bevarade skildringar om den natten och om
vad som händer veckorna efter, men de flesta är andrahands-
uppgifter av personer som inte var närvarande själva, av exem-

pelvis generalen Li Xiucheng. En som däremot befinner sig i Nanjing, utan att för den skull befinna sig direkt i händelsernas centrum, är en irländare som anslutit sig till Taiping och som senare, för den brittiske sjöofficeren E. A. Reynolds, berättar vad han hört och sett (Curwen).

Han har ingen far, ingen mor och inget stamträd. Hans dagar har ingen början, hans liv inget slut. Han är lik Guds son…

(Hebréerbrevet 7:1)

9. Uppgörelsen – och nystart för gudsriket

Vördnaden av förfäder och deras själar är en central del i kinesisk tradition. Man tror att de döda lever kvar, antingen som själar eller spöken. Det är de levandes ansvar att sörja för de avlidnas själar så att de i sin tur ska se efter och skydda deras efterkommande.

Nyckelordet är *xiao*, sonlig vördnad, vilket i korthet innebär lydnad till föräldrarna medan de lever och tillbedjan av deras själar sedan de dött. Att det framför allt handlar om en sonlig vördnad beror på att döttrarna traditionellt blir bortgifta, det vill säga flyttat till mannens familj efter giftermålet och därmed byter familj. De som är kvar i föräldrahemmet är sönerna och det är framför allt den äldste sonens ansvar att helga de avlidna föräldrarna och på deras årliga dödsdagar bränna rökelser och offra mat till deras själar.

Den främsta familjeplikten för en son är därför att skaffa en manlig arvinge. I de fall då han inte lyckas få en egen son kan man lösa problemet genom adoption eller genom att hitta en ung man till en av döttrarna som är villig att flytta till hustruns föräldrar och där, genom kontrakt, ta på sig rollen som son gentemot svärföräldrarna.

När människor dör unga skapar det problem. Om den tilltänkte mannen till en dotter dör innan de hinner gifta sig förekommer det att dottern formellt gifter sig med den döde mannen för att leva resten av livet som änka. Därmed kan hon förtjäna sin plats på den avlidne mannens familjealtare. Att gifta sig med en annan än den tilltänkta anses inte passande, i alla fall inte i bättre familjer.

Avlidna personer blir själar om de har en manlig arvinge. Dessa själar är välvilliga till de levande så länge som de hedras vid de traditionella familjehögtiderna. Om den avlidne däremot saknar en manlig arvinge förvandlas han eller hon till ett vandrande eller hungrigt spöke, en källa till ständig oro för de levande. Men genom postuma äktenskap kan man i efterhand ordna med en manlig arvinge. Det förekommer även att två avlidna vigs med varandra.

Mordet på nummer två och hans anhängare

Sent på kvällen den 1 september 1856 anländer till Nanjing först generalen Qin Rigang och därefter norra kungen, Wei Changhui. Tillsammans har de med sig flera tusen av sina egna män. Efter ett snabbt rådslag, troligen tillsammans med Hong Xiuquan, stormar de på natten östra kungens palats och dräper Yang Xiuqing, hans familj och alla som råkar befinna sig i palatset, oavsett ålder eller kön. Den i förra kapitlet nämnde irländaren väcks av kanonskott men hindras av soldater att gå ut förrän det dagas:

> *At daylight we got out, and to our surprise found the street covered with dead bodies. – Those proved to be the body guard, officers, musicians, clerks and household servants of No. 2 ...* (Vid dagsljus kom vi ut och till vår förvåning fann vi gatan täckt med döda kroppar. – De visade sig vara nummer 2:s livvakt, officerare, musiker, tjänstemän och tjänare; Curwen). Med No. 2 syftas på Yang Xiuqing, den andre i rang inom Taiping efter Hong Xiuquan.

För att få tag i de trupper som är lojala till Yang Xiuqing, och som inte befann sig i hans palats den 1 september, tar Hong Xiuquan officiellt avstånd från mördandet och låter fängsla Wei Changhui och Qin Rigang. De döms till 500 slag av påken och Yangs soldater inbjuds att bevittna bestraffningen i Hongs palats – en inbjudan de inte tycks tveka att säga ja tack till. De anländer, lämnar som brukligt sina vapen vid ingången och samlas på palatsgården. När alla är där, 6 000 man enligt irländaren, stängs portarna och slakten startar.

Jakten på de sista av Yangs förmodat lojala soldater fortsätter under de följande veckorna. Varken Hong Xiuquan eller de andra två sammansvurna tycks vilja riskera att ha någon enda anhängare till östra kungen kvar i livet. Hur många som dödas under dessa veckor vet man inte, men enligt vissa uppskattningar uppgår antalet till mellan 30 000 och 40 000, många av dem veteraner från Guangxi.

Ögonvittnet från Irland berättar: *Under flera veckor fördes dessa människor till avrättningsplatsen i grupper om fem, tio, hundratals och tusentals och blev alla halshuggna. Alla kvinnor och barn också, alla som hade ätit nummer 2:s ris fick lida* (Curwen).

Under dessa interna strider i Nanjing förstörs även den berömda Porslinspagoden, byggd av vitt porslin formade som tegelstenar. Pagoden byggdes 1411–1430 och fick namnet *Tacksamhetens tempel*. Med en höjd på ca 80 meter var det en av de högsta byggnaderna i landet.

Shi Dakai

I början av oktober anländer Shi Dakai, assisterande kung, till Nanjing. Han har som vanligt varit ute i fält med sina trupper, långt borta från den himmelska huvudstaden. Rasande över vad som hänt anklagar han norra kungen, Wei Changhui, för detta omåttliga dödande. Norra kungen anklagar i sin tur Shi Dakai för att tillhöra östra kungens parti eller vara förrädare för Qing-dynastin. Shi Dakai finner för gott att lämna Nanjing,

vilket han gör samma dag han kom. När Wei Changhui och
Qin Rigang senare på dagen bryter sig in i Shi Dakais residens
och finner att han kommit undan tar de hämd genom att
istället mörda hela hans familj och alla tjänare.

Shi Dakai samlar sina lojala trupper och eftersom han är
den mest populära av Taipings alla generaler får han snabbt
ihop bortåt hundra tusen man. Av den himmelske kungen,
Hong Xiuquan, kräver han att Wei Changhui och Qin Rigang
dödas. Han får deras avhuggna huvuden, sedan Hong Xiuquan
insett situationens allvar och låtit sin livvakt gripa och avrätta
Wei och Qin. Någotsånär blidkad återvänder Shi i december
1856 till Nanjing.

Shi Dakai stannar ett halvår som premiärminister i den
himmelska huvudstaden men är inte överens med Hong
Xiuquan. Hong tycks nu bara lita på sina egna släktingar,
framför allt hans äldre bröder, Renda och Renfa, vilka Shi
finner inkompetenta. Sommaren 1857 tröttnar Shi Dakai och
ger sig iväg med sin armé för att aldrig mer återvända.

Någon gång vintern 1856–57 får han ett brev från Zeng
Guofan, Xiang-arméns befälhavare och den som är utsedd av
Qing-regeringen att leda bekämpandet av Taiping-rebellerna.
Zeng har fått information om den blodiga uppgörelsen i
Nanjing och tror att Shi Dakai kan vara mogen att lämna
Taiping. Zeng ger Shi Dakai några erbjudanden om han frivil-
ligt överlämnar sig till regeringssidan. Shi Dakais skriver i all
hast ett artigt och respektfullt svarsbrev i vilket han vägrar att
ge upp utan istället menar att vad som hänt är tillfälliga bak-
slag och inte betyder något i längden (Franz Michael, doku-
ment 187). Brevet är intressant genom de många referenserna
till historiska personer och händelser, som både Shi och Zeng
självklart är väl bekanta med. Shi skriver om Zeng att han, …
som beundrare av Yang Hu (…) vill behandla mig som Lu K'ang (Lu
K'ang, 226–74, i Wu var bekant för sin personliga vänskap med

Yang Hu, 221–78, i Västra Qin, trots att dessa stater kämpade mot varandra).

Shi Dakai föddes i en ganska framgångsrik bondefamilj i Guangxi, med ena föräldern hakka och den andra zhuang. Vid unga år dog hans föräldrar och han blev familjens överhuvud. Shi Dakai var begåvad och känd för sin rättrådighet och anspråkslöshet. Han försökte aldrig ta någon examen på grund av sin motvilja mot den korrupta Qing-dynastin. När han var arton år gammal, 1849, blev han uppsökt av Hong Xiuquan och Feng Yunshan (Hongs ungdomsvän) och han anslöt sig till Gudsdyrkarnas sällskap. Till skillnad mot många andra, var det inte för födans skull som han blev rebell utan av idéella skäl. Vid nitton års ålder blev han befälhavare över en egen armé och vid tjugo blev han utnämnd till en av de fem biträdande kungarna (assisterande kung) under himmelske kungen, Hong Xiuquan.

Shi Dakai blev Taipings skickligaste general. Dessutom blev han känd och omtyckt som den som tog mest hänsyn till civilbefolkningen. Han hade även andra talanger. År 1854 tog han över ansvaret för staden Anqing vid Långa floden och ska där ha genomdrivit en omfattande reformkampanj som resulterade i den förmodligen bäst förvaltade och mest rättssäkra staden inom hela Taiping.

Efter maktkampen…

Hong Xiuquan fortsätter att upprätthålla skenet av att inte ha varit delaktig i sammansvärjningen och han ärar minnet av den mördade östra kungen, Yang Xiuqing. Han låter sin andre son, Tianyou, bli Yangs postume adoptivson för att enligt kinesisk tradition hindra Yangs familj från att dö ut. På så sätt ska inga oroliga själar kunna ställa till med något obehagligt.

Hong Xiuquan förblir den formellt högste ledaren för Taiping och den viktigaste samlande symbolen för rörelsen. Han föredrar däremot som vanligt att hålla sig i sitt palats med kvinnor som åläggs att aldrig gråta eller höja sina röster. Dessa förhållningsregler skriver han ner i ett dokument 1857 bestående av fem hundra poem (Franz Michael, dokument 179). Hong föredrar också att njuta av stillsam qinmusik.

Hong fortsätter med en annan favoritsysselsättning, att skriva om och tolka valda delar av Bibeln så att den i enlighet med Taipings lära blir allt mer konsekvent och motsägelsefri. Han läser även den kinesiska översättningen av *Kristens resa* av John Bunyan (1628–88) – en av de mest översatta och spridda böckerna i världslitteraturen. Boken skildrar hur Christian (Kristen) flyr från sin hemstad, Fördärvets stad, för att slutligen nå Himlastaden, det vill säga Jerusalem. Under vägen möter Kristen ett antal gestalter, en del rättskaffens andra inte, med namn som Hoppfull, Förtvivlan med flera och passerar ett antal platser med namn som Förödmjukelsens dal etc. Boken skildrar en drömvision och originalets titel är *The Pilgrim's Progress from This World to That Which Is to Come – Delivered Under the Similitude of a Dream*. Drömmare möter drömmare...

Hong Xiuquan blir även övertygad om – alternativt bestämmer sig för – att han är Melkisedek, den prästkonung i Salem (Jerusalem) som på några ställen omnämns i Bibeln och som mötte Abraham. Melkisedek ...*kom ut med bröd och vin; han var präst åt Gud den Högste, och han välsignade Abram* (Första Moseboken 14:18). *Han har ingen far, ingen mor och inget stamträd. Hans dagar har ingen början, hans liv inget slut. Han är lik Guds son...* (Hebreerbrevet 7:1). I en kommentar skriver Hong: *Den här Melkisedek var ingen annan än jag själv...* (Franz Michael, dokument 40).

Uppenbarelseboken fortsätter att fascinera Hong Xiuquan. Han framhåller att Nanjing, Taipings huvudstad, är det nya Jerusalem, ...*som kom ner ur himlen från Gud, full av Guds härlighet* (Uppenbarelseboken, kapitel 21). I Uppenbarelseboken hade det nya Jerusalem ...*en stor och hög mur och tolv portar;*

Nanjings stadsmur har under Taiping-tiden också tolv
portar...

Hong förklarar hur bibelläsaren ska tolka till exempel
Uppenbarelsebokens text om när det sjätte sigillet bröts, att det
är han själv som är solen och hans hustru som är månen, att
stjärnorna är de himmelska generalerna och soldaterna som
stiger ner till jorden för att döda demonerna etc (Franz
Michael, dokument 41):

> *Och jag såg när Lammet bröt det sjätte sigillet. Och det kom en
> väldig jordbävning, och solen blev svart som en tagelsäck, och hela
> månen blev som blod. Och himlens stjärnor föll ner på jorden,
> liksom höstfikonen faller från trädet när det skakas av stormen. Och
> himlen drogs undan som när en bokrulle rullas ihop, och alla berg
> och öar flyttades från sina platser, och jordens kungar och de höga
> herrarna och härförarna och de rika och mäktiga och alla, slavar
> som fria, gömde sig i hålor och bland klippor i bergen och sade till
> bergen och klipporna: "Fall över oss och göm oss för honom som
> sitter på tronen och för Lammets vrede. Ty deras stora vredesdag
> har kommit, och vem kan då bestå?"* (Uppenbarelseboken,
> kapitel 6)

Nya kungar utnämns

Vad återstår av Taipings ursprungliga ledarskap efter att Shi
Dakai gett sig av sommaren 1857? Endast Hong Xiuquan, som
egentligen bara tycks finna sig tillfreds med att vara en andlig
ledare. Med alla de andra fem kungarna borta, och med inga
andra att helt förlita sig på, återstår bara släkten, bröder och
systrar, kusiner med flera. Men det är ett dåligt val, eftersom
de kommit sig upp inte tack vare egna meriter utan enbart på
grund av släktsambanden.

Det finns några kompetenta generaler kvar, framför allt
generalerna Li Xiucheng och Chen Yucheng. Li Xiucheng är
han som tjuvlyssnade på klassens högläsningar när han som
barn jobbade som kock i byskolan i provinsen Guangxi och då

lärde sig de klassiska texterna utantill. Chen Yucheng kommer också från Guangxi och anslöt sig till Taiping som femtonåring. Han kallas *Fyrögde hunden* därför att han har ett par markanta födelsemärken under ögonen, vilket gör att han på håll ser ut att ha fyra ögon, vilket skrämmer en del av motståndarna. Li Xiucheng och Chen Yucheng, som börjat som vanliga soldater i Taiping-armén, blir de som efter uppgörelsen 1856 på slagfältet ska leda försvaret av Fullkomliga fridens himmelska rike mot demonernas angrepp.

Varför utnyttjar inte regeringstrupperna tillfället att slå till mot Nanjing direkt efter uppgörelsen med Yang Xiuqing? De kan knappast ha hoppats få ett bättre tillfälle. Problemet är att den armé som sedan 1853 varit förlagd i starkt befästa läger strax utanför staden, till slut blev attackerad ett par månader före den interna uppgörelsen – på order av den förutseende östra kungen, Yang Xiuqing. Slagna och starkt decimerade tvingades trupperna dra sig tillbaka till staden Danyang längre öster om Nanjing medan deras befälhavare, en Qing-general, tog sitt liv. I september 1856 finns det således ingen Qing-armé intill Nanjing som kan gripa tillfället i flykten. Zeng Guofans Xiang-armé är alltför långt från Nanjing, upptagen med att belägra staden Wuchang i provinsen Hubei.

En rimlig följd av de interna striderna är att ett antal Taiping-officerare och soldater känner sig osäkra och funderar på att lämna hela företaget, kanske till och med att överlämna sig till regeringsstyrkorna. Li Xiucheng, Taiping-generalen, skriver om detta 1864 (Curwen). Men Taipings ledning behöver knappast oroa sig för några desertörer sedan Qing-regeringens policy rörande fångar blivit känd. Alla rebeller från Guangxi, kärnan i Taiping, ska nämligen avrättas när de infångas, även om de väljer att frivilligt ge upp. Veteranerna från Guangxi utgör visserligen bara en minoritet i Taipings arméer, men de utgör en stor del av officerarna. Går det för övrigt att lita på att Qing-trupperna verkligen skiljer på dem som kommer från Guangxi och andra? År 1858 får generalen Li Xiucheng titeln *lojale kungen*, en titel han kommer att göra sig förtjänt av. General Cheng Yucheng, Fyrögde hunden, får en lika passande titel, *heroiske kungen*. Hong Xiuquan utnämner även ett antal andra kungar, men eftersom varje utnämning väcker avund bland andra leder detta till en inflation av kungatitlar. Inte mindre än 2700 kungatitlar av olika grader lär ha utdelats innan kriget tar slut (W. J. Hail).

Men den viktigaste av de nya kungarna blir en kusin som Hong Xiuquan inte sett sedan 1847.

Hong Rengan

Tre år efter den interna uppgörelsen får Taiping förstärkning i form av Hong Rengan, Hong Xiuquans kusin från hans hemby, Guanlubu, i provinsen Guangdong. Hong Rengan är också en av dem som försökt klara examen, fem gånger utan att lyckas. Tillsammans med Li Jingfang och Feng Yunshan var han en av de första som trodde på Hong Xiuquans visioner och som anslöt sig till den nya religionen. Däremot följde han inte med Hong Xiuquan och Feng Yunshan till Tistelbergen i Guangxi, där Gudsdyrkarnas sällskap bildades.

Hong Rengan försökte ta sig till Tistelbergen senare, år 1850, när regeringstrupper kom till hemtrakterna i Guangdong för att leta efter och arrestera Hong Xiuquans släktingar. Men han lyckades inte smita förbi regeringstrupperna och begav sig istället till Hongkong där han kunde leva i skydd. Han började arbeta för flera västerländska protestantiska missionärer. En av dem var skotten James Legge (1815–97), som översatt de konfucianska klassikerna till engelska och som hyste både tillit och beundran för Hong Rengan.

En annan var den svenske missionären Theodore Hamberg, som behärskade hakka-dialekten och skrev ned Hong Rengans

berättelse om Hong Xiuquans uppväxttid. I ett brev till Sverige
1853 skriver Hamberg om mötet med Hong Rengan:

*Jag har i November i Pukak döpt en ung kinesisk lärd, som tillhör
familjen Hung och är en intim vän och slägting till insurgenternas
hufvudman. Denne har redan sedan Mars 1853 varit i besittning
af rikets gamla hufvudstad Nanking och der låtit utropa sig till
kejsare. Derjämte har han tillsatt fem lydregenter eller konungar,
en för hvart väderstreck och en hjelpkonung. De trycka och utsprida
Bibeln, förbjuda opium, spel, vin och tobak bland sina anhängare,
och hvar och en, som genom dopet (såvidt de uppfattat dess form och
betydelse) upptages i deras gemenskap, förpligtas att hålla de tio
budorden. De förstöra alla afgudabilder, som de komma öfver och
förmana alla att dyrka den ende, sanne guden.* (Ur Svenska
Familjejournalen, band 20, årgång 1881. Två av de lyd-
regenter eller konungar som Hamberg nämner lever inte
längre vid den här tiden, 1853, men inom Taiping fortsätter
man att i olika dokument hänvisa till dem som om de fort-
farande vore vid liv.)

Efter Taipings erövring av Nanjing 1853 försöker Hong
Rengan ta sig dit. Han reser till Shanghai men kommer inte
längre; igen misslyckas han att ta sig förbi regeringstrupperna.
Dessutom finner han att den kinesiska stadsdelen i Shanghai
har ockuperats av en annan rebellgrupp, ett hemligt sällskap
som kallar sig *Små svärdens sällskap*. De försöker få kontakt med
Taiping för att inleda något slags samarbete. Men Taipings
ledare är inte intresserade och Små svärdens sällskap får klara
sig själv. Enligt Elizabeth J. Perry (1985) skickas ett par sände-
bud från Nanjing till Shanghai, men de finner bland annat att
ledaren för Små svärdens sällskap röker opium.

Hong Rengan får också klara sig själv. Han återvänder till
Hongkong och gör ett nytt försök några år senare och slutligen
når han målet, efter en lång och tidskrävande omväg.

När Hong Rengan anländer till Nanjing i april 1859 blir han inom en månad av sin kusin utnämnd till Kan Wang (sköldkung). Han blir högste ansvarig för administrationen och överbefälhavare och övertar därmed den position som den mördade östra kungen hade. Hong Rengan blir Taipings premiärminister, men han saknar den östra kungens auktoritet och Shi Dakais goda rykte. Hans snabba avancemang möts dessutom av avund bland övriga Taiping-dignitärer.

Reformprogram

Hong Rengan står inför utmaningen att återställa den centrala administrationen, som har fallit sönder efter mordet på Yang Xiuqing. Han börjar med att skriva ett politiskt program som publiceras 1859, *Nytt program för att stödja administrationen* (Franz Michael, dokument 203). Hong Rengan har haft mycket kontakter med protestantiska missionärer i Hongkong och är påverkad av vad han via dem lärt sig av kolonial-makterna.

Medan *Den himmelska dynastins landsystem* är ett program för kollektiva lösningar är *Nytt program för att stödja administrationen* nästan ett liberalt program. Samtidigt försöker Hong Rengan blidka den konfucianskt skolade eliten genom att visa att Taipings politik inte strider mot Konfucius lära. Programmet förebådar många av de *självstärkande* insatser som Qing-dynastin kommer att försöka genomföra under senare delen av 1800-talet och som förespråkas av Zeng Guofan (den själv-stärkande rörelsen är en satsning under senare delen av 1800-talet för att industrialisera Kina med kinesiskägda företag som använde sig av västerländsk teknologi.).

I *Nytt program för att stödja administrationen* jämför Hong Rengan sig själv med hertig Tan, som enligt traditionen utformade ett politiskt system för den nya Zhou-dynastin, som just efterträtt Shang-dynastin omkring år 1040 f.Kr. Hong Rengan föreslår att Taiping ska investera i järnvägar, ångfartyg och gruvor. Han föreslår också moderna banker, postväsen m.m. samt en allmän effektivisering och centralisering av den statliga förvaltningen.

Under avsnittet *Kulturell upplysning* framhåller Hong Rengan behovet av institutioner för att främja social välfärd såsom sjukhus, skolor och kyrkor. Han menar dessutom att en satsning på ångfartyg och tåg också vidgar människors vyer och förståelse. Hong tar också upp sådana frågor som kvinnors fotbindning, mäns långa naglar (som tecken på att man inte behöver arbeta fysiskt), användningen av smycken och smink etc. Dessa extravaganta ovanor ska ständigt fördömas som skamliga så att människor naturligen kommer att förakta dem och avstå från dem. Däremot är det motsatsen till storsinthet att utfärda förbud, som folk för övrigt knappast kommer att följa (Konfucius skulle ha hållt med honom).

I avsnittet om *Rättssäkerhet* poängterar Hong Rengan att det inte räcker med att ha abstrakta lagar utan att det är nödvändigt att samtidigt introducera både utbildning och nya lagar. Han anser att all makt ska ligga hos en central auktoritet men att alla människor ska ha möjlighet att kommunicera med den centrala makten och därför föreslår han inrättandet av tidningar. Han förslår också ett antal andra västerländska reformer och nymodigheter som livförsäkringar.

I *Kritik genom bestraffning* stödjer han en mer human behandling av fångar. Han vill inte helt avskaffa dödsstraffet, men behålla det bara för dem som brutit mot sjätte budet, *du skall icke döda*.

Hong Xiuquan, den himmelske kungen, kommenterar de olika punkterna i Hong Rengans reformprogram. I de flesta fall skriver han att *Förslaget är korrekt*, men han har invändningar mot förslaget att starta tidningar, *för tidigt tänkt*, och mot förslaget om radikalt minska antalet dödsstraff, *för att Gud har instruerat honom att döda de onda*. Det är nog inte bara förslaget om tidningar som var för tidigt tänkt, men i Hong Rengans program finns i alla fall en idé till en samhällsutveckling som är inspirerad av andra erfarenheter från väst än religiösa och militära.

Nästa år, 1860, sänder Hong Rengan ett brev med en skrift till Joseph Edkins vid Londons missionssällskap, London Missionary Society. Han skriver bland annat att när hela landet är underkuvat och avgudabilderna krossade då ska buddhistprästerna skickas hem för att gifta sig och deras tempel omvandlas till kyrkor. Järnvägar ska byggas över hela landet med postkontor på jämna avstånd från varandra längs linjerna... (Teng Yuan-Chung).

Hong Rengan får dock aldrig möjlighet att genomföra sitt reformprogram.

Fridfulla och förnäma, uppriktiga och vidsynta

Hong Rengan, som saknar militär erfarenhet, förväntas också leda trupper, vilket han nästan alltid misslyckas med. Tillsammans med Chen Yucheng, Fyrögde hunden, försöker han häva belägringen av staden Anqing 1861 men misslyckas och staden faller för regeringstrupperna den 5 september samma år. Hong Rengan lär för övrigt avsky krig och sägs försöka undvika de värsta excesserna under de expeditioner han ansvarar för.

Hong Rengan pläderar för vänskapliga relationer med de västerländska staterna och han försöker upplysa sin kusin om förhållandena i Europa och Amerika. Om England skriver han bland annat att det nu kallas det mäktigaste landet därför att de har goda institutioner. Om Förenta Staterna, Den blommiga flaggans land, skriver han att det är det mest rättskaffens och välmående landet av alla; trots dess styrka inkräktar det inte på grannstater. Tyskarna är särskild gudfruktiga och deras dygder är enastående. Folken i Sverige, Danmark och Norge är fridfulla och förnäma, uppriktiga och vidsynta. Han skriver betydligt mer, baserad på erfarenheterna från mötena med missionärer och andra västerlänningar i Hongkong och Guangzhou (Franz Michael, dokument 203).

Åren med missionärerna i Hongkong har gjort Hong Rengan till en mer renlärig kristen jämfört med hans kusin. Detta ställer honom inför utmaningen att försöka förena sin västerländskt kristna tro med Hong Xiuquans anspråk på att vara Jesu yngre broder. Hong Rengan förklarar det med att hans kusin betraktar Kristus som den främste av Guds sändebud och att han själv bara är den näst främste och att han därför betraktar sig själv som Kristus bror och Guds son (Jonathan D. Spence: God's Chinese Son). Hong Rengan gör också sitt bästa för att, för sig själv och missionärerna, förklara och försvara övriga avvikelser från den rätta kristna läran inom Taiping. Däremot tror Hong Rengan inte alls på de visioner som den döde Yang Xiuqing, östra kungen, sa sig ha haft.

En annan huvuduppgift för Hong Rengan blir att reformera Taipings examinationssystem. Trots Hong Xiuquans besvikelser över att fyra gånger ha misslyckas att klara den kejserliga examen fortsätter man inom Taiping med samma system för att få fram tjänstemän till den egna administrationen – med den skillnaden att de konfucianska klassikerna ersätts med Bibeln och Hong Xiuquans religiösa skrifter. Möjligen är det ändå Hongs examensbesvikelser som får Taiping att godkänna inte bara några få procent, som i den kejserliga examen, utan en stor andel av kandidaterna. Vid en examen 1854 i Hubei godkänns till exempel fler än 800 av ett tusen deltagare – men detta kan å andra sidan ha varit det antal ämbetsmän man just då ansåg sig ha behov av.

Ett ganska stort antal deltar i Taipings examen, vilket kan tyda på att det finns en hel del stöd för Taiping-rörelsen. Det är inte riskfritt, den som deltar i examen riskerar sin framtid – och kanske också sitt huvud – ifall upproret skulle misslyckas.

Examenssystemet håller dock inte någon hög kvalitet. Orsaken är dess intellektuellt torftiga skrifter (Albert Feuerwerker). Man saknat även regler för tillsättandet av ämbetsmannatjänster, vilka till stor del har besatts av okvalificerade personer och därmed fått folk att tappa tilltron till systemet.

Hong Rengan utfärdar 1861 ett dokument med detaljerade regler för när och hur examen på de tre nivåerna ska hållas, hur examinatorer ska utses, utformningen av examinationsplatserna, vilka böcker som ska studeras, reseersättningar för kandidaterna, disciplinära åtgärder, vilka titlar som de som klarat examen ska få, vilka huvudbonader som får bäras som tecken på att man fått en viss titel etc. Han återinför också en del av de gamla konfucianska texterna, de som tidigare ersatts av Hong Xiuquans religiösa pamfletter. Syftet med Hong Rengans reform är att säkerställa en kader av lojala ämbetsmän, skolade i Taipings ideologi – med samma medel som kejsardömet använt i mer än tusen år.

Hong Rengan reviderar även Taipings kalender. Den kalender rebellerna införde i Yongan består av 366 dagar men innehåller inga mekanismer för att korrigera det faktum att det astronomiska året är kortare. Hong Rengan beslutar att vart fyrtionde år ska bli trettio dagar kortare genom att varje månad då ska ha tjugoåtta dagar istället för trettio eller trettioen.

Återseendet

Den 13 oktober 1860 anländer missionären Issachar Roberts till Nanjing. Det var han som i början av 1847 undervisade Hong Xiuquan i Guangzhou. Hong inbjöd Roberts att komma till Nanjing för att predika redan 1853, strax efter att Taiping intagit Nanjing. Men det är först nu som han kommer – en resa som blivit enklare att göra tack vare utgången av andra opiumkriget (1856–60) då Qing-dynastin tvingades tillåta utländska missionärer att resa fritt i Kina.

Issachar Roberts blir väl mottagen och blir utnämnd till Hong Xiuquans rådgivare i frågor som rör utlänningar. Han får mat, bostad, en fin titel och erbjuds tre hustrur. Så långt allt gott och väl – utom möjligen erbjudandet om de tre kvinnorna som han avböjer. Men resten är mindre uppmuntrande. Han möter Hong Xiuquan bara en gång, vilket i sig är unikt för en utländsk besökare i Nanjing; andra får hålla till godo med att träffa någon av de biträdande kungarna. Hong ger ett imponerande intryck.

Men denne imposanta härskare är inte mindre krävande än Qing-kejsaren i Beijing vad gäller den underdånighet som gäster förväntas uppvisa. Hong gör dessutom klart för Roberts att vad han förväntas predika är Taipings version av kristendomen.

Roberts kom till Nanjing i förhoppning om att kunna korrigera Hongs teologiska missuppfattningar och erbjuda Taiping en bibel på kinesiska, som ska vara en bättre översättning än den Hong har haft tillgång till. Istället finner Roberts att Hong själv har skrivit om stora delar av den heliga boken. Roberts kom till Nanjing för att undervisa Hong i den rätta tron och finner att Hong istället vill övertyga sin gäst om att han är den utvalda frälsaren för det utvalda folket – som en kinesisk Moses – utöver att vara Kristus yngre broder. Hong till och med ber Roberts att gå ut i världen för att omvända den till Taipings tro.

Trots detta stannar Issachar Roberts drygt ett år i Nanjing. Roberts predikar också på egen hand på Nanjings gator. Men han verkar föredra den kristendom han är uppväxt med och inte Hong Xiuquans version, vilket kan ha skapat viss förvirring bland de åhörare som förstod hans bristfälliga kinesiska. Detta kan också ha lett till en konflikt mellan honom och Hong Rengan, som eventuellt valde att skrämma iväg Roberts. Det gick rykten om en mordhistoria som involverade Hong Rengan och Roberts. I hans bekännelse skriver Hong Rengan dock att det handlade om ett mindre missförstånd (Franz Michael, dokument 385).

I alla fall, den 20 januari 1862 lämnar Roberts Taiping åt
sitt öde och i ett brev till pressen skriver han att Hong Xiuquan
är ...*a crazy man, entirely unfit to rule*... (...en rubbad man,
totalt olämplig att styra...; Teng Yuan Chung). Roberts åter-
vänder till till Förenta Staterna 1866 och avlider 1871 i sviterna
efter spetälska som han fått i Macao.

Kriget fortsätter

Medan Hong Rengan är engagerad i reformarbetet fortsätter
kriget med allt det lidande som väpnade konflikter brukar
medföra för civilbefolkningen. En redogörelse för vad som
hände några av dessa många skrivs ner trettio år senare av den i
förra kapitlet nämnda Zhang Daye (vars minnen ännu långt
senare kommer att publiceras på engelska i en bok med titeln
*The World of a Tiny Insect – A Memoir of the Taiping Rebellion and
its Aftermath*, 2012).

Zhang Daye, som föddes 1854, är son till en ämbetsman
som i början av 1860-talet tjänstgör i en mindre stad i provin-
sen Jiangsu, norr om det område som kontrolleras av Taiping.
Zhang Daye är också där men han skickas tillbaka till familjens
hem i staden Shaoxing i provinsen Zhejiang när hoten från
Nian-rebellerna blir för allvarliga. Istället kommer den lille
Daye att uppleva Taiping-rebellernas erövring av hemstaden,
Shaoxing. Hans far och faders hustru, Dayes *lagliga* mor, är
kvar i Jiangsu. I Shaoxing finns förutom Daye hans biologiska
mor, som är en av faderns konkubiner, en annan konkubin, en
av farfaderns konkubiner, en faster och en arbetare, Lu Sanyi,
som brukar jobba för familjen.

Det är tack vare dessa vuxna, framför allt tack vare Lu
Sanyi, som Day klarar sig med livet i behåll, genom att de flyr
från by till by undan Taiping-rebellerna. En annan av dem
Daye har att tacka för livet är en kvinna, Wang, som vid ett
anfall av rebellerna gömmer den sjuårige Daye och hans säll-

skap i ruinerna av sitt hus. Hon förstör själv huset för att rebellerna ska tro att där inte finns något att röva.

Det finns för övrigt, enligt Zhang Daye, både hänsynslösa och disciplinerade rebellenheter. Skillnaden beror förmodligen, som han skriver trettio år senare, på deras befälhavare.

De ständiga hoten kommer inte bara från Taiping-styrkor utan även från lokala banditgäng, som håller till i bergen, och från lokala miliser, som sätts upp som försvar mot rebellerna men som ofta uppträder som banditer. Enligt Daye finns det ett antal banditgäng som kallas *korthåriga* till skillnad från de *långhåriga* Taiping-rebellerna. Dessa korthåriga banditer dödar rebeller när de kan liksom civila, men om de stöter på kejserliga trupper presenterar de sig som *rättrådiga miliser*. De kejserliga soldaterna är för övrigt ofta lika hänsynslösa som rebellerna och banditerna.

En lokal milis blir dock känd för dess motstånd mot Taiping. Det är Gao-byn som lyckas försvara sig under åtta månader innan rebellerna slutligen triumferar och dödar alla i byn.

Zhang Daye ger i boken många exempel på hänsynslöshet och grymheter. Han ger också flera exempel på generositet, självuppoffran och genuin godhet – även mellan människor som inte binds samman av släktskap eller gammal vänskap.

När han hade trängt in i Nanjing gjorde han den till sin himmelska huvudstad och den var han inte villig att ge upp. Han förlitade sig på Himmelen och hade inte förtroende för män.

(Li Xiucheng om Hong Xiuquan, ur Curwen.)

10. Uppladdningen – den som håller ut till slutet…

Taipings premiärminister, Hong Rengan, gör upp planer för den fortsatta krigföringen, möjligen tillsammans med Li Xiucheng. Ett av målen blir att ta Shanghai för att från västerlänningarna där köpa en flotta av moderna ångdrivna fartyg för att med dem återta kontrollen över Långa floden, som under de senaste åren till stor del gått förlorad till Zeng Guofan och hans Xiang-armé. Ett annat mål är att få bort de regeringstrupper som igen hotar Nanjing efter att de tillfälligt drevs bort 1856 av östra kungen.

Li Xiucheng, den lojale kungen, får befälet över kampanjen österut. Genom en snabb marsch i mars 1860 mot staden Hangzhou vill han locka bort de reguljära regeringstrupperna utanför Nanjing och den 19 mars intar han staden utom den inre befästa delen där Qing-trupperna förskansat sig. Planen lyckas och den 25 mars anländer Qing-trupper från baslägren runt Nanjing för att ta tillbaka Hangzhou. Under tiden ilar Li Xiucheng tillbaka till Nanjing med sin armé för att den 28 mars anfalla de kvarvarande Qing-trupperna. Som den kejserliga ämbetsmannen Yeung Kim-To konstaterade 1851 så förflyttar sig rebellerna... *som råttor medan regeringssoldaterna rör sig som kor.* Qing-trupperna tvingas tillbaka till basområdet vid Danyang och trycket lättar igen på den himmelska huvudstaden.

Li Xiucheng fortsätter österut mot Shanghai, men först anfaller han de kejserliga styrkornas bas i Danyang och vinner en stor seger – varpå det blir den nye Qing-befälhavarens tur att ta sitt liv, genom att äta rå opium... De överlevande Qing-trupperna drar sig tillbaka till Changzhou, bara för att överge även den staden när Li Xiuchengs armé anländer den 26 maj.

Marschen fortsätter och Taiping-armén intar städerna längs vägen mot Shanghai, Wuxi den 30 maj, Suzhou den 2 juni, Wujiang den 5 juni...

Det som återstår är Shanghai. Där finns inte bara regeringstrupper utan också ett stort antal utlänningar med avancerade västerländska vapen och moderna ångdrivna krigsfartyg. Kan han bara komma över dem, så...

Det är dessa förluster för den reguljära regeringsarmén som slutligen övertygar hovet i Beijing om att ge Zeng Guofan de resurser som behövs för att bekämpa Taiping. Det är under sommaren 1860 som Zeng blir utnämnd först till överbefälhavare och sedan till generalguvernör.

Bakom kulisserna

Samtidigt, under hösten 1860 kulminerar det andra opiumkriget med att Storbritannien och Frankrike attackerar Beijing, bränner ner Sommarpalatset och intar huvudstaden. Kejsaren Xianfeng flyr till sommarresidenset Jehol norr om kinesiska muren, där han kommer att stanna tills han avlider året därpå, trettio år gammal. Sommarresidenset kallas *Bergsplatsen för att undvika hettan* (det brukar vara varmt i Beijing under sommarmånaderna). Det ska inte förväxlas med det så kallade

Sommarpalatset i Bejing som egentligen bär namnet *Den vårdade harmonins trädgård.*

Eftersom Xianfengs ende son bara är fem år gammal utser han innan han dör ett regentråd som ska regera tills sonen blir myndig. När Xianfeng dött utses sonen till ny kejsare, Tongzhi, men regentrådet avsätts därefter i en statskupp av änkekejsarinnan Cian och konkubinen Cixi, Tongzhis mor. Xianfengs bror, prins Gong, tar formellt över regentskapet.

Kina har under historiens gång haft flera intelligenta och viljestarka kvinnor, vilka styrt riket *bakom bamburidån*, det vill säga bakom omyndiga eller inkompetenta och svaga kejsare. Men Kina har bara haft en enda kvinnlig härskare, som formellt var kejsare och det var från år 690 till 705. Hon hette Wu Zhao och började också sin karriär som kejsarens konkubin. Hon blev därefter kejsar Gaozongs lagvigda hustru och kejsarinna år 655. Fram till hans död, år 683, regerade hon öppet tillsammans med kejsaren. Därefter regerade hon för sin son för att själv år 690 upphöjas till kejsare.

Cixi (1835–1908) är en av kejsar Xianfengs konkubiner, men som moder till hans ende son blir hon jämbördig med den egentliga kejsarinnan. Cixi, som är manchuriska, blir den som i praktiken kommer att styra Kina bakom kulisserna fram till sin död. Det innebär bokstavligen *bakom kulisserna* eftersom hon formellt inte är regent och således inte officiellt kan regera. Istället sitter hon vid audienser bakom en bambuskärm och instruerar viskande den på tronen, först prins Gong som regent och senare kejsar Tongzhi efter att han fyllt tolv. Tongzhi dör dock redan när han är femton år. Cixi adopterar då en manlig släkting till Tongzhi och utser denne till tronföljare under namnet Guangxu. Lämpligt nog väljer hon en släkting som bara är fyra år gammal varför hon kan fortsätta att regera bakom bambuskärmen.

I alla fall, 1860, under andra opiumkriget, är läget kritiskt och det kejserliga hovet oroar sig för att Taiping ska utnyttja tillfället och göra ett nytt försök att anfalla Beijing för att störta Qing-dynastin. Man uppmanar Zeng Guofan att med sin Xiang-armé gå mot Nanjing för att binda Taiping-trupperna där. Men Zeng vägrar ändra sina planer innan staden Anqing har intagits.

Taiping-generalen Li Xiucheng får i sin tur order från Hong Xiuquan att marschera norrut mot Beijing. Men han vägrar, kanske av rädsla för att Zeng Guofan i så fall ska passa på tillfället och anfalla Nanjing. Två självständiga militärbefäl-havare, Zeng och Li, som väljer sina egna strategier trots kraven från deras överordnade i Beijing och Nanjing.

Li Xiucheng siktar istället på Shanghai...

Staden vid havet

Fram till slutet av 1700-talet var Shanghai, som betyder *vid havet*, en mindre om än inte obetydlig handels- och fiskestad. Men då började den få en allt större betydelse tack vare dess läge vid Huangpu-floden (Whangpoo), nära Långa flodens mynning. Efter första opiumkriget fick utlänningar genom fördraget i Nanjing 1842 tillstånd att bo och verka i Shanghai, som därefter kom att bestå av två helt olika städer intill var-andra, den kinesiska och den europeiska, bestående av främst de brittiska och franska koncessionerna.

Shanghai blev den viktigaste hamnen och västerländska basen i Kina. Före 1860 var staden inte hotad av Taiping. Visserligen ockuperades den kinesiska stadsdelen 1853 av *Små svärdens sällskap*, som hävdade att de samarbetade med Taiping. Men det var snarare så att sällskapet, som bildats av folk från provinserna Fujian and Guangdong, försökte utnyttja de oro-liga tiderna för sina egna syften. I alla fall visade inte Taiping något intresse för något samarbete och 1855 drevs sällskapet bort av regeringstrupper.

I augusti 1860 närmar sig Li Xiucheng Shanghai med en liten armé. I en proklamation till folket i Shanghai beskriver han kort hans senaste segrar mot återstående demoner och förklarar att han ursprungligen tänkt leda sina himmelska trupper rakt in i Shanghai. Enligt hans bedömning skulle det inte vara svårt att utplåna staden ...*innan det var dags för frukost.* Men för att visa medlidande med stadens befolkning vill han avvakta lite och ge dem en chans att frivilligt ge upp och ansluta sig till Taiping (Franz Michael, dokument 218).

Li Xiucheng tror att han lätt ska komma överens med västerlänningarna i Shanghai; när allt kommer omkring är de kristna. Han sänder ett brev till deras representanter och förklarar att han bara är ute efter demonerna, Qing-dynastin och deras hantlangare, och att utlänningarna och deras egendomar ska skyddas. Han skriver att alla utländska byggnader ska markeras med en gul flagga och att alla utlänningar för säkerhets skull ska hålla sig inomhus tills hans armé har säkrat staden.

Men det går inte som Li tänkt sig. Ingen tycks vara villig att överlämna sig till Taiping. Dessutom finner han att Shanghai inte bara försvaras av Qing-dynastins trupper utan också av en västerländsk styrka med moderna skjutvapen och artilleri som överglänser vad Taiping kan ställa upp med. Förmodligen är det de västerländska vapnens överlägsna eldkraft som fäller avgörandet. I alla fall får Li Xiucheng vända tillbaka med oförrättat ärende.

Situationen är anmärkningsvärd. Västmakterna i Shanghai hjälper de kinesiska regeringsstyrkorna att försvara staden mot rebellerna – samtidigt som man befinner sig i krig med den kinesiska regeringen och är på väg att inta dess huvudstad.

Li Xiucheng gör ytterligare ett försök att inta Shanghai, men först 1862. I februari 1861 sluter nämligen en brittisk viceamiral, Sir James Hope, en överenskommelse med Li Xiucheng om att Taiping under ett år ska hålla sig borta från Shanghai. Efter att året gått bestämmer sig Li Xiucheng för att tiden är

inne att attackera Shanghai igen. Bättre förberedd och med
större styrkor hoppas han kunna ta staden med överraskning.
Men Shanghais försvarare får stöd från oväntat håll. Det är
vinter och den 26 januari börjar det snöa. Det är inte ett av de
icke så ovanliga snöfall i Shanghai som snabbt smälter bort;
den här gången snöar det under två och ett halvt dygn. Där-
efter faller temperaturen till under tio minusgrader, där den
håller sig under tre veckor. Snötäcket är djupt, isen lägger sig
på floder och sjöar. Taipings soldater kommer varken fram
eller tillbaka. Och de fryser.

När snön smält och trupperna kan röra sig igen finner Li
Xiucheng för andra gången att Shanghais försvar är för starkt.

Missionärerna och Taiping

Inom Taiping finns således de som räknar med att de ska få
västmakternas stöd tack vare deras "kristna" tro. Flera
protestantiska missionärer från Europa och Amerika, som
hoppas på att Taiping ska kunna bli riktiga kristna, verkar
också för att de utländska makterna ska stödja rebellerna.

En av dem som sympatiserar med Taiping är den tidigare
nämnde brittiske marinofficeren Augustus Lindley. I avsky för
den av västmakterna stödda opiumhandeln tar han avsked
1860 för att ansluta sig till Taiping tillsammans med sin hustru
Mary. Augustus tränar Taiping-soldater i användningen av
moderna västerländska vapen och Mary blir prickskytt. Efter
att Mary dödats i strider nära Nanjing och han själv sårats
återvänder Augustus Lindley till Storbritannien.

I sin bok *Ti-Ping Tien-Kwoh – The History of the Ti-Ping
Revolution*, utgiven 1866, förklarar Lindley att han skrev den
*...i enlighet med instruktioner från ledarna av den stora Taiping-
revolutionen i Kina.* Han förklarar också att han skrev boken i
sympati för ett aktningsvärt, förtryckt och grymt kränkt folk –
liksom av en önskan att protestera mot Englands onda utrikes-

politik mot svaga makter, speciellt i Asien. Han skriver att det
visats att den brittiska

> *...interventionen har orsakat en oerhörd förstörelse av mänskligt*
> *liv, att det har skett med eld och svärd mot den första kristna*
> *rörelsen i moderna Asien, att den har riktats mot en mäktig*
> *nationell religiös-politisk revolution som inte på något sätt angick*
> *England och att varje händelse i denna våldsamma intervention,*
> *från början till slutet, var helt och hållet oförsvarlig och orättfärdig.*

Andra västerlänningar ser mer de faktiska följderna för folket
av krigföringen istället för att imponeras av Taipins sociala
visioner eller lockas av möjligheterna av ett framtida kristet
styre. Ett exempel är Thomas W. Blakistons som i sin bok
skriver om resan 1861 till Nanjing:

> *...Landsbygden hela vägen från Paoying till Nanjing är i eländigt*
> *tillstånd. Ödelagda byar och nedbrända hus är bevis på våldsam-*
> *heten i föregående års krig. Vid infarten till varje by möter man*
> *vanligen en liten klunga äldre kvinnor, som försöker dra sig fram*
> *genom att sälja te och risgröt till passerande. Alla arbetsföra män*
> *har försvunnit – några dödade, de flesta värvade till Taiping-*
> *armén, varifrån endast döden kommer att befria dem. De kommer*
> *aldrig att återvända till deras fäders hem och deras ägodelar är i*
> *händerna på nya herrar. Alla gamla kvinnor vi såg hade förakt-*
> *fullt lämnats kvar av Taiping-folk för att bruka jorden. Alla hade*
> *förlorat några släktingar, två av dem satt på en sluttning och grät,*
> *den ene för förlusten av sin man och två söner, den andre av sin*
> *man och far. "De dödade min man för att han inte var stark nog*
> *att utföra deras slitgöra", sa en äldre kvinna. "De bar iväg med*
> *min dotter därför att hon var söt", sa en annan till mig...*

Representanter för de västerländska kolonial- och handels-
makterna i Shanghai – främst Storbritannien, Frankrike och
Förenta Staterna – gör ett antal besök i Nanjing för att få kon-
takt med Taiping-ledarna och försöka utröna deras avsikter
och vilka möjligheter de kan ha haft att besegra Qing-dynastin.

Hong Xiuquans anspråk på att betraktas som Guds andre son och Jesu yngre bror underlättar dock inte förbindelserna med västmakterna. Inte heller hjälper det att Hong Xiuquan gör sig nästan otillgänglig för besökare och kräver att han ska mötas med samma underdåniga respekt som kejsaren i Beijing – och dessutom betraktas som härskare över hela världen, inklusive över Englands kung.

År 1858 gör Lord Elgin, Storbritanniens ambassadör och minister i Kina, en resa uppför Långa floden med krigsskeppet H.M.S. Furious. På grund av engelsmännens överlägsna attityd, och kanonbåtsstil, blir de beskjutna från några Taiping-befästningar – vilket ger Lord Elgin anledning att visa vad de brittiska vapnen går för (Uhalley: Lord Elgin and the Taipings). Det blir fler liknande "missförstånd" under resan, vilket inte hindrar Hong Xiuquan från att skriva ett brev till Lord Elgin:

Främmande yngre broder från västerhavet, hör min kungliga proklamation: Låt oss tillsammans tjäna Gud och vår Äldre Bror och förstöra de förhatliga insekterna. Allt som händer på jorden bestäms av Gud, vår Äldre Bror och mig själv. Min broder, anslut er med glädje och gör er förtjänt av oräkneliga belöningar.

Lord Elgin nappar aldrig på erbjudandet; enligt Uhalley besvärar han sig inte ens med att besvara det (med *Äldre Bror* avses Jesus, medan Qing-dynastin kallas *insekter*).

Det viktigaste skälet för att Taiping inte får något direkt stöd av västmakterna är dock att dessa under andra opium-kriget, 1856–60, tvingade Qing-dynastin att sluta ett antal för européerna förmånliga avtal. De europeiska makterna och Förenta Staterna föredrar en svag Qing-dynasti som motpart än en vital Taiping-dynasti, oavsett dess eventuella kristna karaktär. Man hyser också starka tvivel på att Taiping ska kunna skapa en effektiv administration; kaos skulle inte vara

bra för affärerna. Dessutom är opium och tobak strängt för-
bjudet inom Taipings område.

Under 1850-talet intar västmakterna en formellt neutral
ställning i kriget, men från 1860 stöder man öppet Qing-
dynastin. Till en början föredrar man att inte engagera sig för
djupt i konflikten, men detta ändras när Taiping i augusti 1860
hotar Shanghai och då de för första gången ställs mot väster-
länningar.

Västmakternas inledande neutralitet och senare stöd för
Qing-dynastin hindrar dock inte europeiska och amerikanska
affärsmän från att sälja vapen till Taiping-armén. Taiping
lyckas även komma över en hel del västerländska vapen från
besegrade Qing-trupper.

Det finns också ett antal europeiska och amerikanska även-
tyrare, inklusive brottslingar och desertörer, som ansluter sig
till Taiping. Bland dem är den tidigare nämnde Augustus
Lindley eller den i kapitel 9 omtalade irländaren, som blev
vittne till den interna uppgörelsen inom Taiping 1856. Bland
dem finns även amerikanen Henry Andres Burgevine, som
under en kort period 1862 var befälhavare för den så kallade
Alltid segerrika armén i Shanghai. Burgevine blir senare till-
fångatagen av Qin-trupper och uppges ha drunknat under
fångenskapen.

Alltid segerrika armén

Anledningen till att Shanghai lyckades stå emot två anfall av
Taiping var en mindre styrka ledd av västerländska officerare.
Efter att ha avvärjt Taipings försök att för andra gången inta
staden 1862, blir styrkans befälhavare, amerikanen Frederick
Townsend Ward, av Qing-dynastin utnämnd till brigadgeneral
och styrkan får hedersnamnet *Alltid segerrika armén*. Trots detta
blir armén inte alltid segerrik och Ward dödas i en strid vid
staden Ningbo samma år. Efter ett kortare mellanspel med två
andra befälhavare – den nämnde Henry Andres Burgevine och

en brittisk officer vid namn John Y. Holland – får till sist den brittiske officeren Charles G. Gordon befälet. Därefter gör armén sig mer förtjänt av sitt namn.

Kina-Gordon blir känd för sitt mod och militära skicklighet, sin integritet och rättframhet, sitt okonventionella och odiplomatiska sätt – särskilt i diplomatiska sammanhang – samt sin vägran att acceptera andra förmåner än sin lön. Qinggeneralen Li Hongzhang blir imponerad av denne lysande engelsman. Gordon å sin sida blir mindre imponerad av Li Hongzhang sedan denne efter återtagningen av staden Suzhou i december 1863 låter avrätta ett antal Taiping-ledare trots att de lovats amnesti om de gav upp frivilligt. Gordon blir rasande medan Zeng Guofan, överbefälhavaren för Qing-trupperna, stöder Li Hongzhangs beslut att avrätta dem.

Gordon hotar att avgå men väljer strax att återgå i tjänst, bland annat genom medling av Robert Hart, en brittisk medborgare som från 1863 till 1911 tjänstgör som generalinspektör för kinesiska tullverket. Enligt Hart är en anledning till att Taiping-ledarna avrättas att de ställde orimliga krav efter att de gett upp.

Alltid segerrika armén stöder Qing-trupperna i återtagande av fler städer, till exempel Ningbo (maj 1862) och Hangzhou (mars 1864). Arméns insatser var troligen avgörande för försvaret av Shanghai, men dess betydelse för hela krigets utgång har gärna, alltför gärna synes det, överdrivits av västerländska rapportörer.

Charles Gordon får av kejsaren som belöning för sina insatser rätt att bära en gul jacka – en särskilt ärofull utmärkelse för framgångsrika generaler eftersom gult är kejsarens färg. Han återvänder till England för att 1885 dödas i försvaret av Khartoum i Sudan mot det så kallade Mahdi-upproret. Dessförinnan, 1883, hinner han med att från Amerikanska kolonins hus i Jerusalem "upptäcka" den trädgård som idag ägs av Anglikanska kyrkan i England och som av en del betraktas som platsen för Jesu grav. Amerikanska kolonin är den kristna sekt som bönder från socknen Nås i Dalarna ansluter sig till 1896 och som inspirerar Selma Lagerlöf till att skriva romanen *Jerusalem* (1901–02).

Senare bildas även *Alltid triumferande armén*, en enhet under Li Hongzhang, med kinesiska och filippinska legosoldater under franskt befäl. Där finns även några högre officerare som deserterat från Taiping-armén och nu bidrar till att slå ned upproret. Dessa generaler är fortfarande, till deras franska kollegers förvåning, fullt övertygade om att Hong Xiuquan gjort en 40 dagars resa till himlen och mottagit instruktioner från Gud (Jonathan D. Spence: God's Chinese Son).

Demonerna belägrar Nanjing

Från att mest ha varit på defensiven i början av 1861 blir de kejserliga styrkorna allt mer offensiva och den 5 september intar Xiang-armén Anqing. De kvarvarande Taiping-soldaterna räddar sig genom en tunnel ut ur den belägrade staden, möjligen genom en överenskommelse med Zeng Guoquan mot att lämna staden utan att bränna ner den. Kvar finns runt sexton tusen civila i bedrövligt tillstånd.

Sedan staden helt inneslutits och inte längre kunnat ta emot förnödenheter via floden har all mat tagit slut, inklusive stadens råttor. Det enda som återstår och som också säljs på marknaden är kött efter människor som avlidit. Anqing är för övrigt inte den enda plats där kannibalism förekommer under detta långa krig.

Xiang-arméns seger innebär dock ingen räddning för de överlevande i Anqing, de som knappast har haft något annat val än att finna sig i de som råkar behärska staden. De avrättas som medlöpare, möjligen bara männen efter att kvinnorna förts bort för tvångsgifte eller prostitution.

Säkerligen spelar försörjningsläget också in. Krig är en resurskrävande sysselsättning, som dessutom går hårt åt just de

tillgångar som arméer måste leva av, det vill säga jordbruket.
Och när tillgången på livsmedel sinar måste de egna trupperna
prioriteras; allt annat skulle vara alltför riskabelt.

Därefter återstår fem strategiskt viktiga städer som Taiping
kontrollerar (utöver ett antal andra städer): Wuhu och
Nanjing vid Långa floden, Luzhou (idag Hefei) i centrala
Anhui, Ningguo söder om Nanjing och Suzhou, Jiangsus
huvudstad. Taiping har förlorat provinserna Hubei och Jiangxi
och hösten 1861 håller man bara större delarna av tre provin-
ser: Anhui, Jiangsu och Zhejiang.

Zeng Guofan formar en strategi för att långsamt men
säkert krossa Taiping-upproret. Hans plan är att bygga upp tre
militära basområden runt Nanjing innan slutstriden inleds: i
norr i Jiangsu under ledning av Li Hongzhang, i sydöst i
Zhejiang under ledning av Zuo Zongtang samt i väst i Jiangxi
och Anhui under ledning av Zeng Guofan själv tillsammans
med hans bror Zeng Guoquan.

Samtidigt som Taiping-generalen Li Xiucheng för andra
gången står med sin armé utanför Shanghai, lämnar Xiang-
armén våren 1862 staden Anqing under ledning av Zeng
Guoquan och tar sig nerför Långa floden. Armén består av
25 000 man plus en flodflotta. Man intar stad efter stad och
den 31 maj når man fram till Nanjings murar. Men det ska
dröja ända tills början av 1864 innan Nanjing blir helt inne-
sluten och avskuren från omvärlden och alla dess försörjnings-
leder.

Samtidigt börjar Zuo Zongtang operera i Zhejiang och Li
Hongzhang i Jiangsu. Det ser mer lovande ut för regerings-
sidan. Visserligen gör Taiping-generalen Chen Yucheng,
Fyrögde hunden, ett nytt försök att marschera mot Beijing,
demonernas håla. Han vill utnyttja Qing-dynastins svaghet
efter det genomlidna Andra opiumkriget, 1856–60. Men
försöket misslyckas. Den fyrögda hunden tas tillfånga av
regeringstrupperna och avrättas i maj 1862.

Men Taiping har fortfarande fyra stora arméer, utöver den som leds av Shi Dakai som gör ett fälttåg på egen hand.

Zeng Guofan blir nervös

Sommaren 1862 blir het och epidemier sprider sig bland trupperna. I två rapporter, den 15 augusti och den 22 september, informerar Zeng Guofan hovet att flera av hans generaler är sjuka och att hälften av Zuo Zongtangs män är funktionsodugliga på grund av epidemier. Av hans brors män vid Nanjing är tio tusen sjuka, en tredjedel av styrkan. Zeng Guofan är rationell och skeptisk till sin natur. Samtidigt misstänker han att epidemierna kan vara ett himmelskt straff för att han skulle ha samlat på sig för mycket inflytande. Enligt Stephen R. Platt skriver han till hovet i Beijing och ber om att få dela makten och ansvaret med någon annan. Han får ett svarsbrev som försäkrar honom om att epidemin inte är hans fel. Han blir lättad.

Li Xiucheng försöker utnyttja situationen och går i oktober till anfall mot Zeng Guoquans trupper utanför Nanjing. Han kommenderar möjligen så många som 200 000 man medan Zeng Guoquan bara har ca 30 000, av vilka en stor del som nämnts är sjuka. Troligen är Taiping-trupperna dessutom bättre beväpnade med västerländska skjutvapen.

Xiang-armén importerade också vapen från väst, via Guangzhou, den södra hamnstaden nära Hongkong. Redan vid dess första seger i Hunan, erövringen av staden Xiangtan 1854, hade man tillgång till några västerländska kanoner som man bestyckade flodbåtarna med. Men Xiang-arméns resurser måste ha varit begränsade för så sent som 1864 rapporterar den brittiske officeren Charles G. Gordon, efter ett besök hos den belägrande Xiang-armén utanför Nanjing, att soldaterna visserligen är på gott mod, men att de är dåligt beväpnade, ... *spjut och kinesiska lansar var mycket vanligare än musköter* (Curwen). Bland de skjutvapen som Xiang-armén ändå har

213

våren 1864 finns emellertid även ett mindre antal moderna gevär, tillverkade i Anqing, i de vapenfabriker som Zeng Guofan låtit uppföra efter erövringen 1861.

Å andra sidan tycks Zeng Guofan ha en ambivalent inställning till moderna vapen. *Militär styrka handlar om talang, inte om verktyg*, skriver han när hans bror, Zeng Guoquan, ber om att få tillgång till västerländska vapen.

Attackerna mot Zeng Guoquans starkt befästa arméläger pågår nästan oupphörligt under 46 dagar hösten 1862. Zeng Guofan blir nervös, men till slut tvingas Li Xiucheng att ge upp och med sina män retirera till norra sidan av Långa floden. Segrande befälhavare i denna kamp, Zeng Guoquan, belönas med en gul jacka. Efter denna seger placerar Zeng Guofan ut fler trupper norr om Nanjing, men längre söder om staden är rebellerna fortfarande starka.

Att Zeng Guoquans armé lyckades hålla stånd mot de numerärt överlägsna motståndarna kan kanske förklaras av en kombination av hängivenhet bland Xiang-soldaterna och en växande uppgivenhet bland Taiping-trupperna. Ingen, utom möjligen Hong Xiuquan, verkar längre tro på någon seger för Taiping. Men på grund av Qing-dynastins beslut att inte skona några rebeller återstår inget annat än att fortsätta slåss. Kanske är det också vad Xiang-arméns soldater inser; de är för sjuka att fly och kan man inte fly handlar det om att segra eller dö.

Ödelagt land

Våren 1863 har de kejserliga trupperna återtagit några av städerna i Zhejiang, till exempel Shaoxing, den stad där den sjuårige Zhang Daye lyckats undkomma rebellerna. Runt Nanjing intar Zeng Guoquans trupper allt fler befästningar och andra stödjepunkter. År 1864 skriver Taiping-generalen Li Xiucheng att han allt som allt förlorade hundra tusen man under dessa strider.

Taiping-sidan försöker locka iväg de belägrande regeringstrupperna vid Nanjing genom att anfalla andra platser i närheten. I början av 1863 sätter Li Xiucheng till exempel igång en offensiv västerut längs Långa flodens norra strand. Men liksom vid belägringen av Anqing håller Zeng Guofan fast vid sin övergripande plan, som går ut på att steg för steg innesluta Nanjing och skära av dess förbindelser med omvärlden. Inte heller frestas några andra regeringstrupper att möta Taipingarmén. Vad Li Xiucheng och hans soldater istället möter är ett landområde som är så ödelagt av passerande arméer att folk svälter. Följaktligen får Li och hans män också svälta. I maj 1863 avbryter Li Xiucheng offensiven och vänder tillbaka mot Nanjing. Men Nanjing ligger på södra sidan av Långa floden och man måste ta sig över floden som vid den här tiden svämmar över på grund av regn. Dessutom väntar regeringstruppernas kanonbåtar på att välkomna de hungriga och blöta rebellerna. Det blir ytterligare ett nederlag för Taiping.

Dadu-floden

Ungefär samtidigt har en annan Taiping-general också problem med att ta sig över en flod. Det är Shi Dakai, den unge general som 1857 för gott lämnade Nanjing med sin egen armé på en till synes mållös marsch.

Efter att ha lämnat Nanjing – och i praktiken också Taiping – ledde Shi Dakai sina trupper först åt sydost till provinserna Zhejiang och Fujien, där han marscherade runt, intog städer för att lämna dem igen. Därefter tog han sig till provinserna Jiangxi, Hunan, Guangxi, Guizhou och Sichuan. Enligt hans egen redogörelse hade han då fortfarande 200 000 man under sitt befäl (Franz Michael, dokument 320).

Till slut, efter ännu fler förflyttningar och en avstickare in till provinsen Yunnan, tar äventyret slut den 13 juni 1863 vid Luding-bron över Dadu-floden i Sichuan. Då återstår bara ca

7 000 man. Shi Dakai lyckas inte ta sig över floden, istället
överlämnar han sig frivilligt till de förföljande Qing-trupperna
i ett försök att rädda livet på sina sista två tusen veteraner från
Guangxi. Dagen innan Shi Dakai överlämnar sig tar hans andra
hustru (efter hon som mördades i Nanjing) och hans fyra kon-
kubiner livet av sig genom att dränka sig i floden. De tar två av
hans barn med sig. Kvar med Shi Dakai är enbart hans fem-
åriga son som på grund av sin låga ålder tillfälligt undantas för
bestraffning. Istället ska han möta sitt öde när han enligt Qing-
dynastins lagar blir sexton och straffmyndig. Enligt en källa
kommer han dock undan, ändrar sitt namn, tar en akademisk
examen och slutar sin bana som ämbetsman för ett distrikt i
provinsen Guizhou (Jen Yu-wen).

Shi Dakai avrättas 32 år gammal tillsammans med sina två
tusen veteraner. De senast rekryterade i hans armé och de
gamla och sjuka benådas. Därmed är den siste av de ursprung-
liga kungar som följt Hong Xiuquan från Guangxi borta.

(Sjuttiotvå år senare, 1935, står åter ett avgörande vid
samma bro över Dadu-floden i Sichuan där Shi Dakai mötte
sitt öde. Det är under den Långa marschen, då den kommunis-
tiska armén under ledning av Mao Zedong jagas av den repu-
blikanska armén under ledning av Jiang Jieshi eller Chiang
Kai-shek. Jiang Jieshi lär då yttra att han vill låta Mao Zedong
dela Shi Dakais öde just på den platsen. Men kommunisterna
lyckas ta sig över där Shi Dakai stoppades.)

Nanjing får ej överges

Försörjningsläget är kritiskt för hela Taiping-armén på grund
av förödelserna i provinserna Zhejiang och Jiangsu. Det finns
en risk att hela Taiping-armén ska slå sig ut mot sydväst och ta
sig till provinsen Jiangxi, där förödelsen varit mindre. En sådan
samlad utbrytning har de kejserliga styrkorna knappast kraft
att stå emot. Det är också vad Li Xiucheng föreslår Hong
Xiuquan vid åtminstone ett par tillfällen – men Hong god-

känner inga planer som innebär att Nanjing överges. Hong kritiserar Li Xiucheng för att ens tänka tanken att de ska överge ...*den stad som Gud överlämnat till sin son.* Den som ...*håller ut till slutet ska bli räddad*, som det står i Nya Testamentet (Matteus 24:13).

Den 20 december 1863 upprepar Li Xiucheng sin begäran om att lämna Nanjing på grund av det ännu mer desperata försörjningsläget – och igen vägrar Hong Xiuquan. Hong, Den Himmelske Kungen, ger också order om att de som har förrädiska förbindelser med fienden, och de som underlåter att rapportera om sådana förbindelser, ska avrättas genom att slås i bitar eller bli levande flådda.

En del av Taipings styrkor väljer, trots Hongs hot, att lämna staden medan det ännu är tid. En del överlämnar sig till regeringsstyrkorna medan andra försöker ansluta sig till andra Taiping-trupper utanför Nanjing eller helt enkelt desertera.

Inifrån Nanjing sipprar också rykten om att rebeller börjat raka sina huvuden enligt Qing-dynastins lagar för att kunna gömma sig bland allmänheten. Hur många som försöker komma undan den vägen vet man inte, men åtskilliga tas till fånga och avrättas därför att deras hjässor är alltför bleka.

Många vanliga stadsbor, de som inte själva tillhör rebellerna, lyckas också ta sig ur den belägrade staden – eventuellt med hjälp av Li Xiucheng. Hong Xiuquan fortsätter däremot att hålla sig i sitt palats och ger därmed fritt utrymme för rivaliteter och intriger som försvagar Taipings ledning.

Och människor svälter. Hong Xiuquan lovar folket att Gud ska skydda dem genom att låta det regna *manna*, så som han räddade det israeliska folket från att svälta ihjäl under vandringen i öknen efter flykten från Egypten. Hong samlar in ogräs på marken och påstår att det är manna, att det är Guds gåva till sitt utvalda folk.

Även på motståndarsidan, i den frivilliga armé som leds av Zeng Guoquan, råder krisstämning. Även där är matförsörjningen allt annat än god, förråden är på upphällning, männen utmattade och disciplinen sviktande på grund av det utdragna kriget. Hovet trycker på för att få en snabb avslutning. Dessutom tycks Zeng Guoquan, Zeng Guofans bror, vara rädd för att Li Hongzhang, som framgångsrikt bekämpat Taipingtrupper runt Shanghai, ska komma till hans hjälp och frånta honom en del av äran för att ha erövrat Nanjing.

Men Nanjings murar är höga och bastanta...

Tianguifu ärver riket

Den 1 juni 1864 dör Hong Xiuquan. Det har spekulerats om att han på grund av matbristen dog av att ha ätit råa växter, det som han kallade manna och som han beordrade folket i Nanjing att äta. Enligt en av hans kvinnliga tjänare tog han gift medan Hong Rengan påstod att han dog i någon sjukdom. I alla fall, den 30 maj lät han meddela att det var dags för honom att besöka sin Himmelske Fader och sin Himmelske Äldre Broder för att be dem skicka en gudomlig armé för att försvara Nanjing.

Hong Xiuquans son, den fjortonårige Hong Tianguifu, ärver kungatronen och Li Xiucheng får det fulla ansvaret för stadens försvar. Men Nanjing är omringat, folket svälter och under marken framför stadsmuren grävs tunnlar av den belägrande Xiang-armén.

Efter flera misslyckade försök att attackera portar i stadsmuren, började belägrarna bygga tunnlar för att försöka spränga portarna underifrån. Mer än trettio sådana tunnlar lär ha grävts men upptäckts och förstörts av Nanjings försvarare. Problemet är det långa avståndet från belägrarnas ställningar till stadsmuren. Marken ovanför tunnlarna hinner torka under grävandet; gräset förlorar sin grönska och skapar spår som är väl synliga från den höga stadsmuren.

Men den 3 juli intas en befästning som bara ligger trettio meter utanför stadsmuren och då blir tunnelbyggandet mycket enklare. På bara fem dagar grävs två fungerande tunnlar (Curwen). När en tunnel nått fram under stadsmuren fylls den med sprängmedel.

Försvararna inser att det grävs i marken framför stadsmuren, men vet nu inte var. Natten till den 19 juli smyger mer än ett tusen Taiping-soldater ut ur staden för att försöka förstöra tunnlarna. De är klädda i Qing-uniformer istället för i Taiping-soldaternas vanliga blå byxor och röda jackor. Men de upptäcks.

Och de samlade dem på den plats som på hebreiska heter Harmagedon.

(Uppenbarelseboken 16:16 i Nya Testamentet.

Harmagedon, eller egentligen Har-Magedon, berget Meggido, är namnet på det slagfält där den slutliga striden ska stå mellan de goda och de onda.)

11. Harmagedon – Nanjing den 19 juli 1864…

Klockan ett den 19 juli 1864 öppnar sig marken under Taipingporten i Nanjings stadsmur. Först hörs ett muller i marken och det känns som en svag jordbävning. Sedan följer en kort tystnad, som en andhämtning, innan en explosion bryter sönder muren och får stensplitter att flyga iväg flera kilometer. Femtio meter av muren försvinner i ett moln av stenar, jord, rök och damm. Så fort det slutat regna sten fylls öppningen av tusentals soldater som hugger och sticker ner alla som kommer i deras väg.

Motståndet blir intensivt, men vid kvällen är alla portarna i stadsmuren tagna av de kejserliga styrkorna och under de närmaste dagarna dödas alla försvarare, antingen i strid, för egen hand eller genom avrättning. Stora delar av staden sätts i brand. Hur många som överlever vet man inte, det finns inga säkra uppgifter om hur många rebeller och vanliga stadsbor som fanns i staden innan den föll för regeringsstyrkorna. Det

kan ha varit omkring hundra tusen, men det finns också upp-
skattningar på att det bara var runt trettio tusen. År 1852,
innan Nanjing intogs av rebellerna, uppgick stadens befolkning
förmodligen till omkring 900 000.

Efter erövringen finns i alla fall inte många kvar vid liv,
oavsett om det är fråga om rebeller eller vanliga stadsbor. Zhao
Liewen, Zeng Guofans sekreterare och vän, skriver bland
annat följande i sin dagbok:

> De äldre rebellerna från Guangdong och Guangxi som slängdes ner
> från alla sidor av stadsmuren var oräkneliga. Nio tiondelar av de
> kroppar som låg på gatorna var äldre. Små barn under två och tre
> år slaktades också för nöjes skull och deras kroppar låg utsträckta
> längs vägarna. Där fanns inte en enda kvinna under fyrtio år.

(Tiedemann.)

Hänsynslösheten är uppenbar. De ursprungliga rebellerna från
Guangxi skulle inte skonas, enligt kejsarens direktiv, men i den
erövrade staden verkar ingen ha skonats. Å andra sidan, när de
belägrade i Nanjing fick gå hungriga under våren 1864 var det
inte mycket bättre i Xiang-armén utanför stadsmuren. I det
slutliga slaget den 19 juli är det således två arméer bestående av
tomma magar som slåss. Att låta alla fiender dö lättar på för-
sörjningsbördan.

Hungern måste också ha urholkat moralen och disciplinen
bland Xiang-arméns soldater. Att de dessutom ofta har tvingats
finna sig i försenad eller utebliven sold kan knappast heller ha
bidragit till att upprätthålla någon god anda.

Regeringssoldater passar på att röva inte bara Taiping-
kvinnor utan över huvud taget alla yngre kvinnor i och om-
kring Nanjing. Flertalet hamnar så småningom som hustrur i
Hunan, Xiang-arméns hemprovins, och spolierar förmodligen
många föräldrars sedvanliga ambitioner att fungera som äkten-
skapsmäklare.

Det visar sig att det var Zengs yngre bror, Zeng Guoquan, som var ansvarig för plundringarna i Nanjing. Det var hans officerare och soldater som passade på när staden erövrades. *Hans underlydande, inklusive hans sekreterare och ordonnanser, hade var och en sin egen korg som de öppnade när de fann något värdefullt* (enligt Zhao Liewens dagbok). Ivern att plundra var så stark att man försummade att bevaka de portar som man erövrat och öppnat.

När Zeng Guofan anländer till Nanjing blir han generad av att hans bror, Zeng Guoquan, tillåtit de segrande regeringssoldaterna att plundra Nanjing. Han blir dessutom besviken över att inte finna några skatter i staden; han får finna sig i att även under slutet av kriget hämmas av finansiella begränsningar.

Bekännelser

Men den unge kungen, Hong Tianguifu, och generalen Li Xiucheng är försvunna. Under de kaotiska förhållandena på eftermiddagen den 19 juli, innan motståndarna säkrat alla portar i stadsmuren, lyckas de fly söderut med en mindre Taiping-styrka, klädda i Qing-uniformer. Li Xiucheng, som gett kungen den snabbaste hästen, kommer dock på efterkälken och tas till fånga den 22 juli och förs till Nanjing. Dit kommer Zeng Guofan den 28 juli och han beordrar Li att skriva en bekännelse innan han avrättas den 7 augusti.

Li Xiucheng skriver under sju eller åtta dagar, sex till sju tusen tecken om dagen. Det blir den längsta av de bekännelser som flera tillfångatagna Taiping-ledarna tvingas skriva innan de avrättas. Li redogör detaljerat för händelseförloppet från det att gudsdyrkarna lämnade Tistelbergen i Guangxi till slutet. Han försöker också övertala Zeng Guofan att benåda rebellerna och låta dem återvända till sina hem. Han ger detaljerade instruktioner om vad Zeng bör göra för att få rebelledare att samarbeta; han bör skriva en order som Li ska låta förmedla till berörda med personliga brev, som ...*ska ha mitt hemliga sigill, som kommer att identifieras och som kommer att åtlydas av alla* (Curwen).

Under 1900-talet, har det diskuterats om Li Xiucheng blev en förrädare mot Taiping efter tillfångatagandet och ville rädda sitt eget skinn – eller om han försökte lura Zeng Guofan att stoppa attackerna mot de kvarvarande Taiping-arméerna så att de skulle kunna slå sig ut och dra sig tillbaka till nordvästra Kina (Uhalley: The Controversy Over Li Hsiu-ch'eng). Li fick aldrig chansen att förmedla några brev till sina underlydande och ingen vet hur hans hemliga sigill hade tolkats.

En annan Taiping-befälhavare, Lai Wenguang, yngre bror till Hong Xiuquans första hustru, lyckas också smita ut ur staden i tid tillsammans med tre tusen ryttare. De rider norrut och ansluter till Nian-upproret, som kommer att pågå ytterligare fyra år.

Det kommer att ta lång tid för Nanjing att helt återhämta sig från förödelsen, flera decennier. En brittisk vicekonsul, Thomas Adkins, som besöker Nanjing med krigsskeppet H.M.S. Slaney bara ett par dagar efter stadens fall, skriver om den fullständiga ödeläggelsen och ödsligheten bestående av tomma hus. Förödelsen började tidigt, redan vid Tapings erövring av Nanjing 1853 då stora delar av staden brändes ner och många av stadsborna flydde. Då, i december 1853, besöktes staden av det franska krigsskeppet Cassini och dess befälhavare, François de Plas, tvivlade på att ens en tredjedel av staden var bebodd; han fick samma känslor som när han besökte ruinerna i Pompeji (Tiedemann).

Ändå finns det förstås anledning att fira segern och den 4 augusti hålls en segerfest för mer än tusen gäster sittande vid 120 bord. Zeng Guofan låter även öppna ett nöjesområde vid floden Qin Huai, som flyter längs södra sidan av staden innan den rinner ut i Långa floden. Sedan slutet av Ming-dynastin har förlustelser pågått där utan avbrott fram till att staden

erövrades av Taiping. Området är bland annat känt för dess
bordeller.

Man firar också i Beijing. Med sedvanliga ceremonier
tackar kejsaren Himlen och Jorden för segern. Zeng Guofan
utnämns till markis av första graden och får rätt att bära en
tvåögd påfågelsfjäder.

Jakten

Den unge Taiping-monarken, Hong Tianguifu, som fått Li
Xiuchengs stridshäst, lyckas med sin styrka ta sig till Taipings
stora men isolerade arméläger vid staden Huzhou, nära Tai-
sjön i norra Zhejiang, där också Hong Rengan finns. De väl-
komnas men det är ingen säker plats.

Huzhou är omringat av regeringstrupper, under befäl av
Qing-generalen Li Hongzhang. Där finns även Alltid trium-
ferande armén, den som kommenderas av franska officerare.
Alltid segerrika armén, som stod under brittiskt befäl, upplös-
tes under våren 1864 därför att brittiska regeringen bestämde
sig för att brittiska officerare inte längre skulle slåss för Kina.

Taiping-armén i Huzhou är under upplösning. Varje dag
sker ett antal avrättningar av misstänkta förrädare eller deser-
törer och av andra som brutit mot någon av Taipings många
förhållningsorder eller moraliska lagar. Längs vägarna in mot
staden ligger mängder av lik med avhuggna huvuden som
varning både till fiendesoldaterna och till de egna som even-
tuellt funderar på att hoppa av.

Det är sommar och hett och kolera sprids. De franska
officerarna i Alltid triumferande armén får en del att tänka på
när de jämför resultaten av västerländsk kolerabehandling med
kinesisk (Jonathan D. Spence: God's Chinese Son). De som
behandlas med fransk konjak och kamfer dör ofta, alltför ofta,
medan de som behandlas med kinesisk akupunktur som regel
överlever.

I slutet av augusti rider den unge Taiping-monarken, Hong
Tianguifu, tillsammans med Hong Rengan, söderut. De lyckas
klara sig ytterligare drygt en månad, men den 9 oktober tas
Hong Rengan till fånga vid staden Guangchang i provinsen
Jiangxi. I sista stund lyckas dock Hong Tianguifu smita iväg
igen tillsammans med ett tiotal följeslagare. Till sist tas även
han av de förföljande regeringstrupperna, den 25 oktober vid
Shicheng.

Hong Tianguifu skriver en kort bekännelse där han avslöjar
att hans största ambition är att studera och avlägga den lägsta
examen, den som hans far, Hong Xiuquan, aldrig lyckades
klara av. Men den chansen får han inte. Den 18 november 1864
avrättas han, en vecka före hans femtonde födelsedag. Den 23
november är det Hong Rengans tur.

Hong Xiuquan den andre

Det tar nästan två år för kejsarens arméer att efter Nanjings fall
slutligen krossa Taipings återstående styrkor, som uppgår till
mellan 200 000 och 300 000 man. Taiping-förbanden förföljs
av regeringstrupper som jagar dem runt i provinserna Jiangxi,
Fujien och Guangdong. Den siste Taiping-armén på ca 70 000
man besegrar en Qing-armé den 3 oktober 1865 vid gränsen
mellan provinserna Jiangxi och Guangdong. Den 8 december
intar denna armé staden Chiaying i Guangdong – den sista
stad som en Taiping-armé erövrar. Det blir bara en kort frist,
snart belägras staden av kejserliga trupper. Taiping-armén
lyckas ta sig ur staden, men de jagas i skogarna och bergen och
dödas efterhand. Dess ledare, en av Taiping-kungarna, tas
tillfånga och avrättas i april 1866.

Några mindre Taiping-styrkor klarar sig ytterligare ett tag
och ansluter sig till andra fredlösa grupper i Guangxi. Några
grupper drar sig åt sydväst, över gränsen till Vietnam, där de
bildar *Svarta flaggorna*, en irreguljär armé som stöder den viet-
namesiska regeringen. Svarta flaggorna strider mot fransmän-

nen som från 1850-talet försöker kolonisera Vietnam. Eftersom
Vietnam är en så kallad tributstat till den kinesiske kejsaren
griper även Kina in för att försvara landet och på 1880-talet
slåss kinesiska kejserliga styrkor mot Frankrike tillsammans
med före detta Taiping-rebeller. Så kan det gå...

Samma år som den sista Taiping-armén krossas nedkom-
mer en hakka-kvinna med en son som i början av 1900-talet
kommer att leda kampen mot Qing-dynastin och mot hela
kejsarmakten. Sun Zhongshan föds den 12 november 1866 i
provinsen Guangdong. Han blir senare i väst känd som dr Sun
Yat-sen och blir ledare för det nya nationalistiska partiet
Guomindang som kommer att dominera Republiken Kina från
kejsardömets fall 1911 tills kommunisternas övertagande 1949.
Sun Zhongshan lyssnar som barn till många historier om
Taiping av Lai Hanying, äldre bror till Hong Xiuquans första
hustru, den förmodligen siste överlevande av Taipings många
kungar. Sun Zhongshan blir så inspirerad att han får smek-
namnet *Hong Xiuquan den andre*.

Ordningen återställs...

Efter att Nanjing återtagits engagerar sig Zeng Guofan i arbe-
tet för att säkra freden och återuppbygga landet. Bland det
första han gör är att sätta istånd fem tryckerier i Nanjing för
att på nytt ge ut de konfucianska klassikerna. Två månader
efter Nanjings fall skickar han en begäran till Beijing att sända
examensförrättare från huvudstaden för att genomföra exami-
nationer i de provinser som varit ockuperade av Taiping-
trupperna.

En stor del av Zengs Xiang-armé upplöses och många av
soldaterna kan återvända hem. Enligt Liu Kwang-Ching
(Cambridge History of China, Volume 10) får 25 000 av Zeng
Guofans egna bästa trupper åka hem med sina officerare redan
den 14 augusti – förmodligen eftersom ...*they had looted
enough*... (de hade plundrat tillräckligt). Resten av de 120 000

soldaterna hemförlovades efter hand, de flesta under 1864–65.

Trots den genomtänkta rekryteringen av officerare och soldater till Xiang-armén begicks många övergrepp mot civilbefolkningen och Zeng var, enligt Liu Kwang-Ching, besviken. Han var angelägen om att inte behålla trupperna längre än nödvändigt.

Med upplösningen av armén lättas Zengs ekonomiska bekymmer, eftersom hans relativt välavlönade soldater drar stora kostnader. Framför allt demonstrerar han att han inte har några ambitioner på egen makt. Enligt W. J. Hail är syftet också att minska risken för avundsjuka och intrigerande på grund av det inflytande han och hans bror fått genom segern över Taiping. För att förebygga eventuella misstankar om att han eftersträvar militär makt och att berika sig själv skriver Zeng Guofan 1864 till sin yngre bror att han begärt sjukledighet.

I ett annat brev till sin bror 1866 skriver han att han har fått flera officiella befordringar och att hans ansvar blivit tyngre och tyngre, men att kritiken mot honom samtidigt ökat: *Medan andra kan betrakta höga officiella positioner som en ärofull prestation, ser jag det nu som en källa till mina problem.*

Zeng Guofan har anledning att vara försiktig. Det finns flera avundsjuka och inflytelserika personer som börjar anklaga honom för att lägga beslag på erövrade skatter etc. Dessutom försöker det kejserliga hovet nästan genast att begränsa Zengs fortsatta inflytande. Hovet är orolig för vad en alltför mäktig ämbetsman och general skulle kunna ta sig till.

Men Zeng Guofan är inte intresserad av att ta sig till något. Det finns vaga uppgifter om att några av dem som stått i ledningen för kampen mot Taiping uppmanar honom att ställa sig i spetsen för ett uppror i syfte att störta Qing-dynastin. Oavsett hur det är med den saken förblir Zeng lojal mot dynastin; dess ödestimma är ännu inte slagen.

Det blir istället andra som kommer att störta dynastin, en
av dem Hong Xiuquan den andre...

Nian och andra uppror

Samtidigt med Taiping pågår ett antal andra uppror i Kina, av
vilka det största är Nian-upproret. Medan Taiping-upproret
koncentreras till provinserna längs Långa flodens nedre lopp
pågår Nian-upproret norr därom – främst norr om floden
Huai, vilken utgör gränsen mellan det det huvudsakligen vete-
odlande norra Kina och det risodlande södra. Huai-floden
rinner mellan i söder Långa floden och i norr Gula floden som
spelat en avgörande roll för utbrottet av upproret och för dess
långvarighet.

Befolkningen norr om Huai plågas under mitten av 1800-
talet inte bara av giriga jordägare, korrupta ämbetsmän och
extra skatter. Man är också särskilt utsatt för återkommande
naturkatastrofer i form av för mycket eller för lite vatten, vilka
skapar mängder av desperata människor när de kejserliga
nödåtgärderna visar sig vara otillräckliga. I denna del av Kina
är man van vid översvämningar, främst orsakade av Gula
floden som man sedan några tusen åt försöker hålla på plats
genom skyddsvallar, vilka hela tiden måste underhållas och
byggas på. Problemet är de mängder av slam som förs med
vattnet från lössjordsområdena längre västerut och som gett
floden dess namn. När slammet sjunker till flodbotten höjs
vattennivån och det enda som hindrar vattnet att översvämma
jordbruket på den vida slätten är vallarna.

Men i mitten av 1800-talet är problemen med Gula floden
värre än tidigare. Den kejserliga administrationens kris, med
finansiella problem och med omfattande korruption har lett till
att underhållet av skyddsvallarna har eftersatts. Dessutom har
mängderna av slam i floden ökat dramatiskt som följd av
skogsavverkningar i bergstrakterna i väst – och dessa avverk-

ningar är i sin tur en följd av den stora befolkningsökningen under senaste århundradet vilket tvingat allt fler människor upp längs bergssluttingarna för att röja ny mark.

En stor översvämning ägde rum 1846, då kanske hundratusentals omkom och miljoner blev hemlösa. I början av 1850-talet blir det ännu fler svåra översvämningar innan den riktigt stora katastrofen kommer 1855, då Gula floden helt skiftar dessa nedre lopp. Från att ha runnit ut i Östkinesiska havet söder om Shandong-halvön ändrar floden riktning för att rinna ut norr om halvön.

Eftersom den nya flodsträckningen saknar skyddsvallar svämmar den lätt över även av mindre regnväder och hela området sjunker enligt Pamela Kyle Crossley ner i en djup ekonomisk och social misär under flera år. De statliga katastrofåtgärderna räcker inte till och allt fler människor ser inte någon annan utväg än att ansluta sig till rövare och rebeller som lever av att stjäla från dem som fortfarande har något att ta.

Nian är en av benämningarna på ett antal laglösa mindre grupper, vilka enas i mitten av 1800-talet under ett gemensamt kommando med slogan *döda de rika och hjälp de fattiga*. Trots att orsakerna till både Taiping och Nian kan sökas i desperata förhållanden som får människor att riskera allt därför att de redan förlorat allt, finns några grundläggande skillnader:

• Nian-upproret är ett hot mot Qing-dynastins auktoritet i regionen men är inte revolutionärt och vänder sig inte mot det konfucianska Kina.

• Eftersom Nian-anhängarna ej hålls samman av någon gemensam ideologi eller tro kan de lättare än rebellerna i Taiping samarbeta med andra laglösa grupper. Samtidigt har de också lättare att vid behov byta sida.

• Nian presenterar ingen radikal lösning på Kinas problem (utom att *döda de rika*), ingen landreform och inte heller något hopp om en fullkomlig frid.

Nian-rebellerna samarbetar i viss mån med Taiping, men på grund av dessa rörelsers grundläggande ideologiska skillnader blir det aldrig – som tur är för Qing-dynastin – något strategiskt samarbete.

Kampen mot Nian blir långvarig, kanske främst för att Qing-dynastin uppenbarligen ser Taiping som ett större hot och prioriterar de satsningarna. Men Nian är en mäktig militär motståndare, bland annat för dess större anpassningsbarhet jämfört med Taiping. Nian förfogar också över ett effektivt rytteri, vilket visar sig när de 1865 besegrar och dödar den kejserliga arméns befälhavare, en manchurisk prins. Därefter får Zeng Guofan uppdraget att slå ned även Nian-upproret. Zeng lyckas däremot inte och istället får hans general Li Hongzhang ta över.

Nian-upproret krossas slutligen 1868. En av de sista överlevande Nian-generalerna är Lai Wenguang, den tidigare Taiping-kungen som lyckades fly från Nanjing den 19 juli 1864 och som slutligen tas tillfånga och avrättas 1868. Den tidigare nämnde Zhang Daye, vilken som barn upplevde flykten undan Taiping-trupperna, beskriver i sin dagbok Lai Wenguang som särskilt slug och våldsam och att hans beridna soldater var mer kompetenta än andra:

Mer än hundra kvinnor red med honom och de var snabba som blixten. De kunde hålla tyglarna i deras händer och stå upp i sadlarna. Även när hästens mage snuddade vid marken kunde de skjuta åt vänster och åt höger. En av dem fångades och styckades levande. Hon slutade inte att förbanna och svära förrän hon var död.

En annan av Zeng Guofans befälhavare i kampen mot Taiping får ansvaret för att bekämpa ett uppror bland miao-folket i

provinsen Guizhou i sydvästra Kina. På grund av det större
hotet från Taiping gjorde Qing-dynastin inga större insatser
för att bekämpa det upproret förrän efter erövringen av
Nanjing 1864. Miaos gerillagrupper lyckades tack vare gynn-
sam terräng hålla ut till 1872.

Zuo Zongtang, en annan av Zeng Guofans befälhavare, tar
sig an Dungan-upproret i västra Kina (1862–77) där Yaqub Beg
utropat ett muslimskt kungadöme med centrum i Kashgar i
provinsen Xinjiang med honom själv som monark.
Fler uppror äger rum i mitten av 1800-talet. Tillsammans
med Taiping bidrar de alla till de stora förlusterna i människo-
liv.

Kinas Harmagedon

Nanjing blev 1864 Kinas eget Harmagedon, där slaget mellan
de goda och de onda stod. Till skillnad mot Uppenbarelse-
bokens slutstrid ansåg sig dock båda sidor vara de goda. För
Taiping-sidan var motståndarna inte människor utan de
demoner som Hong fått det gudomliga uppdraget att förgöra.
För regeringssidan var motståndarna inte bara rebeller som
gjorde uppror mot den korrupta och manchuriska Qing-
dynastin. De gjorde även uppror mot konfucianismen och
själva grundvalen för den kinesiska civilisationen. Också för
Zeng var motståndarna demoner.

Den 30 juli 1864, elva dagar efter att Nanjing intagits av
Zeng Guofans styrkor, upptäcker en av hans generaler ett ställe
i den himmelske kungens palatsområde där någon nyligen
grävt i marken. Där hittar man Hong Xiuquans begravda
kropp, klädd i vitt kläde och med ett järnkors i händerna.

*...probably the nineteenth century's most gigantic man-made disaster (...*troligen artonhundratalets väldigaste katastrof orsakad av människor*).
(Philip A. Kuhn: Origins of the Taiping Vision – Cross-Cultural Dimensions of a Chinese Rebellion, 1977)

12. Följderna – ett av de blodigaste krigen någonsin

Under åren efter Taiping-upproret spreds ett antal historier – vandringssägner – om personliga öden och andra upplevelser under de dramatiska åren. En av dem, återgiven av Rania Huntington, handlar om några båtsmän som färdas med en ämbetsman längs en flod i slutet av 1840-talet, det vill säga innan upproret bryter ut. En natt stannar de till nära ett tempel tillägnat en gudinna, fru Sun, som var hustru till Liu Bei (161–223), en kung under perioden Tre Kungariken (220–265) och även en av hjältarna i romanen om de tre kungadömena.

En av båtsmännen drömmer att han under natten tar sig till templet och där träffar fru Sun och några av hennes tjänare. En av dessa frågar gudinnan om man inte borde låta den resande ämbetsmannen drunkna i floden, eftersom han är på väg att begå ett misstag som kommer att kosta mängder av människor livet. Fru Sun svarar honom att även om han menar väl, är det så att inte ens de högsta gudarna och än mindre hon själv kan påverka utgången av sådana ödesmättade katastrofer som den som är på väg att utspela sig.

Ämbetsmannen får således resa vidare för att bli lokal ämbetsman i ett av distrikten i provinsen Guangxi – och för att därefter låta några Taiping-ledare släppas fria när han kunde ha låtit avrätta dem (han ska senare ha blivit förvisad som straff för sitt misstag, men benådad efter några år).

Varför misslyckades Taiping-upproret?

Taiping-upproret bröt ut 1850, under en period då den regerande Qing-dynastin var som svagast. Kina var då i en djup försörjningskris, bland annat på grund av en snabb folkökning. Kina var också utsatt för västmakternas aggressioner – ekonomiskt och politiskt – och dess krigsmakt hade inte kunnat stå emot brittiska kanonbåtar under första opiumkriget 1839–42. Men trots detta misslyckades upproret. Gudsdyrkarna misslyckades med att besegra Qing-dynastin, man misslyckades med att revolutionera hela Kina och man misslyckades med att skapa ett permanent himmelskt kungarike. Man misslyckades också med att skapa en bestående kristen sekt eller rörelse.

Det fanns flera orsaker till misslyckandet, som att upproret drevs fram av ett minoritetsfolk. En annan orsak var bristen på ledarskap. Flera av Taipings befälhavare var dristiga och högt motiverade militära befälhavare. De flesta saknade däremot förmåga att bygga upp och leda ett civilt samhälle.

Ledningen var också splittrad och den ende som skulle ha kunnat tala med tillräcklig auktoritet, Hong Xiuquan, höll sig vanligen tyst i sitt palats och skrev sina religiösa och moraliska pampletter. Östra kungen, som tycks ha haft i alla fall tillräcklig auktoritet för att fylla ett ledarskap, visade sig ha alltför långtgående ambitioner för egen del. Hans efterträdare under våren 1857, Shi Dakai, var förmodligen den mest kompetente – dessutom allmänt respekterad och beundrad – men han hamnade i konflikt med Hong Xiuquans släktingar som inte tycks ha haft andra tillgångar än stödet från den himmelske kungen.

Men det mest avgörande måste ändå ha varit Taipings revolutionära mål att inte bara störta Qing-dynastin utan att också kullkasta det konfucianska kulturarvet och införa en ny religion med bland annat nya familjemönster. Många av dem som potentiellt skulle ha kunna ansluta sig till ett program för att ersätta den manchuriska Qing-dynastin stöttes bort av Taipings radikala religiositet och antikonfucianism. I valet mellan att behålla en impopulär dynasti och att riskera hela civilisationen var det lätt att ta ställning.

Taipings religiositet och dess mer fanatiska anhängare kan förklara en del av dess framgångar, samtidigt som den också förklarar varför man misslyckades med att få tillräckligt stöd för att totalt omskapa samhället. Det avgörande stödet som saknades var från de intellektuella, de som utgjorde den styrande och kulturella eliten i samhället.

Dessutom var det säkerligen bara en mindre del, främst de ursprungliga gudsdyrkarna, som utgjorde den religiöst motiverade kärnan i Taiping. Övriga var tvångsrekryterade, drevs av hunger eller lockades av möjligheterna till plundring. Men det var fanatikerna som satte tonen och som förskräckte konfucianerna.

Man kan också fundera på vad som förmedlades till Taipings alla anhängare av de betraktelser som Hong Xiuquan skrev? Rimligen bara det som respektive befälhavare förmedlade genom deras predikningar och det som spreds via skvaller. Den överväldigande majoriteten av rebellerna var analfabeter och kunde själva inte läsa Hongs pamfletter.

Många har också velat hävda att gudsdyrkarnas lära var alltför främmande för kineser – och den var främmande i flera aspekter. Men Kina har aldrig varit religiöst homogent, så det bör knappast har varit något problem för kristna idéer att vinna gehör bland kineser. Vad som däremot måste ha varit svårt att acceptera var deras fientlighet och våldsamhet mot andra religiösa grupper, inte minst mot buddhister och daoister och deras helgedomar. Det stred mot kinesernas traditionella acceptans och praktiska syn på olika läror, vilket innebar att alla kunde vara bra så länge som de ansågs fungera i något avseende.

Detta var förmodligen också orsakerna till att Gudsdyrkarnas sällskap inte överlevde Taipings fall. Så gott som alla rebeller från Guangdong och Guangxi – de ursprungliga gudsdyrkarna – föll i strid, för egen hand eller avrättades medan övriga överlevande till stor del kunde återvända hem. Men bland dem tycks inte ha funnits några troende gudsdyrkare, i alla fall inte tillräckligt många för att bilda några slags församlingar – inte ens, vad vi vet, några hemliga sådana.

Vad Taiping dock lyckades med var att orsaka det förmodligen blodigaste kriget i Kinas historia – och ett av de blodigaste över huvud taget – samt att ha skapat en förödelse som det skulle ta flera decennier för landet att återhämta sig från.

Det var framför allt tre orsaker till att upproret kunde pågå så länge – utöver det faktum att upproret ägde rum då dynastin var i en vågdal.

• Den ena var decentraliseringen och splittringen av de reguljära regeringstrupperna, som hindrade dem att tillräckligt snabbt och kraftfullt bekämpa gudsdyrkarna innan de påbörjade den långa marschen mot Nanjing.

• Den andra var att regeringstrupperna var försvagade på grund av korruption, opiummissbruk samt led brist på både avancerade vapen och träning som följd av den tidigare långa fredsperioden.

• Den tredje var de begränsade befogenheter och resurser som hindrade Zeng Guofan att bygga upp tillräckligt stora styrkor förrän efter 1860. Han kunde helt enkelt inte värva fler frivilliga soldater än han trodde sig ha råd att avlöna.

Västmakternas roll?

Vilken roll spelade då västmakternas ingripande med bland annat Alltid segerrika armén? Å ena sidan var de avgörande för försvaret av Shanghai och de bidrog förmodligen till att ett par andra större städer i den delen av Kina kunde återtas av de kejserliga styrkorna lite snabbare än vad som annars varit fallet.

Å andra sidan bekämpades också Qing-dynastin av västmakterna under de två så kallade opiumkrigen. Efter dessa förluster tvingades Kina att betala mycket omfattande skadestånd, vilket naturligtvis ytterligare försvagade dynastin och möjligen förlängde inbördeskriget mot Taiping. De skador som västmakternas aggressioner orsakade Kina och dess regerande dynasti var rimligen avsevärt mycket större än det stöd den kejserliga sidan fick av Alltid segerrika armén,

Antal döda

Taiping-upproret spred sig över totalt 16 provinser, om än inte samtidigt. De provinser som drabbades hårdast var provinserna runt Långa flodens nedre lopp: Hunan, Hubei, Jiangxi, Anhui, Jiangsu och Zhejiang. Taiping ska också, enligt en rapport från Zeng Guofan, ha erövrat mer än sex hundra städer, vilka i olika grad förstördes.

Uppskattningar över antal döda hamnar på minst 20 miljoner. Några uppskattar att det var så många som 40 miljoner och det finns än vildare gissningar på över hundra miljoner. Detta kan jämföras med första världskriget, 1914–18, som ledde till ca 20 miljoner döda i direkta krigshandlingar, plus många fler som följd av kriget. Alla uppskattningar över antal offer är dock osäkra, bland annat på grund av att många handlingar förstördes under kriget och på grund av det kaos som rådde inom stora delar av landet flera år efter upproret. Dessutom pågick andra uppror ungefär samtidigt: Nian, Miao, Dungan, Panthay med flera.

Osäkerheten beror också på otillförlitlig befolkningsstatistik, som bland annat kan skyllas på den statliga administrationens tilltagande slapphet sedan 1700-talet. Befolkningsstatistiken var dock osäker även under perioder då kejsarmakten var stark och då ämbetsmännen var förhållandevis okorrumperade. Frestelsen att manipulera siffrorna var alltför stora – både bland de lokala ämbetsmännen och bland befolk-ningen – eftersom folkräkningarna lades till grund för beskatt-ningen. Ämbetsmännen ville å ena sidan gärna rapportera in en ökning av befolkningen för att göra kejsaren nöjd. En folkökning tolkades nämligen som en följd av ökat välstånd och därmed också som ett bevis på gott styre.

Å andra sidan innebar en ökning av befolkningen också ökade krav på skatteinbetalningar till staten, och det var magistratens ansvar, det vill säga den lokale ämbetsmannens. Eftersom varje folkräkning dessutom innebar en extra arbetsbörda för magistraten var det frestande att bara skriva upp föregående siffror en aning.

Befolkningsstatistiken är således otillförlitlig. Ett exempel är statistiken för år 1600, som av "statistiska fundamentalister" uppskattas till 66 miljoner, av "skeptiker" till 150 miljoner och av "ultraskeptiker" till 230 miljoner (Timothy Brook).

Taeuber & Wang redovisar befolkningsuppgifter från Kinas provinser. Till exempel ska det 1851 ha funnits 30 miljoner invånaren i Zhejiang medan det år 1870 bara fanns 6.5 miljoner. I Jiangsu skulle befolkningen ha minskat från 44 till 20 miljoner mellan 1851 och 1880. I Anhui minskade befolkningen enligt dessa uppgifter från 37 till 23 miljoner mellan 1851 och 1902. Dessa tre provinser blev de mest förödda av inbördeskriget, särskilt Zhejiang. Uppgifterna är dock osäkra och minskningen av invånarna i respektive provins berodde dels på antalet döda, dels på antalet som flytt till andra provinser.

Dessutom fanns det begripliga anledningar för nyinflyttade att så länge som möjligt försöka undvika registreringen av landägor för att slippa undan jordskatten.

Bristerna i statistiken innebär att man – i bästa fall – kan komma fram till bara en mycket ungefärlig totalsumma över antal döda under 1850- och 1860-talen som följd av alla uppror och naturkatastrofer samt som följd av den nöd som rådde oavsett uppror och naturkatastrofer. En sådan totalsumma hamnar kanske kring 40–80 miljoner och av dessa kan Taiping ha svarat för kanske hälften.

En bidragande anledning till det stora antalet döda kan ha varit att den snabba folkökningen i kombination med den ekonomiska krisen skapade en situation där ovanligt många levde på den yttersta marginalen. I så fall kan det ha räckt med bara en marginell försämring för att ett stort antal människor skulle svälta ihjäl. Det skulle i så fall också kunna förklara varför så många valde att ansluta sig till Taiping och till andra rebell- eller banditrörelser. De var helt enkelt desperata.

Om man tittar på det totala antalet döda framstår Taiping-upproret som exceptionellt. Men tar man hänsyn till antalet offer i förhållande till landets befolkning och till krigets lång-varighet blir det inte lika extremt. Om man utgår från 20–40 miljoner döda på grund av Taiping-upproret blir det runt fem till tio procent av Kinas dåtida befolkning. Det amerikanska inbördeskriget pågick ungefär samtidigt, 1861–65. Där blev de totala förlusterna i döda drygt en miljon (varav 620 000 militä-rer), vilket utgjorde tre procent av landets befolkning. Taiping-upproret pågick i fjorton år medan amerikanska inbördeskriget varade fyra år.

Självmord

Ett stort antal begick självmord istället för att överlämna sig till fienden. I boken *The Talented Women of the Zhang Family* skriver Susan Mann om staden Changzhou, som intogs av

Taiping-armén 1860. Ungefär 20 000 av stadens invånare ska ha dödats av rebellerna efter att staden intagits, men det finns uppgifter på att kanske lika många begick självmord när det stod klart att staden skulle falla. En brittisk missionär, Griffith John, rapporterade exempelvis att när Taiping intog städer i sydöstra Kina ... *förlorades fler liv genom självmord än för svärdet* (Curwen).

De många självmorden under Taiping-upproret är anmärkningsvärda. Att ta sitt eget liv var inget som under normala omständigheter var accepterat. Enligt de grundläggande värderingarna var kroppen något som man hade fått till skänks och som man skulle vara aktsam om. Dessutom hade särskilt sönerna ansvar för att ta hand om föräldrarna på deras ålderdom; döttrarna hade istället ansvar för att hjälpa till att ta hand om svärföräldrarna.

Men om man av någon anledning inte kunde leva ett moraliskt föredömligt och anständigt liv, då ansågs det ofta vara bättre att inte leva alls. Det ansågs till exempel vara hedervärt att begå självmord för landets skull eller för kejsarens, för en nära vän eller för en välgörare, för att rädda andras liv, för att hämnas ens föräldrar, äkta hälft eller härskare eller för att följa en nyss avliden äkta man i graven.

Dessa förväntningar gällde framför allt de bildade männen, junzi, de som till exempel var eller aspirerade att bli ämbetsmän – till skillnad mot folk i allmänhet. Det var också skillnad mellan män och kvinnor; medan en högre ämbetsman kunde välja att följa sin kejsare in i döden, kunde en änka välja att följa sin man.

Å andra sidan, om ens livsuppgift var utstakad och av tillräckligt dignitet då borde man avstå från att ta sitt liv för att istället kunna uppfylla sina mål. Som exempelvis Kinas främste historiker, Sima Qian (död år 90 f.Kr.), som av kejsaren blev dömd till kastrering vilket var ett sådant förödmjukande straff att han under normala omständigheter förväntades begå själv-

mord. Istället valde han att fortsätta leva för att kunna fullfölja
sin livsuppgift, att skriva Kinas historia, Shiji.

Folkomflyttningar

Upproret ledde till stora folkomflyttningar, bland annat genom
de många utskrivningarna till de kringströvande arméerna, fri-
villigt eller med tvång. Många människor tvingades också fly
från särskilt drabbade områden, antingen på grund av krigs-
handlingar eller på grund av förödelsen efter passerande
arméer. Efter att upproret slagits ned blev det en omvänd
migration av folk som från andra provinser flyttade till nedre
Långa flodens bördiga bygder för att ersätta alla dem som dött
eller försvunnit. Det handlade om stora grupper, staden Wuxi i
Jiangsu beräknas ha förlorat mellan hälften och två tredjedelar
av dess befolkning under Taiping-perioden och det var inte
förrän på 1920-talet som staden åter hade lika stor befolkning
som på 1840-talet (Rawski & Li).

År 1865 inrättades en speciell kommisson för att organisera
nyodlingen av land som lagts öde under inbördeskriget. Under
en begränsad period kunde tidigare ägare som flytt kräva att få
tillbaka sina gamla egendomar. När den tiden gått ut fick de
som var villiga att odla jorden äganderätt till den. Dessutom
sålde många storgodsägare sina gamla marker billigt eftersom
de hade svårt att få tag i arbetare. Följden blev att i de områden
som hårdast drabbades av kriget, främst områdena söder om
Långa flodens nedre lopp, försvann stora jordägare nästan helt
(A. Ohanjanian).

Stora folkomflyttningar orsakades också av före detta sol-
dater. Det fanns program för hur de frivilliga trupperna på ett
ordnat sätt skulle demobiliseras för att männen skulle kunna
återvända till sina hemtrakter eller få övergiven mark att odla
upp och bli bönder. Det handlade om hundratusentals före
detta soldater som under flera år levt på rörlig fot utanför det
civila samhället. En stor del, kanske flertalet, återvände inte

hem. Många hamnade i städerna där de bidrog till den snabba ökningen av stadsbefolkningen under senare delen av 1800-talet – eller tog över ägarlösa marker i krigsdrabbade områden.

Många före detta soldater bildade banditgäng, ofta tillsammans med kamraterna i de militära enheter de tillhört. Andra blev värvade till hemliga sällskap och olika sekter – vilka ofta inte skiljde sig nämnvärt från banditgrupperna. Under 1900-talets första decennier kom flera av dessa organisationer att utgöra basen för de krigsherrearméer som skulle plåga landet efter kejsardömets fall 1912.

Ett problem med tillfälliga frivilliga arméer är att de upplöses när de inte längre behövs – medan reguljära trupper återgår till att göra vad de förutsätts göra under fredstider, det vill säga förbereda sig inför nästa krig. Om kriget blir långt och den frivilliga armén existerar under flera år – kan dess soldater då enkelt återgå till det liv de borde ha levt om de inte låtit sig värvas?

Taiping-upproret och den allmänna krisen var också en av anledningarna till att kineser på allvar började emigrera under mitten av 1800-talet. Många hamnade i Förenta Staterna för att bygga järnvägar, ofta under villkor som inte skiljde sig nämnvärt från dem i hemlandet.

En grupp som kom att bli en av de mest spridda i världen var hakka-folket. Åtskilliga valde att emigrera framför att riskera att bli utsatta för myndigheternas och han-kinesernas eventuella hämndaktioner mot den grupp från vilken Hong Xiuquan kom. Många tog sig till Hongkong, Brittiska Guayana, Amerika och andra platser. En del flyttade till en liten hakka-republik på västra Borneo, *Lan Fang Guo*. Republiken grundades av hakka-emigranter 1777 och varade formellt till 1884 då den ockuperades av kolonialmakten Holland, som i praktiken kontrollerat Lan Fang Guo drygt ett halvt sekel.

Åtminstone några av Hong Xiuquans släktingar tog sig till Hongkong och fick där hjälp av Baselmissionen, där missionären Theodore Hamberg verkade fram till sin död 1854.

Förödelsen

Utöver alla döda och folk som försvann från sina hem var det mängder av familjer som drabbades av nedbrända hem, förstörda skördar och plundringar på allt värdefullt – i många fall inte bara en gång. Ett stort antal böcker, bilder och kalligrafiska verk förstördes, både i privata boksamlingar och offentliga bibliotek, antingen därför att hem brändes eller för att Taiping-rebellerna ofta brände alla slags böcker man kom över – utom kristna skrifter. Stora mängder av målningar och skulpturer förstördes avsiktligen, speciellt sådana som kunde tolkas som gudabilder, medan andra konstverk gick förlorade i den allmänna förödelsen.

I sin artikel om förhållandena i Jiangnan, området direkt söder om nedre delen av Långa floden, skriver Kathryn Bernhardt att förstörelsen var förfärande. Under slutet av upproret låg städerna, tidigare knutpunkter i ett blomstrande handelsnätverk, utbrända med sotiga murar stående som vittnen av tidigare betydelse. På landsbygden markerade högar av grus och spillror var de före detta byarna låg och vida områden odlades inte längre. Miljontals människor hade dött eller flytt för att söka säkerhet nån annanstans. Det var som om en flodvåg dragit fram över landet...

I många städer var det endast de byggnader som var gjorda av sten eller tegel som stod kvar; alla träbyggnader var mer eller mindre nedbrända.

Landet längs Långa floden hörde före Taiping-upproret till Kinas rikaste områden med en livlig båttrafik längs floden. Men krigsåren förändrade allt. Av de mängder av människokroppar som flöt med strömmen längs floden var inte alla följder av krigshandlingar; ett stort antal var kroppar av människor som i desperation dränkt sig själva eller av nyfödda flickebarn som föräldrarna inte mäktade med att föda upp (Tiedemann).

En brittisk arméofficer, Garnet Wolseley, skrev 1861 om en resa längs floden då han såg byar av hyddor byggda av vass av flyktingar som försökte överleva genom fiske:

Stora familjer trängdes tillsammans i små tältliknande hyddor av vass, med den kalla vinden blåsande genom väggarna. De boende var klädda i de mest motbjudande trasor och satt tätt intill varandra för att hålla värmen. (...) För de flesta var det bara en fråga om hur många fler dagar de skulle kunna förlänga sina bedrövliga liv... (Tiedemann).

Dessutom, efter 1853 gick inte längre några transporter av ris och andra produkter norrut till huvudstaden längs Stora kanalen, vilket gjorde tusentals pråm- och kanalarbetare arbetslösa.

Nära storstaden Hangzhou i provinsen Zhejiang ligger en konstgjord sjö, Xiang-sjön, och området kring sjön ockuperades våren 1861 av Taiping, som höll området i knappt två år (R. Keith Schoppa). En del lyckades fly till Shanghai och andra städer, andra gjorde vad de kunde för att gömma sig, en del begick självmord medan många gjorde motstånd under ledning av traktens utbildade elit.

Förutom alla som dog under striderna dödades åtskilliga därför att de försökte skydda kvinnor eller föräldrar. Hustrun till en fattig man, Xu Gao, våldtogs exempelvis av två Taiping-soldater, varpå Xu tillsammans med Li, som ägde huset där Xu och hans fru bodde, lyckades döda de två gärningsmännen. Detta ledde i sin tur till att Xu och Li dömdes till döden av Taiping och deras avhuggna huvuden hängdes upp i byn som varning till andra.

När området runt Xiang-sjön ockuperades av Taiping brändes officiella byggnader och 37 konfucianska, daoistiska och buddhistiska tempel och andra helgedomar. Det som framför allt påverkade möjligheterna att överleva runt sjön var förstörelsen av dammar, fördämningar och slussportar. I enlighet med kinesernas uppfattning om en holistisk helhet av natur och mänsklighet förväntade man sig att den taipingska syndafloden skulle återspeglas i naturen. Och mycket riktigt, förödelsen och lidandet under första vintern efter Taipings ockupation förvärrades av en häftig snöstorm med snödjup på uppåt två meter och en kyla som fick Xiang-sjön att frysa till is. Det var samma snöstorm som tvingade Taiping-generalen Li Xiuchengs soldater att ligga still och frysa utanför Shanghai. Dessutom, sommaren 1862, då stora delar av fördämningarna vid sjön förstörts av rebellerna, drabbades man av översvämningar...

Samtidigt fanns det under denna konflikt, liksom i alla andra krig, de som tjänade på förstörelsen och andras lidande. Eftersom båda sidor försökte blockera varandras handel och förbindelser längs Långa floden och andra vattenvägar blev smuggling en särskilt lönande verksamhet.

Det ständiga behovet av vapen och ammunition innebar också lönsamma möjligheter för utländska handelsmän. Dessa kunde ofta utnyttja det förhållandet att båda sidor ville hålla sig väl med de utländska makterna.

Förödelsen runt Långa flodens nedre lopp ledde också till att chanserna ökade för män från andra provinser att bli godkända i de nationella examinationerna i huvudstaden. Dessa examinationer hade tidigare under lång tid dominerats av kandidater från provinserna nära Långa flodens delta.

Bristen på arbetskraft ledde till höjda löner

Enligt Taipings propaganda skulle man försvara de fattiga och bekämpa de rika – men som nämnts genomförde man inte några radikala omdaningar på landsbygden. En ostörd skatteindrivning och livsmedelsförsörjning blev viktigare. Dessutom gav de kejserliga styrkorna inte Taiping någon ro att genomföra omfattande reformer.

Däremot ledde den omfattande förödelse som upproret åstadkom till stora förändringar för den jordbrukande befolkningen efter att Taipings krossats. De stora jordägarna, som vanligen flytt till städerna, förlorade en stor del av deras gamla jordegendomar medan de överlevande småbrukarna och arrendatorerna ofta fick det betydligt bättre ställt. I alla fall under de första årtiondena efter att Fullkomliga fridens himmelska rike upphört att existera. När freden väl var återställd fanns stora arealer av övergivna jordegendomar. Många jordägare, små och stora, hade dödats medan andra flytt. Dessutom hade många av de lokala registren över vem som ägde vad förstörts under striderna och plundringarna. Där fanns arrendatorer som inte hade några jordägare att betala arrenden till – och som ofta vägrade betala även om de gamla ägarna återvände i tid för att kunna hävda äganderätten till marken.

Helt övergivna jordar togs till stor del över av nybyggare från befolkningstäta områden i Kina som inte drabbats så hårt av upproret eller av demobiliserade soldater. Qing-dynastin var angelägen om att få igång livsmedelsproduktionen och stod dessutom i tacksamhetsskuld till de före detta soldater som frivilligt ställt upp till försvar för kejsaren och den kinesiska civilisationen. Därför fick de forna jordägarna i stor utsträckning finna sig i att deras gamla jordar togs över av nya ägare. I en hel del fall lyckades de genom kompromisser behålla en del av sina gamla ägor genom att de förvandlades till så kallade permanenta arrenden, vilket innebar att arrendatorerna fick en starkare ställning gentemot jordägarna.

Permanenta arrenden förekom i stora delar av Kina, främst i risodlande områden. Det innebar att man skiljde på mark med äganderätt och mark med brukarrätt (kejsaren ansågs förr vara den formelle ägaren av all mark och kunde därmed omfördela den efter behag; idag är det staten som äger all mark). En bonde kunde således sälja äganderätten till en del av sin mark men behålla brukarrätten, som var absolut och som ärvdes. Som arrendator skulle han visserligen betala arrende till markägaren, men denne kunde inte på något enkelt sätt bli av med en arrendator som inte kunde eller ville betala. Man kunde också sälja brukarrätten till jorden, med villkoret att man hade rätt att köpa tillbaka den.

Permanenta arrenden gav arrendatorer en starkare ställning gentemot jordägare. Sådana former tenderade att öka under perioder då jordägarnas ställning försvagats, då det exempelvis rådde brist på arbetskraft på grund av epidemier eller naturkatastrofer.

Det var vanligt att en bonde i en by brukade jord på olika platser i byn, som i Sverige före skiftesreformerna i början av 1800-talet. En del av jorden både ägde och brukade han, andra delar arrenderade och brukade han permanent medan han kanske i sin tur ägde jord som han lät andra bruka som permanenta arrendatorer. En del av dessa olika arrangemang kunde vara resultat av att han sålt jord eller brukarrätter för att betala skulder; andra för att han föredrog att arrendera mark som låg nära bostaden för att istället låta andra bruka den jord som låg längre bort.

Den som arrenderade jord betalade arrende till jordägaren, som i sin tur betalade jordskatten till staten. Man hade vanligen också en skyldighet att utföra dagsverken under jordbrukets lågsäsonger, men det var till staten och inte till jordägaren. Det handlade framför allt om arbeten för att bygga och underhålla infrastrukturen: kanaler, flodvallar etc.

På grund av bristen på arbetskraft, tvingades jordägarna även att sänka de arrenden som bönderna skulle betala. Bristen på arbetskraft – som enligt Rowe varade en bit in på 1900-talet – ledde också till allmänt höjda löner.

Änkorna?

Den bildade eliten blev inte bara involverad i militära ange-
lägenheter under upproren utan också i återuppbyggnaden av
landet, vilket innebar att de också engagerades i ekonomin
samt i handel och industrier.

Bland annat fanns det ett stort behov av att ta hand om alla
änkor. Normen för kvinnors kyskhet gjorde det i stort sett
omöjligt för änkor i bättre familjer att gifta om sig och den
lokala eliten stödde inrättandet av mängder av nya änkehus
och andra välgörenhetsinrättningar. Det var ett gammalt ideal
att änkor helst inte skulle gifta om sig, medan det för män
istället var en plikt. Även bland vanligt folk betraktades det
som något moraliskt tvivelaktigt med omgifta änkor, särskilt
under Qing-dynastin. Det var till och med så att unga flickor
som blivit bortlovade skulle avstå från att gifta sig med någon
annan om deras tilltänkta män råkade avlida innan äktenska-
pet fullbordades. Paul S. Ropp (The Seeds of Change) citerar
ur en handbok för kvinnor:

Den lojale tjänstemannen tjänar inte två dynastier.
Den ärbara kvinnan har inte två makar.

Det är möjligt att änkor som inte kunde försörja sig inte
uttryckligen uppmuntrades att begå självmord, men de som
tog livet av sig framhölls gärna som exemplariska. Sådana sed-
liga och anständiga änkor kunde dessutom räkna med belöning-
ar av olika slag – även de som begått självmord – trots att de
manchuriska Qing-kejsarna försökte motarbeta den här tradi-
tionen. Det fanns även andra oppositionella röster, men de var
få, alltför få.

Men ideal är en sak och verklighet en annan; den avlidne
mannens familj tryckte ofta på änkan att gifta om sig för att
slippa den munnen att mätta.

Under decennierna efter Taiping-upproret blev det vanligt
med fosterbarnsäktenskap. Det innebar att den blivande brud-
gummens föräldrar tog den blivande bruden som fosterbarn

när hon var bara några få år gammal och när de två barnen blev giftasvuxna ordnade man en enkel ceremoni. Flickans föräldrar slapp bördan av att försörja henne samtidigt som hennes framtid blev tryggad och de två föräldraparen slapp de dryga kostnaderna för ett traditionell giftermål. Fosterbarnsäktenskap var inget man eftertraktade, men det var en fungerande nödlösning när tiderna var svåra.

Problemet kom ofta senare. Det var inte självklart att det tilltänkta brudparet skulle attraheras av varandra sexuellt efter att ha växt upp som syskon.

Oro i andevärlden

Taiping-upproret åstadkom inte bara förödelse i den påtagliga världen utan även i den värld där själarna efter avlidna dväljdes. Enligt gammal folktro levde avlidna kvar i en andevärld, parallell med vår men vanligen osynlig för dödliga. I en kinesisk familj var relationerna med de avlidna centrala. Man såg till att hålla sig väl med dem för att de dödas själar i sin tur skulle vaka över de levande. Framför allt hade den äldste sonen i varje familj en nyckelroll i att upprätthålla de goda förbindelserna med de döda. Man kunde uppvisa stor kreativitet i att se till att det skulle finnas en "son" i familjer där det så att säga inte fanns någon naturlig son. Ett exempel är att Hong Xiuquan, Taipings himmelske kung, lät en av hans egna söner postumt bli adoptivson till den mördade östre kungen, Yang Xiuqing (kapitel 9).

De avlidnas själar som saknade någon son, naturlig eller ej, fick därmed ingen ro i andevärlden utan blev vad vi i väst skulle kalla osaliga andar eller i Kina hungriga spöken. Under krigstider, då ofta hela familjer dödades, blev det av naturliga skäl gott om sådana hungriga spöken.

Enligt kinesisk tradition var det också viktigt att avlidna begrovs i deras hemtrakter och man ansträngde sig för att se till att det kunde göras.

Dessutom skulle kroppen vara intakt när den lades ner i graven. Det är anledningen till att eunuckerna, de kastrerade palatstjänarna i det kejserliga Kina, förvarade deras avskurna och skrumpnade organ i en liten pung (!) runt halsen.

Det säger sig själv att mängder av människor under krigsår inte bara dog utan någon son att sörja för dem i andevärlden utan också begrovs långt från hemtrakterna och ofta med saknade lemmar, huvuden etc – om de över huvud taget begrovs. Rania Huntington berättar till exempel om staden Yanzhou där invånarna hörde gråtande spöken under nätterna. De insåg att det måste vara de som dött under Taiping-upproret. Först efter att alla överlevande i staden genomfört ritualer för de döda vid stadsmurens samtliga portar tystnade klagogråten. Kaotiska tider i vår värld följdes av oro i andevärlden.

Kungen har förverkligat sin dröm
Om att sopa bort all orättvisa och skapa fred på jorden.
Han lämnar bakom sig ett drakträd som lever ett tusen år.
Varje år öppnar sig hans ögon för att se dess klarhet.

(Ett poem vid foten av ett longan-träd – drakögon-träd
– som Hong Xiuquan påstods ha planterat i hans
hemtrakt i Guangdong i början av 1830-talet. Trädet
sades ha träffats av blixten då Taiping-upproret
kollapsade, men det återhämtade sig och levde
fortfarande efter 170 år. I alla fall enligt Lee Khoon
Choy: *Pioneers of modern China – understanding the
inscrutable Chinese*, 2005.)

13. Arvet – blev det 1900-talets revolutioner?

I Kina har det sedan några tusen år betraktats som rätt att göra
uppror om kejsaren ansågs ha missbrukat den makt han blivit
anförtrodd. Under dess långa historia har den kejserliga insti-
tutionen, själva kejsarmakten, nästan aldrig ifrågasatts. Vad
man däremot då och då ifrågasatt, och tagit till vapen mot, har
varit omoraliskt beteende från den sittande kejsarens sida.

I det klassiska Kina var inte kejsaren helig, däremot ansågs
han (det var med ett undantag alltid en han) ha ett himmelskt
mandat att enväldigt styra Kina – ja, egentligen hela världen,

över *allt under himlen*. Men detta mandat var villkorat. Om
kejsaren inte uppfyllde kraven på att måna om alla människor
och att vara rättfärdig och rättvis, då kunde han inte förvänta
sig att hans underlydande skulle vara lojala. Om ett uppror
bröt ut, och om rebellerna lyckades besegra kejsaren, var det
det slutliga beviset för att kejsaren misskött sig så mycket att
han förlorat det himmelska mandatet.

Denna idé – som C.P. Fitzgerald kallat Kinas *oskrivna konsti-
tution* (The Revolutionary Tradition...) – är kanske tre tusen
år gammal och åberopades till exempel av den konfucianske
filosofen *Mencius*.

Han, Mencius, förklarade också att vissa arbetar med deras
hjärnor och är de som styr över dem som arbetar med deras
muskler. Inte heller detta var något man vanligen protesterade
mot. Den intellektuella och styrande eliten hade visserligen
privilegier andra bara kunde drömma om, men de hade gjort
sig förtjänta av dem genom deras mångåriga studier och genom
att ett antal gånger genomlidit de kejserliga examinationerna.
De hade inte ärvt deras befattningar och examinationerna
garanterade att det bland ämbetsmännen varken fanns några
dumbommar eller lättingar från någon överklass. Så länge som
ämbetsmännen verkligen använde deras hjärnor på ett intelli-
gent sätt och använde deras bildning för att styra i enlighet
med den konfucianska etiken gjorde man inte heller uppror
mot dem.

Under 1800-talet fanns det dock en hel del som tydde på att
det kunde vara dags med ett byte av det himmelska mandatet.
Dessutom hade korruptionen blivit utbredd bland kejsarens
ämbetsmän, kanske mer än någonsin.

Barbarerna som blev kineser

Under mitten av 1800-talet hade Qing-dynastin inte bara
Taiping och andra uppror att bekymra sig om. Dynastin kon-
fronterades dessutom med aggressiva och arroganta västmakter

som blivit vana vid att militärt och ekonomiskt dominera världen utanför Europa. De såg Kina framför allt som en gigantisk marknad för de industrier som växt upp i ett Europa där majoriteten av befolkningen fortfarande var alltför fattig för att kunna konsumera alla de varor som de nya ångdrivna fabrikerna hade kapacitet att producera.

I Kina var man van vid att hotas av nomadiserande stammar på stäpperna i norr. Det var därför den kinesiska långa muren byggdes mer än två tusen år före Taiping-upproret. Hoten kom i form av mindre rövarband, vilket var det vanliga, eller några gånger som storskaliga invasioner. Dessa grannfolk eftertraktade Kinas rikedomar, men de var samtidigt starkt influerade av Kinas civilisation och tog villigt till sig av dess kultur och filosofi.

De makter som hotade Kina på 1800-talet var emellertid inga grannar. De var också ute efter Kinas rikedomar – men de hade inget större intresse för kinesisk kultur eller civilisation och kände inte till Konfucius. De kom också med skepp från söder, varifrån Kina av tradition inte förväntade sig något allvarligare hot. Där fanns ingen lång mur.

Bara ett par hundra år tidigare såg världen däremot annorlunda ut från ett kinesiskt perspektiv. Då befann sig Ming-dynastin (1368–1644) i kris på grund av korruption, vanstyre, epidemier, en serie nödår och uppror. Den dynastin slutade med att den siste Ming-kejsaren hängde sig i ett träd på den kulle som ligger alldeles norr om Förbjudna staden i Beijing. Det var då som manchurerna (man-folket) passade på att erövra Kina och etablera en ny kejsardynasti, Qing (1644–1912).

Manchurerna var ett folk eller snarare ett förbund av folk från vad som i väst blev känt som Manchuriet, det som idag utgörs av de tre provinserna i nordöstra Kina (Heilongjiang, Jilin och Liaoning) men som vid den tiden också omfattade nuvarande Inre Mongoliet och en del av det östligaste Sibirien.

Härskarna över manchurerna hade under flera år planerat att erövra Kina. De lärde sig kinesiska, lät översätta de kinesiska klassikerna, studerade de konfucianska skrifterna, organiserade den statliga förvaltningen efter kinesisk modell etc. Manchurerna gjorde några misslyckade försök att tränga igenom den välförsvarade muren, men 1644 lyckades de, tack vare en kinesisk general som betraktade manchurerna som ett mindre ont än de obildade bönder som just intagit Beijing och fått kejsaren att ta sitt liv.

Manchurerna blev en ny överklass, som snabbt sinofierades. De tog till sig den kinesiska kulturen så grundligt att det egna språket och skriften nästan helt gått förlorat (idag är manfolket en av de 55 erkända etniska minoriteterna i Kina, men den minoritet som har minst andel som numera talar deras ursprungliga språk).

Det var inte första gången som Kina erövrades och styrdes av icke-kineser. Men den kinesiske kejsaren, Himlens son, betraktades som en förmedlare mellan den universella makten, Himlen, och alla människor, inte bara kineser. Därför kunde i princip vem som helst bli betrodd med Himlens mandat. Det avgörande var inte härstamningen utan härskarens dygder. Och de manchuriska härskarna hade ansträngt sig för att bli så kinesiska och konfucianska som möjligt.

Det gick förhållandevis lätt för manchurerna att ta över en stor del av norra Kina, men det skulle ändå ta ca fyrtio år innan de säkrat sitt herravälde över hela landet. Den kinesiske general som släppte in den manchuriska armén, Wu Sangui, blev belönad med en förläning i sydvästra Kina, Yunnan. Ett par andra Ming-generaler, som också stött den nya dynastin, fick liknande förläningar i södra Kina, i Guangdong och i Fujian. Men dessa småkungar uppträdde alltför egenmäktigt för att tilltala den manchuriske kejsaren Kangxi och när denne på 1670-talet började agera för att göra sig av med de före detta generalerna gjorde de uppror, *Tre vasallernas uppror* (1673–

1681). Det tog Qing-dynastin flera år att krossa upproret – med hjälp av andra han-kinesiska generaler. Stora områden i sydvästra Kina föröddes av de kringströvande arméerna och hela regionen, speciellt provinsen Guangxi, kom att under lång tid bli en fattig och nästan bortglömd utkant av imperiet. Det var en av Wu Sanguis vapenarsenaler som Taipingrebellerna la beslag på 1852 i staden Yuezhou under marschen från södra Kina till Nanjing (kapitel 6).

Minimalt styrande

Det var ett stort rike som Qing-dynastin tog över och det blev ännu större genom att utökas med de erövrande manchurernas hemland. Dessutom erövrades Tibet, Xinjiang, Yttre Mongoliet (nuvarande Mongoliet) och Taiwan under 1600-talet och början av 1700-talet – under visst motstånd från kinesiska ämbetsmän som menade att expansionen drog intresset från inhemska problem.

En följd av denna utvidgning av riket blev att den kinesiska muren förvandlades från ett mäktigt skyddsvärn till ett irriterande hinder i terrängen. Viktigare var dock att man därmed undanröjde det gamla hotet om att anfallas av hästburna nomader.

Kina blev under Qing större än någonsin förr eller senare, i alla fall om man bortser från Yuan-dynastin (1279–1368) då Kina var en del av det mongoliska imperiet. I slutet av 1800-talet tvingades Kina dock avträda dels Taiwan och Liaodonghalvön i provinsen Liaoning till Japan, dels områden i nuvarande Sibirien till Ryssland.

Kina hade omkring 1850 en befolkning på mellan 400 och 450 miljoner, som styrdes med hjälp av en förvaltning och armé som var minimal i förhållande till folkmängden. Qing-administrationen var, för att citera William T. Rowe, en *governance on the cheap*, det vill säga ett land med en slimmad förvaltning och en förhållandevis passiv centralregering. Det

var inget ovanligt tillstånd i Kinas historia, men under 1800-
talet hade Kina en befolkning som var långt större än någonsin
tidigare och riket var utsatt för hot som man aldrig tidigare
mött.

Den statliga byråkrati, som man ärvt av Ming-dynastin,
bestod av ämbetsmän på olika nivåer plus en kår av sekre-
terare, assistenter med flera. Ämbetsmannakåren utgjordes av
personer som blivit godkända i det kejserliga examinations-
systemet och som var klassiskt skolade och ideologiskt indok-
trinerade i de rådande konfucianska lärorna.

Kejsardömet präglades av en långtgående maktfördelning,
strikta regler för ämbetsmäns tillsättning och kontrollorgan
som skulle förhindra korruption och maktmissbruk bland
ämbetsmännen. Men inom dessa ramar kunde ämbetsmännen
verka under stor självständighet; deras konfucianska skolning
ansågs borga för plikttrohet, oegennyttighet, gott omdöme,
integritet, vishet etc.

Naturligtvis fanns det ett glapp mellan teori och praktik,
mellan vad som förväntades av de statliga ämbetena och de
faktiska personer som besatt dessa tjänster. Därför fanns också
en slags central revision, en censorsmyndighet, som övervakade
ämbetsmännen och rapporterade om eventuella brister och
övertramp. En uppgift var att i tid förhindra alla tendenser att
överskrida sina befogenheter, vilka skulle kunna bli till hot mot
den rådande ordningen och i sista hand även mot den regeran-
de dynastin.

Korruptionen bland ämbetsmän blev utbredd under 1800-
talet. En hel del korruption har förmodligen alltid förekommit,
men i slutet av 1700-talet nådde den rekordartade höjder med
en viss Heshen, en favorit till kejsar Qianlong, som ska ha till-
skansat sig enorma rikedomar. När Qianlong dog 1799 fäng-
slades Heshen och tvingades begå självmord. Men de nätverk
av korrumperade ämbetsmän på olika nivåer som Heshen
skapat ansågs alltför omfattande för att man utan allvarliga

konsekvenser för rikets styre skulle kunna komma åt och straffa alla inblandade. Istället gick problemet i arv till 1800-talets kejsare.

Dessutom ledde den snabba ökningen av befolkningen till att allt fler män deltog och blev godkända i de examinationerna för att meritera sig att bli kejserliga ämbetsmän. Men eftersom förvaltningen inte byggdes ut blev det allt fler som klarat av examen men som ändå inte blev utnämnda till ämbetsmän. Frustrationen ökade och det blev allt viktigare med personliga kontakter.

På grund av politiken med minimal förvaltning och en relativt låg beskattning fanns det inga stora statliga reserver att ta till vid eventuella kriser. Visserligen kunde ämbetsmännen räkna med ett icke föraktligt stöd från alla de som blivit skolade i den konfucianska ideologin, utan att de fått någon statliga tjänster – men Kina stod inte inför några vanliga kriser...

Från välstånd till kris

Under 1700-talet blev Kina omtalat i Europa som en välmående, upplyst och högt kultiverad mönsterstat. Under 1800-talet däremot blev Kina alltmer känt som en svag och trög jätte som inte klarade av att modernisera näringsliv och förvaltning och som inte heller lyckades stå emot trycket från Storbritannien och andra aggressiva västmakter, vilka ville komma åt Kinas potentiellt stora marknad för sina handelsvaror.

Något måste uppenbarligen ha skett under övergången mellan 1700-talet och 1800-talet och symptomen på vad som skulle komma började bli tydliga redan under de goda åren.

Folkmängden ökade snabbt, från kanske 150 miljoner i slutet av 1600-talet till mer än fyra hundra miljoner kring mitten av 1800-talet. Statistiken är osäker, men även en försiktig bedömning visar en ovanligt hög befolkningstillväxt från slutet av 1600-talet. En del av förklaringen till den snabba ökningen var den utveckling av jordbruket som ägt rum sedan Song-dynastin, det faktum att jordbruket var lågt beskattat, införsel av nya grödor från Amerika som majs och sötpotatis samt den mer än hundrafemtio år långa perioden av relativ fred sedan 1683, då Taiwan erövrades, till 1839 då Första opiumkriget bröt ut.

Det under 1700-talet något mildare klimatet efter det kyligare 1600-talet innebar också att odlingssäsongen kunde starta lite tidigare på våren och hålla på lite längre på hösten. Detta innebar att även fattigare familjer hade råd att föda upp fler barn som överlevde till vuxen ålder.

Barnadödligheten tycks också ha minskat, troligen som en följd av ett antal handböcker om barnaskötsel, vilket bland annat ska ha lett till en ökning av amningen. Dessutom ska antalet avsiktliga barnamord ha minskat. Mord på nyfödda barn praktiserades tidigare inte bara under perioder av försörjningskris utan även som familjeplanering och offren var då främst flickor.

En bidragande orsak till folkökningen kan också ha varit de vaccinationer mot smittkoppor som blev mer vanliga i Kina på 1500-talet. Tekniken användes enligt Robert Temple av en buddhistisk sekt i sydvästra Sichuan på 900-talet och blev mer allmänt känd och praktiserad i Kina på 1500-talet.

På grund av befolkningstrycket flyttade många kineser från de tättbefolkade östliga delarna av riket, från Guangzhou i söder till Beijing i norr, till mer glest befolkade provinser i väst som Sichuan, Yunnan och Guangxi. Man började också odla upp allt mer mark, bland annat i nyligen erövrade områden.

Men bara en mindre del av Kina lämpar sig för jordbruk och det fanns få outnyttjade marker att lägga under plogen. Vad som fanns var dels våtmarker, som man började torrlägga, dels bergssluttningar som man omformade för terrassodlingar – något som blev vanligt i södra Kina redan under 1100-talet. Man införde också ännu effektivare odlingsmetoder, med upp till tre skördar per år på de bästa jordarna i södra Kina.

Försörjningskris

Under Qing-dynastins första tid höll produktionsökningen inom jordbruket jämna steg med folkökningen. Men under 1700-talet började produktionen av livsmedel per capita att i flera provinser sjunka och flera ämbetsmän började oroa sig för den framtida försörjningen. Från mitten av 1700-talet till mitten av 1800-talet mer än fördubblades befolkningen medan de uppodlade arealerna bara ökade med ungefär fem procent. Även med effektivare jordbruksmetoder blev det helt enkelt mindre mängder mat per invånare. Det ledde i sin tur till en försämrad levnadsstandard för stora grupper och ökande skillnader mellan rika och fattiga.

Kina satt fast i en agrar fälla, som innebar att man med ständigt högre insatser av arbetskraft försökte få fram ständigt rikare skördar för att försörja en ständigt växande befolkning. Ett sätt att se på Kina under 1800-talet är att riket med dess förindustriella resurser hade nått dess maximala kapacitet. Den var fortfarande möjligt att något öka den totala produktionen inom jordbruket genom att odla upp ännu mer av sankmarker, halvöknar, bergssluttningar etc. Men en högre produktivitet – mängden livsmedel per areal eller jordbrukare – krävde en industriell revolution. Någon sådan stod dock inte för dörren.

Det var till och med så att den stora befolkningen blev ett hinder för utvecklingen av arbetsbesparande maskiner. Varför investera i sådan när det fanns gott om billig arbetskraft? Dessutom var det svårt att mekanisera det kinesiska jordbruket; det är ingen mening med traktorer på alltför små jordlotter.

Samtidigt fortsatte befolkningen att öka, utom de år då landet drabbades av förödande uppror eller naturkatastrofer – vilka inte bara ledde till minskad befolkningstillväxt utan även till en lägre produktion av livsmedel.

Framför allt minskade marginalerna för vanligt folk. Även måttligt sämre skördar kunde snabbt leda till svält – vilket fick många att som nämnts flytta till, eller snarare fly till, mindre tätbefolkade provinser med större marginaler som exempelvis Guangxi.

Kina befann sig således under 1800-talet i en försörjningskris, som hade drivits fram av den snabba folkökningen under 1700-talet – möjligen snabbare än någonsin och någonstans. Det ledde till att resurser som jordbruket kunde producera bokstavligen åts upp medan marginalerna för missväxt vid torka, översvämningar etc minskade.

Sådana katastrofer – för lite eller för mycket vatten – har som nämnts alltid varit vanliga i Kina och drabbat åtminstone någon del av landet nästan varje år. Men under 1800-talet fick de värre konsekvenser än normalt på grund av att alla resurser med dåvarande teknologi utnyttjades fullt ut.

De goda tiderna under 1700-talet ledde till en befolkningstillväxt tack vare att fler överlevde längre. De dåliga tiderna under 1800-talet borde då logiskt ha lett till en befolkningsminskning på grund av att människor inte överlevde lika lätt. Resultatet hade förmodligen blivit just detta – om inte det på 1800-talet hade funnits så många fler än under 1700-talet i fruktsam ålder. Det innebar att folkmängden fortsatte att stiga trots kriserna – och det innebar att försörjningskrisen fortsatte att förvärras.

(Man kan jämföra med dagens folkrepublik, där man hade en ett-barns-politik från slutet av sjuttiotalet till 2015. På grund av den snabba befolkningsökningen under folkrepublikens första decennier fortsätter Kinas folkmängd att öka även idag om än långsammare, mer än trettio år efter att ett barn per familj sattes som mål.)

Kris för flodregleringen

Det var inte bara jordbruket som under 1800-talet nådde dess maximala kapacitet. Detsamma gällde systemet för flodkontroll, som under 1800-talet var så långt utvecklat som det var möjligtmed dåtidens teknologi, det viss säga arbetare utrustade

med spadar, hackor, bärstänger och skottkärror. Varje ny ut-
byggnad av systemet, för att möta befolkningsökningen, kräv-
de också en ökning av det årliga underhållet.

Dessa kollapsande system – jordbruket och flodkontrollen –
blev i kombination med den stora befolkningen förmodligen
det som mest försvagade 1800-talets Kina. Man kan säga att
kejsardömet under 1800-talet blev ett offer för dess egna fram-
gångar under 1700-talet.

Västs aggressioner bidrog till Kians tillbakagång, men även
om England och de andra europeiska makterna hållit sig borta
hade de egna kriserna ändå säkerligen lett till dynastins fall.

Men medan Kina uppnådde dess maximala kapacitet inom
jordbruket och vad gäller flodkontrollen hade västmakterna på
allvar börjat dra ifrån Kina tack vare den industriella revolutio-
nen i kombination med en dynamiska kapitalism och en allt
mer global handel. Medan industri och handel fortfarande be-
traktades med misstro i Kina var det dessa näringars företrä-
dare som i praktiken styrde de nya industriländerna i Europa.
Och handeln var avgörande.

Handel

Sedan lång tid har Kina bedrivit handel med andra folk, över
havet och över land. Fram tills portugiserna upptäckte sjövägen
runt Afrika till Indien och Kina skedde handeln mellan Kina
och Europa via olika mellanhänder. En handelsväg gick över
Indiska oceanen, framför allt på arabiska skepp. En annan var
Sidenvägen, ett nätverk av vägar genom det inre av Asien, där
handelsmän rörde sig mellan ett antal marknadsplatser. Marco
Polo var en av de få som färdades hela vägen från Europa till
Kina.

Kina har framför allt haft tre produkter som uppskattats i
Europa: siden, porslin och te. Sidenet blev känt i Europa redan
under romarriket och dess kejsare klädde sig gärna i detta
material. Kinesiskt porslin blev på 1600- och 1700-talen popu-

lärt inom den europeiska överklassen. Te, en gammal kultur-
växt i Kina, började importeras till Europa i början av 1600-
talet, först av portugiser, senare av holländare och av engels-
män.

Produktionen av alla dessa produkter hemlighölls i det
längsta av kineserna och blev först på ett senare stadium kända
utomlands. Silkesmaskar smugglades till exempel ut från Kina
på femhundratalet till Syrien, då en del av det bysantinska
riket, där man började med egna odlingar.

Europa hade däremot länge inga produkter som tilltalade
kineserna. Under en period kunde västliga handelsföretag dock
exportera vissa specialprodukter från andra delar av världen till
Kina, för att i någon mån kompensera för den stora importen
av porslin, siden och te. En sådan produkt var sandelträ, som
växte i södra Asien och på en del av öarna i Stilla Havet. Det är
ett hårt träslag som doftar aromatiskt i flera årtionden och som
bland annat användes i möbler i Kina.

En annan efterfrågad produkt var sjögurkan, en delikatess i
delar av Kina. Från slutet av 1700-talet utvecklades en triangel-
handel med västerländska handelsfartyg som köpte sandelträ
och sjögurkor från små öriken i Stilla Havet och betalade med
västerländska industrivaror. Sandelträet och sjögurkorna såldes
i Kina, där man köpte porslin, siden och te – vilket skeppades
till Europa. Där byttes de mot billiga industrivaror, som
skeppades till öarna i Stilla Havet och så vidare. Resultatet av
denna handel blev förstörda skogar på ett stort antal öar.

Ryssland var mindre utvecklat än Västeuropa, men även
där fanns en överklass som efterfrågade porslin, siden och te.
De betalade en del av den importen genom att till Kina sälja
pälsvaror från det relativt nyligen erövrade och koloniserade
Sibirien. Så många pälsdjur jagades att de nästan blev utrotade.

Det enda européerna i övrigt hade var silver som användes
som betalningsmedel i Kina och som kineserna fick allt större
behov av i takt med att befolkningen och ekonomin växte.

Storbritannien och de andra europeiska handelsmakterna ville
däremot inte betala för importen av te m.m. med dyrt silver,
vilket utvanns i de spanska gruvorna i Latinamerika. Samtidigt
var de allt angelägnare att få tillgång till nya marknader för
deras snabbt växande industriproduktion.

I Kina möttes man emellertid med kalla handen. I ett ofta
citerat svarsbrev till den brittiske kungen George den III år
1793 skrev kejsare Qianlong att Kina inte hade något behov av
engelska produkter eller över huvud taget av produkter från
andra länder.

Lösningen för britternas del blev opiumet.

Opium

Mjölksaften från opiumvallmon användes sedan länge i Kina
för att lindra smärta. Men opium började också användas som
stimulansmedel under 1600-talet och användningen steg trots
regeringens försök att förbjuda bruket. Här fanns en ökande
efterfrågan som inte kunde tillfredsställas genom odling inom
Kina eftersom det var förbjudet annat än för medicinskt bruk.
Istället började britterna smuggla in opium från odlingar i
Indien.

Den stora ökningen av opiumbruket kom på 1800-talet och
sammanföll med Qing-dynastins nedgångsperiod. Det var en
period med utbredd villrådighet – inte minst inom hovet och
bland många ämbetsmän – om vad som egentligen höll på att
hända med riket och om vad konfrontationen med västmakter-
na skulle leda till. Det var under denna tid som opiumet blev
en lönsam smuggel- och handelsvara för brittiska handelsmän
– och för brittiska kronan.

För att få opiumet måste kineserna betala med silver och i
takt med den ökande efterfrågan och smugglingen av opium
försvann allt mer silver ut ur landet. När mängden silver min-
skade steg istället priset på silver i förhållande till värdet av
koppar. När bönderna sålde sina produkter fick de betalt i

koppar, men när staten krävde in skatter skulle de betalas i silver. Det innebar att skattebördan i praktiken blev allt tyngre.

På ett halvt sekel fördubblades därmed skatterna för Kinas bönder, trots att de nominellt låg kvar på samma nivå sedan 1713.

Det året, 1713, förklarade kejsar Kangxi att landets ekonomi och produktion helt hade återhämtat sig efter 1600-talets krig och uppror. Skattebasen för regeringen var säkrad och den traditionella jordskatten (baserad på arealen odlad mark), som var statsmaktens viktigaste inkomstkälla, ansågs vara tillräckligt hög för statens behov. Dessutom räknade regeringen med att mer mark skulle komma att odlas upp för att möta behovet från en växande befolkning och att produktionen skulle öka tack vare nya grödor och bättre jordbruksmetoder. Därför, förklarade kejsaren, fanns det ingen anledning att *någonsin* öka den redan låga beskattningen per jordenhet.

Nya kejsare kunde gärna ändra på sina företrädares beslut, men då handlade det inte om beslut som skulle gälla *för evigt*. Under 1800-talet försökte Qing-kejsarna att på olika sätt stärka statsbudgeten, men jordskatten från 1713 kom att ligga kvar på samma nominella nivå under resten av Qing-dynastin; respekten för den sedan länge avlidne kejsar Kangxi var stor. Däremot kom sålede skatten i praktiken att öka under 1800-talet därför att priset på silver, som skatten skulle betalas med, ökade.

Qing-dynastin verkar över huvud taget inte ha varit benägen att lättvindigt höja några skatter. År 1863 avslog kejsaren exempelvis ett förslag om att ändra på växelkursen mellan silver och koppar för att få in mer pengar till militären:

> *Hunan har under den senaste tiden ofta drabbata av rebeller och folket där behöver fortfarande återhämta sig. Nu när det är dags att vila ut och hjälpa människor att försörja sig, hur kan då ytterligare beskattningar läggas på mitt folk? Den som betraktar*

ARVET

detta som svårt att genomföra får inte yttra sig mer. (Mu Yang Li, min övers.)

Första opiumkriget

Medan opiumet till en början främst spreds i södra Kina, där en stor del av befolkningen blev missbrukare, drabbades befolkningen i hela landet av de högre skatterna, som blev den indirekta följden av bristen på silver. Den kinesiska regeringen gjorde fruktlösa försök att stoppa smugglingen. Efter en aktion 1838 i staden Guangzhou (Kanton) längst i söder förstörde den kejserliga representanten, Lin Zexu, de främmande köpmännens opiumlager. Storbritannien skickade en flotta för att kräva kompensation, vilket blev inledningen till Första opiumkriget (1839–42).

Britternas flotta visade sig vara överlägsen de kinesiska stridskrafterna och bestod bland annat av deras första oceangående krigsskepp av järn, försedda med både segel och ångmaskiner. Flottan kunde segla ohotad norrut från Guangzhou längs kusten upp till norra Kina innan man övertalades att återvända till Guangzhou för förhandlingar. Man kom dock inte överens och britterna gjorde en ny räd längs kusten och erövrade ett antal städer. Till sist slöt Storbritannien och Kina i augusti 1842 Nanjing-fördraget som innebar:

• att Storbritannien fick ön Xianggang (Hongkong) utanför Guanzhou som ekonomisk och militär bas,

• att Kina tvingades betala ett stort skadestånd till Storbritannien,

• att städerna Guangzhou, Xiamen (Amoy), Fuzhou, Ningbo och Shanghai öppnades för handel och bosättning av britter, samt

• att de officiella kontakterna mellan Kina och Storbritannien skulle ske på jämlika villkor.

Den sista punkten innebär att Storbritannien inte skulle betraktas som en av Kinas tributstater. Med länderna runt Kina hade kejsardynastierna under långa perioder haft en relation som innebar att Kinas kejsare symboliskt erkändes som kejsare över *allt under himlen*. Detta bekräftades formellt årligen genom särskilda ceremonier i den kinesiska huvudstaden, då sändebud för dessa länder – Japan, Korea, Vietnam med flera – högtidligen överlämnade tributer till den kinesiske kejsaren. I gengäld fick sändebuden gåvor som vanligen vida översteg tributerna i värde plus rätt att bedriva handel med Kina. I övrigt skötte dessa folk sig själva – utan någon erövring, kolonisering eller exploatering från Kinas sida. Istället påtog sig den kinesiske kejsaren ett beskyddaransvar för dessa riken, så som en storebror enligt konfuciansk tradition tar hand om och skyddar de mindre bröderna och i gengäld får deras respekt och lojalitet.

Lin Zexu, den ämbetsman som 1838 förstörde engelsmännens opiumlager i Guangzhou, fick skulden för det krig som Storbritannien startade, Första opiumkriget, och förvisades till provinsen längst i väster, Xinjiang. Senare togs han till nåder och 1850 skickades han till provinsen Guangxi för att hjälpa till med att slå ned Taiping-upproret. Men han var då redan 65 år gammal och avled under resan söderut.

Andra opiumkriget

Året efter Nanjing-fördraget, 1843, fick Storbritannien även ett avtal som mest gynnad nation, vilket innebar att om Kina i framtiden skulle sluta ett för en annan makt ännu förmånligare avtal skulle Storbritannien automatiskt omfattas av samma förmåner. Dessutom fick britterna rätt att arrendera mark i de städer som öppnats för handel och dessa områden, koncessioner, blev enklaver där de utländska makterna styrde sig själva.

Andra västmakter var inte villiga att låta Storbritannien få monopol på Kina-handeln och 1844 tvingades Kina sluta lik-

nande avtal med Förenta Staterna och Frankrike – samt med
Sverige 1847. Kina fick även acceptera extraterritorialrätten,
som innebar att exempelvis britter skulle dömas av brittiska
domstolar enligt brittisk lag även för brott begångna i Kina.
En ny konflikt uppstod 1856 då kinesisk polis i Guanzhou
bordade ett fartyg, Arrow, på jakt efter pirater. Fartyget ägdes
av en kines men seglade under brittisk flagg, vilket togs som
förevändning av Storbritannien för att starta ett nytt krig,
Arrowkriget eller Andra opiumkriget, 1856–60. Anledningen
till att vissa kinesiska fartyg förde brittisk eller amerikansk
flagg var att Storbritannien och USA hade tillåtit detta när de
seglade med västerländska varor för att förhindra att de an-
greps av pirater, framför allt av Röda turbanerna som härjade i
södra Kina i mitten av 1850-talet.

År 1850 hade Storbritanniens premiärminister, Lord
Palmerston, dessutom slagit fast att världens *halvciviliserade*
regeringar behövde en tillrättavisning, *a dressing down*, vart
åttonde eller tionde år för att de skulle hålla sig på mattan och
att tiden snabbt närmade sig då ...*vi måste slå till igen i Kina*
(Fairbanks: Trade and Diplomacy on the China Coast).
Kanske bestämde sig den brittiska regeringen för att utdela
denna tillrättavisning under en period då kejsardömet var extra
försvagat på grund av inte bara Taiping-upproret utan även av
Nian-upproret i norr och Röda turbanerna i söder?

Frankrike fann det lämpligt att delta, med motiveringen att
en fransk missionär avrättats i Kina. År 1857 skickade de två
staterna en gemensam flottstyrka mot Kina och liksom förra
gången angrep man först Guangzhou och fortsatte därefter
norrut längs kusten. Man kom ända till Tianjin, Beijings
hamnstad, där ett nytt fördrag slöts 1858. En ny tvist uppstod
om avtalet, varpå britterna anföll Dagun-forten vid floden
Beihes mynning. Men, den här gången var kineserna förbered-
da och den brittiska flottan slogs tillbaka av kinesernas artilleri.
Fyra brittiska skepp sänktes och 519 soldater dödades.

En sådan prestigeförlust kunde britterna inte tåla och 1860
återkom man förstärkt med franska styrkor. Den gången intog
man och plundrade både Tianjin och Beijing. Sommarpalatset
strax utanför Beijing brändes ned. (Det sommarpalats som
turister idag kan besöka är en kopia av det gamla och byggdes
upp på order av änkekejsarinnan Cixi under åren 1886–91.)
I det nya fördrag som slöts öppnades Långa floden för han-
del, kristna missionärer fick tillåtelse att verka i hela landet och
halvön Jiulong (Kowloon) mitt emot Hongkong överlämnades
till Storbritannien (nära Hongkong ligger Macao som varit en
portugisisk handelsplats under flera hundra år och blev en
portugisisk koloni från 1887 till 1999).
Dessutom tvingades Kina att legalisera opiumhandeln. Det
ledde till att odlingen av kinesiskt opium snabbt ökade under
senare hälften av 1800-talet. Bruket hade då spridits till alla
grupper i samhället, även till bönderna. Efterfrågan blev så hög
att det lönade sig mer att odla opium än andra grödor för
avsalu. Uppskattningarna om antalet opiumrökare under 1800-
talet varierar dock stort, från runt tio procent upp till mer än
åttio.
Det fanns verkliga missbrukare som förödde hälsan och
deras familjers ekonomiska och sociala liv, men de var av allt
att döma en mindre del av alla opiumrökare. Betydligt fler
kunde någotsånär hantera beroendet utan att ruinera sig och
utan att det påverkade livet i övrigt eller deras arbeten. Bland
dessa fanns en hel del kroppsarbetare – såsom pråmdragare och
bärare – vilka använde opium för att lindra värken i armar och
ben. Den som under tio, tolv timmar stretat med att dra en båt
längs en flod mot strömmen kan knappast klandras för önskan
att kunna koppla av på kvällen. En stor grupp var vad man
kalla tillfällighetsrökare, de som rökte opium i sällskap med
vänner eller med affärskontakter.
Både bruket och missbruket av opium fortsatte fram till
femtiotalet. Efter revolutionen 1949 genomfördes i den nya

kommunistiska folkrepubliken en kampanj mot opiumbruket. Miljontals missbrukare tvingades till avvänjning och säljare avrättades. Kampanjen tycks ha varit framgångsrik, åtminstone för en period på tre decennier. Men med reformerna och liberaliseringarna från sjuttiotalets slut har opiumbruket återkommit till Kina – om än långtifrån i samma omfattning som hundra år tidigare.

Skadestånden

I fördraget 1860 tvingades Kina också att på nytt betala ett stort skadestånd – och det i en situation då landet redan i praktiken var bankrutt på grund av tidigare skadestånd, på grund av Taiping och av de andra upproren, på grund av naturkatastrofer, som då Gula floden 1855 plötsligt ändrade helt dess nedre lopp, etc. Det skadestånd som Kina tvingades acceptera till Storbritannien och Frankrike, 16 miljoner tael silver, var enligt Stephen R. Platt omkring åttio gånger så stort som den mängd silver som fanns i rikets kassakistor. På grund av de pågående upproren flöt det inte in några skattemedel alls från flera provinser och den enda större inkomstkällan var tullinkomster från utrikeshandeln som till största delen var beroende av handeln med just Storbritannien och Frankrike.

Västmakterna fick dessutom rätt att ha ambassader i Beijing, vilket ledde till att Kina för första gången skapade ett utrikesministerium, Zongli Yamen (senare, på 1870-talet, inrättade Kina egna ambassader i London och andra huvudstäder). Även Ryssland drog fördel av detta andra opiumkrig och tvingade Kina att tillåta handel över gränsen i norr.

Opiumkrigen innebar att ett antal kinesiska städer, som Shanghai, i praktiken togs över av europeiska makter. Ett annat exempel är Qingdao på sydsidan av Shandong-halvön som blev en tysk stad – och som sedan dess producerar det mest kända ölet i Kina.

Tack vare segrarna i opiumkrigen kunde Storbritannien och de andra europeiska makterna fortsätta att importera siden, porslin och te från Kina och betala med opium odlad i Indien. Dessutom kunde man få viss avsättning för de nya industriernas varor. De kinesiska bönderna var, med sina små jordlotter, ofta beroende av det hantverk man kunde producera i hemmen och sälja. När den kinesiska marknaden började tillhandahålla billiga industriprodukter från Europa var det främst dessa hemmatillverkare som drabbades. Resultatet blev i praktiken en de-industrialisering för Kinas del. Och många kineser blev fattigare.

Men allt från Europa gick inte att sälja. Lloyd E. Eastman skriver till exempel om en firma i Sheffield, England, som skickade en skeppslast med knivar och gafflar till Kina...

Amerikanska inbördeskriget och Japan

Under 1961 försvann de amerikanska skeppen nästan helt och hållet från de kinesiska farvattnen och blev borta under tre år; det amerikanska inbördeskriget kom emellan. Istället började det dyka upp japanska fartyg i Shanghai, som ett förebud inför de omvälvningar som var på väg att påverka styrkeförhållandena i bortre Asien. Medan Kina motvilligt började ta till sig av Europas och Amerikas tekniska landvinningar hade den japanska ledningen beslutat sig för att efter en intern omvälvning satsa allt på en snabb industrialisering.

Det var den så kallade Meijirestaurationen som var en reaktion på amerikansk aggression. Omvälvningen började med en förändring av landets ledning, genomförd av den härskande eliten, då makten koncentrerades till kejsaren. Japan förvandlades från ett feodalt rike till en enhetlig och centraliserad stat. Nästa steg blev att man drev igenom en snabb industrialisering som ledde till att landet kring förra sekelskiftet blev en militär stormakt.

Det amerikanska inbördeskriget fick för övrigt konsekvenser för Kina, som vid sidan av USA utgjorde den viktigaste marknaden för den engelska textilindustrin. Enligt Stephen R. Platt kom tre fjärdedelar av bomullsråvaran till de brittiska fabrikerna från de amerikanska sydstaterna, medan nästan hälften av de färdiga textilprodukterna såldes i Fjärran östern, främst i Kina. Inbördeskriget i USA innebar ett stopp för importen av bomull därifrån, vilket ledde till sådana prisstegringar att det inte längre gick att sälja några textilier i Asien – vilket i sin tur ledde till att ett antal industrier i England tvingades stänga och till att arbetslösheten i Lancashire steg till sextio procent.

Samtidigt försvann den största marknaden för de brittiska företag som importerade te från Kina, den amerikanska, som tidigare svarade för två tredjedelar av den brittiska teförsäljningen. Istället fick man sälja ut telagren i England för reapriser.

Räddningen för den brittiska handeln blev en ökad handel inom Kina, det vill säga mellan kinesiska hamnar, bland annat längs Långa floden. Med moderna ångfartyg kunde britterna lätt konkurrera ut kinesiska segel- och roddbåtar. Och denna handel ägde till en början rum både med de områden som kontrollerades av Qing-dynastin och med de som behärskades av Taiping.

Politiska följder

De reguljära truppernas oförmåga att besegra Taiping-rebellerna och andra uppror blev en förödmjukelse för den manchuriska regeringen. Det ledde till ett allt starkare inflytande i landets ledning för han-kineserna på manchurernas bekostnad. Han-kineser fick till och med majoritet i Stora rådet.

Provinsernas och regionernas inflytande och självständighet ökade på bekostnad av centralregeringen i Beijing – dels tack vare de miliser som provinsledningarna mobiliserat och som visat sig starkare än regeringstrupperna, dels tack vare den nya skatt, lijin, som infördes för att avlöna dessa regionala miliser.

Visserligen tvingades provinserna några år efter Taiping-upproret att skicka en del av intäkterna av lijin-skatten till den kejserliga skattkammaren i Beijing, men merparten av inkomsterna stannade i provinserna och skatten avskaffades inte förrän 1931.

Detta ledde i praktiken till att de lokala eliterna fick större politisk makt. De gamla godsdägarna hade visserligen, som nämnts, förlorat en hel del av deras jordegendomar till främst deras gamla arrendatorer, men istället ökade deras politiska makt. Det gjorde det möjligt för dessa familjer att senare, runt förra sekelskiftet, återta deras gamla ekonomiska positioner i byarna och mer därtill – på bekostnad av småbönder och arrendatorer.

Därmed lades grunden till en ny jordbrukskris under de första decennierna av 1900-talet, med allt större klyftor mellan rika och fattiga, vilken i sin tur ledde till nästa stora bonderevolt, den som kom att ledas av Mao Zedong.

Sammanfattningsvis kan man konstatera att Zeng Guofan och hans generaler tack vare de frivilliga regionala arméer lyckades krossa Taiping och de andra upproren och därmed rädda dynastin. Samtidigt ledde dessa insatser till en försvagning av centralmakten. Oavsett om hovet eller Zeng Guofan och hans medarbetare var medvetna om detta eller ej, hade de knappast något val.

Självstärkande rörelsen

Zeng Guofan, Zuo Zongtang och Li Hongzhang förblev lojala till Qing-dynastin och kom att bli nyckelpersoner i den *självstärkande rörelse* som syftade till att rädda Kina och kejsardömet från att gå under i kampen mot Storbritannien och de andra kolonialmakterna. Redan efter första opiumkriget började några få ämbetsmän förespråka att Kina borde lära sig av västerlänningarnas teknologi och man började att i liten skala importera västerländska vapen.

Det var först efter 1860 som den självstärkande rörelsen började komma igång på allvar genom att man byggde de första vapenfabrikerna, i Shanghai och i Anqing. Rörelsen gick framför allt ut på att Kina skulle lära sig av västerlänningarnas tekniska kunnande och deras industriella produktion – utan att det kinesiska samhällssystemet i grunden skulle behöva förändras. Politiken innebar bland annat att enskilda entreprenörer och investerare inbjöds att utveckla industrier under offentligt överinseende, inte för att i första hand bygga på privat vinstintresse utan för att stärka staten.

Zeng träffade bland annat Yung Wing, som studerat i USA och som var den förste kines med amerikansk akademisk examen. Yung Wing blev 1859 inbjuden av Hong Rengan till Nanjing, Taipings huvudstad, för att diskutera ett reformprogram som Yung försökte få igenom. Mötet i Nanjing ledde inte till något och Yung Wing återvände till Shanghai. År 1863 blev han istället inbjuden att träffa Zeng Guofan. Resultatet av det mötet blev att Yung skickades till USA för att köpa in maskiner och annan utrustning för att starta flera vapenfabriker. Efterhand började man även tillverka andra produkter och 1868 blev den första lite större kinesiskbyggda ångbåten klar. Ett antal skolor öppnades också där man kunde studera västerländska språk och västerländsk teknik.

År 1871 presenterade Zeng Guofan ett hemligt reformprogram till hovet. Han föreslog bland annat en flytt av huvudstaden från Beijing till en mer central plats, uppbyggnaden av en modern armé under regeringens ledning, en reformering av skatteväsendet som helt skulle styras av centralregeringen samt åtgärder mot korruptionen inom den statliga förvaltningen. Han föreslog också att rekryteringen till statliga tjänster skulle reformeras, att icke kompetenta ämbetsmän skulle avskedas medan kompetenta skulle ges särskild träning (Earl Swisher).

Inom den kinesiska ledningen var man inte enig om hur
långt man skulle gå i denna modernisering; reformivrare drev
på medan traditionalister stretade emot. Motståndet var starkt;
att importera utländsk teknik och kunnande var inte populärt
bland traditionalisterna. På grund av detta motstånd, bristen
på kapital och på det faktum att man började sent med indu-
strialiseringen fick rörelsen begränsad effekt i det väldiga Kina.

Fler krig, uppror och förödmjukelser

De självstärkande insatserna räckte inte långt när Kina hamna-
de i krig mot Frankrike i Vietnam 1883–85 (då kejserliga trup-
per slogs tillsammans med före detta Taiping-soldater i Svarta
flaggorna) och mot Japan i Korea 1894–95. I båda fallen hand-
lade det om länder med imperialistiska ambitioner som ville
lägga under sig två självständiga stater, Vietnam och Korea,
vilka var tributstater till Kina. Det var detta åtagande som fick
Kina att först gå i krig mot Frankrike, när Vietnam hotades,
och sedan mot Japan, som attackerade Korea. Man förlorade
båda krigen och tvangs bland annat att till Japan överlämna ön
Taiwan (som återlämnades till Kina efter Japans förlust i andra
världskriget 1945).

Dessa båda nederlag visade på nytt hur svagt Kina var,
vilket fick västmakterna att ställa ytterligare krav och lägga sig
till med ännu fler områden och rättigheter. De utländska mak-
terna höll i praktiken på att dela upp Kina i ett antal intresse-
områden.

Under 1898 upplevde Kina de *Hundra dagarnas reformperiod*
då kejsar Guangxu under kort tid tog ett antal beslut om att
modernisera förvaltningen m.m. Perioden tog ett abrupt slut
då änkekejsarinnan Cixi i en kupp grep makten med stöd av
det gamla etablissemanget som skrämts av kejsarens reform-
iver. Kejsarens främste rådgivare, Kang Youwei (1858–1927),
fick snabbt sätta sig i säkerhet utomlands.

Kang Youwei försökte för övrigt skapa en kinesisk religion av konfucianismen. Efter den hastiga flykten från Kina vistades han bland annat i Japan, Förenta Staterna och periodvis i Stockholms skärgård 1904–07 (Korsholmen vid Saltsjöbaden) innan han kunde återvända till Kina. Han verkade för en konstitutionell monarki i Kina och skrev bland annat *Datong Shu* (Boken om den stora gemenskapens samhälle), som inte kom att publiceras i sin helhet förrän 1935. I den förordade han en socialistisk utopi som kan ha inspirerats av Taiping och som i sin tur inspirerade en senare utopisk ledare, Mao Zedong:

> *Familjen borde avskaffas så att det inte längre finns några ojämlikheter beträffande kärlek och tillgivenhet (…) själviskhet borde bannlysas så att varor och tjänster inte längre kan användas för privat bruk (…). Det enda riktiga är att alla delar på den gemensamma världen (…) Det borde inte finnas några skillnader mellan höga och låga, mellan rika och fattiga, ingen segregation mellan raser, ingen ojämlikhet mellan kön (…) Alla borde utbildas och understödjas med allmänna medel och ingen borde bli beroende av privat egendom.*

Kang Youwei ansåg till exempel att äktenskapet skulle ersättas av ettåriga kontrakt mellan parterna och att familjerna skulle ersättas av barnhem och skolor. Kang Youwei hade dock svårt att få stöd för sina idéer. De konservativa tog avstånd från honom på grund av hans sociala program, de radikala på grund av hans tro på en konstitutionell monarki.

År 1899 – året efter de *Hundra dagarnas reformperiod* – blev det dags igen för ett nytt uppror, *Boxarupproret*. Boxarna, egentligen *Den förenade rättfärdighetens knytnävar*, vände sig till skillnad från Taiping och de andra upproren inte mot regeringen utan mot den utländska infiltrationen. De upproriska fick också i början viss uppmuntran av Qing-regeringen, som dock på nytt tvingades åse hur utländska trupper intog Beijing för att häva belägringen av de utländska ambassadkvarteren; det var då som Hanlin-akademin brändes ned.

Den regerande änkekejsarinna Cixi flydde i tid från Beijing, men tvingades att igen betala ett stort skadestånd till västmakterna och även acceptera utländska trupper i huvudstaden. De segrande västmakterna krävde också att änkekejsarinnan skulle utlämna de ministrar som rått henne att stödja upproret. En sådan begäran kunde aldrig accepteras och istället beordrade Cixi dessa ministrar att begå självmord – vilket de lojalt gjorde trots att de hade kunnat rädda sig om de velat.

Alla nederlagen mot västmakterna övertygade alltfler kineser om att den självstärkande rörelsen inte var nog. Det krävdes mer än att bara importera maskiner och tekniskt kunnande. Man tittade på Japan, där man genom Meijirestaurationen i mitten av 1800-talet hade genomfört den reformering av samhällssystemet som ledde till att man militärt kunde besegra Kina 1894–95 och Ryssland 1904–05.

Naturens lag

Redan omkring 1870 tycks Zeng Guofan ha känt på sig att dynastin led mot sitt slut, vilket han avslöjade i ett samtal med sin vän, förtrogne och underställde Zhao Liewen, som återgett samtalet i sin dagbok. Zhao skrev att Zeng Guofan kom till honom efter midnatt och att de hade ett långt samtal:

> *Han* (Zeng Guofan) *började med att säga att han hört från folk som nyss återvänt från huvudstaden att stämningen där var riktigt dålig. Där var många rån och tiggare vandrade ofta omkring på marknadsplatsen. Där fanns till och med kvinnor som gick på gatorna utan byxor på sig. Han sa att folk var fattiga och att nationens tillgångar var uttömda och han var rädd att landet snart skulle drabbas av en stor katastrof.*

Zhao Liewen (1832–93), som hade en stark personlig nyfikenhet på utlänningarna från Europa och Amerika och fungerade som expert på västerlänningarna i Zeng Guofans stab, gav följande kommentar:

...det bara var så enligt naturens lagar att landet måste bli splittrat efter en lång period av enhet. Kejsarna har alltid åtnjutit absolut makt och folket har vant sig vid det. Enligt min mening kommer den kommande katastrofen att börja med den centrala maktens kollaps och landet kommer därefter att delas i många olika regioner under olika herrar. Det borde hända inom de närmaste femtio åren...

Zhaos uppfattning om att landet enligt naturens lagar kommer att delas efter en lång period av enighet går långt tillbaka i historien och syftar på att Kina har haft några perioder av splittring mellan perioder av enhet. Den klassiska *Romanen om de tre kungadömena*, som utspelar sig i slutet av Han-dynastin (206 f.Kr.–220 e.kr.) och i början av den efterföljande splittringsperioden (220–589) mellan Han-dynastin och Sui-dynastin, inleds med följande för de flesta kineser välbekanta ord: *Imperiet, länge delat, måste enas; länge enat måste det delas.*

Slutet för kejsardömet

En kort tid efter det nedtecknade samtalet med Zhao Liewen dog Zeng Guofan 1872, sextio år gammal. Trettiotre år senare, 1905, avskaffades det examinationssystem som började byggas upp mer än två tusen år tidigare och som under tusen år utgjorde stommen i den meritokrati som det kinesiska kejsardömet utvecklades till. Det var den examineringen som gjorde det möjlig för Zeng Guofan att under en period bli den mäktigaste under kejsaren och som fick Hong Xiuquan att välja upprorets väg.

Med avskaffandet av examinationerna försvann det system som under mer än tusen år skänkt Kina en inre stabilitet och gett även fattiga ett hopp om att kunna avancera till de högsta tjänster. Då upphörde även den långa period då kineserna försökt styra landet *med visdom*, enligt den filosof som W. Somerset Maugham samtalade med 1920 (kapitel 3). Den gamla examinationsplatsen i Nanjing, som på 1800-talet kunde ta emot 17 000 kandidater samtidigt, förvandlades i början av 1900-talet till marknadsplats. De av eliten föraktade köpmännen tog således över denna symbol för konfuciansk lärdom (idag återstår bara en liten del som ett museum).

Detta snöpliga slut på examinationssystemet hade Hong Xiuquan och Zeng Guofan knappast kunnat föreställa sig när de bara ett halvt århundrade tidigare slet med sina studier. Att avskaffa den institutionen var en tanke som förmodligen var lika främmande för dem som att avskaffa familjen eller kejsardömet som sådant.

Sex år senare – 1911 – störtades Qing-dynastin och kejsardömet gick i graven med kejsarens formella abdikation i början av 1912. Kina blev en republik, bildat av partiet Guomingdang, med Nanjing som huvudstad. Till Kinas förste president utsågs den 31 december 1911 Sun Zhongshan (dr Sun Yat-sen), han som växt upp i Guangdong och som där fascinerats så mycket av berättelserna om Taiping att han som ung hade kallats *Hong Xueqing den andre*. Sun Zhongshan var för övrigt både hakka och kristen. Dessutom var han långt ifrån den ende hakka i den nationella rörelse som störtade kejsardynastin. Som Nicole Constable skriver är hakka kända för att ha *en revolutionär karaktär*...

Följden av kejsardömets kollaps blev ett 1900-tal som skulle visa sig bli än våldsammare än 1800-talet. Den republikanska regeringen kontrollerade bara en del av landet, övriga delar låg i händerna på ett antal självständiga krigsherrar. Det var ett arv efter den regionalisering och militarisering av Kina som ägde rum under Taiping-upproret. Ett antal regionala krigsherrar med egna lojala arméer förklarade sig oberoende av centralregeringen, vilket ledde till att landet drevs in i ett nytt inbördeskrig – så som Zhao Liewen förutsåg i samtalet med Zeng Guofan fyrtio år tidigare.

Senare splittrades landet ytterligare genom inbördeskriget mellan den republikanska Guomingdang-regeringen och Kinas kommunistiska parti med dess röda armé. Dessutom anfölls nordöstra Kina 1931 av Japan, som senare skulle ockupera hela östra Kina fram till andra världskrigets slut 1945.

Efter kommunisternas seger i inbördeskriget 1949 och utropandet av Folkrepubliken Kina flydde den republikanska regeringen med resterna av dess armé till ön Taiwan. Kina fortsatte att vara splittrat...

Folkrepubliken

Taiping var förmodligen den mest revolutionära av alla kinesiska stora upprorsrörelser före 1900-talets revolutioner. Kina har otaliga gånger drabbats av uppror under dess långa historia, men de syftade sällan, om ens någon gång, till att revolutionera samhället. Det stora undantaget var Taiping.

Var Mao Zedong och kommunisterna inspirerade av Gudsdyrkarnas sällskap? Säkerligen, i alla fall indirekt. Om inte annat hade gudsdyrkarna formulerat en närapå kommunistisk utopi med dokumentet *Den himmelska dynastins landsystem*, som Hong Xiuquan presenterade 1853 (kapitel 8).

Det fanns för övrigt fler likheter mellan 1800-talets gudsdyrkare och 1900-talets kommunister. Gudsdyrkarna var influerade av en västlig lära, kristendomen, som Hong Xiuquan anpassade till att bli mer kinesisk. Kommunisterna var också influerade av en västlig lära, marxismen, som Mao Zedong anpassade efter de förhållanden som rådde i Kina.

En annan likhet var inställningen till familjen, som bland konfucianer betraktades som närmast helig. I Taiping förväntades att man skulle vara mer lojal mot himmelske kungen och Taipings lära än mot den egna familjen; i Folkrepubliken Kina är partiet det man ska vara mest lojal mot.

Ytterligare en likhet mellan gudsdyrkarna och kommunisterna är deras totalitära styre, motiverat av deras ideologier, Hongs kristendom och Maos marxism. Det var inte fråga om något försök att styra folket genom vishet, så som den kinesiska filosofen karakteriserade det kejserliga styret för den engelske författaren W. Somerset Maugham (kap. 3). Båda ideologierna eller religionerna var även visionära. Hong Xiuquan utlovade den eviga friden i ett himmelskt rike. Mao Zedong hade en snarlik vision, det kommunistiska paradiset. Det gällde bara att först besegra demonerna...

Återupptäckt kristendom

Kinas mest ideologiska och revolutionära upprorsrörelser var gudsdyrkarna på 1800-talet och kommunisterna på 1900-talet. Gudsdyrkarna besegrades däremot och det rike de skapade, Taiping, föll i och med att de kejserliga trupperna bröt igenom Nanjings stadsmur den 19 juli 1864. Sedan dess tycks alla spår av gudsdyrkarnas kristet präglade religion ha försvunnit från kinesiskt tänkande.

De kinesiska kommunisterna har inte besegrats och det rike de skapade, Folkrepubliken Kina, existerar fortfarande – i alla fall till namnet. Men hur är det med den ideologi som kommunisterna gick till seger med 1949? I partiet propagande och i högtidliga tal existerar den fortfarande – men i folks medvetanden verkar den också helt ha försvunnit...

Vad som istället ersatt de avskaffade kommunistiska idealen som drivkraft i samhället är för många av dagens kineser en ren materialism eller till och med girighet. Den sanktionerades av Kinas obestridlige ledare under åttio- och nittiotalen, Deng Xiaoping, när han deklarerade att det i detta "kommunistiska" land skulle anses vara hedervärt att bli rik.

De kineser som inte nöjt sig med ett sådant livsmål har i många fall istället vänt sig till andra ideologier för att få ett mer sprituellt livsinnehåll. Numera är det exempelvis många kineser som regelbunder besöker buddhistiska tempel – vilket var närmast otänkbart under folkrepublikens första decennier.

Och idag har många kineser även upptäckt kristendomen – mer än hundrafemtio år efter att Guds andre son och Jesu yngre bror lämnade jordelivet.

Kronologi över Taiping

1811: Zeng Guofan föds den 21 november.

1814: Hong Xiuquan föds den 1 januari (men som Hong Huoxiu).

1828: Hong Xiuquan misslyckas med första examensförsöket på länsnivå i Guangzhou.

1830: Hong Xiuquan blir lärare i sin hemby.

1833: Zeng Guofan blir, 21 år gammal, godkänd vid sjunde försöket i examen på länsnivå.

1834: Zeng Guofan blir godkänd i provinsexamen.

1835: Zeng Guofan misslyckas med examen på den nationella nivån.

1836: Hong Xiuquan misslyckas i andra försöket att klara examen på länssnivå. Han får en introduktionsbok till kristendomen, *Guds ord till tidens väckelse*, skriven an Liang Fa.

1837: Hong Xiuquan misslyckas för tredje gången i examen och han har sin drömvision då han möter en gudomlig fadersgestalt som uppmanar honom att bekämpa demonerna.

1838: Zeng Guofan blir godkänd i den nationella examen.

1843: Hong Xiuquan misslyckas för fjärde gången i examen. Hong läser boken *Guds ord till tidens väckelse* av Liang Fa, kopplar den till sin dröm 1837 och blir övertygad om att han är Guds son och yngre bror till Jesus.

1844: Hong Xiuquan reser med Feng Yunshan till provinsen Guangxi.

1845: Hong Xiuquan återvänder ensam till sin hemby, där han igen arbetar som lärare, medan Feng Yunshan stannar i Guangxi.

1846: Gudsdyrkarnas sällskap (Bai shangdi hui) bildas i Tistelbergen, Guangxi, av Feng Yunshan.

1847: Hong Xiuquan och Hong Rengan reser till Guangzhou för att studera för Issachar Roberts. Rengan återvänder hem medan Xiuquan i juli fortsätter till Guangxi och återser Feng Yunshan.

1848: En av gudsdyrkarna, Yang Xiuqing, påstår att han är Guds röst. Senare hävdar Xiao Chaogui att han är Jesus röst på jorden.

1849: Hong får en son som han kallar Tiangui. I Tistelbergen sluter Hong Xiuquan och Feng Yunshan ett brödraskap med Yang Xiuqing, Xiao Chaogui, Wei Changhui och Shi Dakai och denna grupp blir ledarna för Gudsdyrkarnas sällskap.

1850: Under detta år görs några definitivt rebelliska markeringar av Hong Xiuquan och Gudsdyrkarnas sällskap. Många av männen skär av sig den påbjudna hårpiskan och Hong uppträder i kläder med kejserlig gul färg. Gudsdyrkarna samlas i några områden, börjar tillverka vapen och besegrar några Qing-styrkor vid Tistel-bergen.

1851: Gudsdyrkarna lämnar Tistelbergen och ger sig av på sin "långa marsch". Hong Xiuquan utropar Taiping Tianguo, *Fullkomliga fridens himmelska rike.* Taiping besegrar Qin-trupper ytterligare några gånger. Staden Yongan intas. De fem biträdande kungarna utropas, med östra kungen som den främste av dem. (Nian-upproret startar i norra Kina, 1851-68.)

1852: Taiping lämnar Yongan. Feng Yunshan, södra kungen, skjuts och Taiping intar staden Quanzhou men besegras av en militrupp i södra Hunan. Xiao Chaogui, västra kungen, stupar. Staden Chang belägras utan framgång. Marschen fortsätter norrut mot Långa floden. Hong Rengan söker skydd i Hongkong, där han möter Theodore Hamberg.

1853: Zeng Guofan beordras av kejsaren att bilda en regional armé av frivilliga i Hunan. Taiping intar flera städer längs Långa floden, t.ex. Wuchang och Anqing. Nanjing erövras och blir Taipings huvudstad. En Taiping-armé skickas norrut mot Beijing, men når aldrig fram och tillintetgörs våren 1854. En annan Taiping-armé sänds västerut.

1854: Den norra Taiping-armén besegras. Zeng Guofans Xiang-armé tar upp striden med Taiping och får känna av både segrar och nederlag. Taiping ockuperar Wuchang för andra gången.

1855: Taiping ockuperar Wuchang för tredje gången. (Gula floden ändrar dess utlopp från söder om Shandong-halvön till norr om, vilket skapar stora översvämningar.)

1856: Den interna uppgörelsen i Nanjing, då först Yang Xiuqing mördas med allt sitt folk. Hong Xiuquan låter därefter avrätta Yang Xiuqings mördare, Wei Changhui och Qin Rigan. Shi Dakai återvänder till Nanjing för att bli regeringschef. (Panthay- eller Du Wenxiu-upproret i Yunnan, 1856-73.)

1857: Shi Dakai lämnar Nanjing med sin armé.

1858: Zeng Guofan återinträder i tjänst efter ett års tjänstledighet.

1859: Hong Rengan anländer till Nanjing, blir utsedd till premiärminister och sköldkung.

1860: Taiping-trupper under ledning av Li Xiucheng besegrar Qings styrkor utanför Nanjing och intar flera städer mellan Nanjing och Shanghai. Shanghai lyckas man dock inte ta. Issachar Roberts anländer till Nanjing, träffar Hong Xiuquan för att 1862 fördöma honom. Zeng Guofan blir utnämnd till överbefälhavare för alla regeringstrupper som sätts in mot Taiping och även generalguvernör.

1861: Qing-trupperna återtar staden Anqing vid Långa floden. (Kejsaren, Xianfeng, dör den 22 augusti 1861 och hans andre kejsarinna, Cixi, tar makten som förmyndarregent.) 1862: Taiping-trupperna misslyckas igen med att inta Shanghai. Issachar Roberts lämnar Nanjing och Taiping. Xiang-armén startar marschen mot Nanjing, som börjar belägras. I maj gör Taiping-generalen Chen Yucheng ett misslyckat försök att nå Beijing, tas tillfånga och avrättas. 1863: Staden Suzhou återtas av Qing-trupperna. Shi Dakai överlämnar sig till en Qing-armé i Sichuan och avrättas tillsammans med 2 000 man ur hans armé. Li Xiucheng tar över försvaret av Nanjing.

1864: Nanjing totalt isolerad den 2 mars. Hong Xiuquan avlider den 1 juni och hans son, Tianguifu, blir regent under sex veckor innan Nanjing faller den 19 juli. Hong Tianguifu flyr men infångas och avrättas den 9 oktober 1864. Även Li Xiucheng och Hong Rengan fångas och avrättas.

1865: Överlevande Taiping-styrkor jagas och besegras en efter en.

1866: De sista Taiping-trupperna besegras i februari.

Referenser & källor

Jag har enbart gjort referenser till källorna för vissa påståenden eller uppgifter. Men alla uppgifter i den här boken är naturligtvis baserade på vad andra skrivit. Jag står således i tacksamhetsskuld till en lång rad Kina-kännare, forskare, resenärer, missionärer och andra skribenter vilka jag i större eller mindre grad har konsulterat genom deras böcker och artiklar.

På grund av Taipings totalitära karaktär överlevde praktiskt taget ingen av de mer betydande ledarna. Vad som finns bevarat från Taiping är framför allt:

• Redogörelser skrivna av Taipings motståndare, framför allt av företrädare för Qing-dynastin, det vill säga av personer som kan ha intresse av att framställa Taiping i så dålig dager som möjligt.

• Ett stort antal dokument av skilda slag som producerats inom Taiping, vanligen av någon av de ledande kungarna eller på uppdrag av någon av dem. Det är fråga om policydokument och skrivna med avsikt att påverka. En del av dessa beskriver ambitioner och planer, men ger som regel inga bevis för om dessa planer i praktiken genomförts eller ej.

• Några bekännelser skrivna av tillfångatagna Taiping-ledare, vilka kan vara redigerade av företrädare för Qing-dynastin. Bekännelsen av Li Xiucheng är särskilt intressant, därför att den är lång och därför att han från början inte tillhörde den innersta kretsen.

• Ett antal ögonvittnesskildringar av västerlänningar som under vissa tidpunkter eller perioder har befunnit sig i exempelvis Nanjing. Respektive skribent har haft sina sympatier och antipatier, som mer eller mindre kan ha avgjort vad de tyckte sig ha sett och färgat vad de har skrivit.

• Vissa nedtecknade intervjuer eller berättelser av till exempel missionärer, med begränsade eller inga möjligheter att kontrollera deras sanningshalt.

Dessutom, det är segrarna som skriver historien och det är i fallet Taiping kanske mer sant än annars; ingen Taiping-kung skrev vad vi vet sina memoarer. Det fanns visserligen några västerlänningar som tog Taiping i försvar, framför allt Agustus Lindley, Lin-Le. I inledningen till hans bok skriver han att den är skriven ...*in accordance with instructions received from the leaders of Ti-ping Revolution in China* (...i överensstämmelse med instruktioner från ledarna för Taiping-revolutionen i Kina). Ett beställningsjobb således, i alla fall i de delar av boken som inte handlar om författarens egna upplevelser utan där han redovisar vad andra berättat om Taipings historia etc.

Källhänvisningar i texten till Franz Michael avser, om inget annat anges, följande verk: *The Taiping Rebellion – History and Documents*, tre volymer (1971).

Notera att för författarnamn använder jag samma stavning som i respektive bok, vilket för lite äldre litteratur innebär att kinesiska författarnamn återges med andra transkriberingssystem än pinyin (som är det vanliga idag).

Referenser & källor – ett urval

de Bary, Theodore and Bloom, Irene (ed.): *Sources of Chinese Tradition* – Volume I From Earliest Time to 1600 (1999).

de Bary, Theodore and Lufrano, Richard (ed.): *Sources of Chinese Tradition* – Volume II From 1600 Trough the Twentieth Century (1999).

Bernhardt, Kathryn: *Elite and Peasant during the Taiping Occupation of the Jiangnan, 1860-1864* (Modern China, Oct. 1987).

Blakiston, Thomas W: *Five Months on the Yang-Tsze* (1862).

Brine, Lindesay: *The Taeping Rebellion in China – A Narrative of its Rise and Progress* (1862).

Brook, Timothy: *The Troubled Empire – China in the Yuan and Ming Dynasties* (2010).

Cambridge History of China, Volume 10, Late Ch'ing, 1800-1911, Part 1 (1978).

Chin Shunshin & Joshua A. Fogel: *The Taiping Rebellion* (2000)

Ching, Frank: *Ancestors – The story of China told through the lives of an extraordinary family* (2009).

Clark, Prescott & Gregory J.S. (ed.): *Western Reports on the Taiping – A Selection of Documents* (1982).

Constable, Nicole: *Christian Souls and Chinese Spirits – A Hakka Community in Hong Kong* (1994).

Curwen, C.A: *Taiping Rebel – The Deposition of Li Hsiu-ch'eng* (1977).

Dawson, Raymond (ed.): *The Legacy of China* (1964).

Dawson, Raymond: *The Chinese Experience* (1978).

Edgerton-Tarpley, Kathryn: *Family and Gender in Famine – Cultural Responses to Disaster in North China, 1876–1879* (Journal of Women's History, Volume 16, 2004).

Elman, Benjamin A.: *Imperial Politics and Confucian Societies in Late Imperial China – The Hanlin and Donglin Academies* (1989).

Eastman, Lloyd E: *Family, Fields and Ancestors – Constancy and Change in China's Social and Economic History, 1550-1949* (1988).

Fairbank, J. K.: *Trade and Diplomacy on the China Coast – The Opening of the Treaty Ports 1842-54* (1953).

Fairbank, John King & Goldman, Merle: *China – A New History* (2006).

Fei Xiaotong: *From the Soil – The Foundations of Chinese Society* (1992).

Feuerwerker, Albert: *Rebellion in Nineteenth-Century China* (1975).

Finnane, Antonia: *Speaking of Yangzhou – A Chinese City, 1550-1850* (2004).

Fitzgerald, C.P.: *The Revolutionary Tradition in China* (East Asian History, Number 11, 1996).

Folsom, Kenneth E: *Friends, Guests and Colleagues – The Mu-fu System in the Late Ch'ing Period* (University of California Press. 1968).

Forrest, Robert: *The Christianity of Hung Tsiu Tsuen, A Review of Taeping Books* (Journal of the North China Branch of the Royal Asiatic Society, Dec. 1867).

Fung Yu-lan (Feng Youlan): *A Short History of Chinese Philosophy – A Systematic Account of Chinese Thought From Its Origins to the Present Day* (1976).

Gregory, John S: *British intervention Against the Taiping rebellion* (ur The Journal of Asian Studies, Nov. 1959).

Hail, William James: *Tseng Kuo-Fan and the Taiping Rebellion – With a Short Sketch of his Later Career* (1927).

Hamberg, Theodore: *The Visions of Hung-Siu-Tshuen and Origin of the Kwang-Si Insurrection* (1854).

Hamberg, Theodore: *The Chinese Rebel Chief, Hung Siu-Tsuen, and the Origin of Insurrection in China* (1855).

Henrikson, Alf & Hwang Tsu-Yü (red.): *Samtalen med Konfucius* (1949).

Henrikson, Alf & Hwang Tsu-Yü (red.): *Kinesiska tänkare* (1978).

Hessler, Carl Arvid: *De sanna riddermännens stat – Politiska tankar i det gamla Kina* (1979).

Hsieh, Andrew Cheng-kuang: *Tseng Kuo-fan, A Nineteenth Century Confucian General* (1975).

Huntington, Rania: *Chaos, Memory, and Genre: Anecdotal Recollections of the Taiping Rebellion* (Chinese Literature: Essays, Articles, Reviews, Vol. 27, 2005).

Hägerdal, Hans: *Kinas historia* (2008).

Jen Yu-wen (Jian Youwen): *The Taiping Revolutionary Movement* (1973).

Johannsen, Anna Magdalena: *Everlasting Pearl – One of China's Women* (1913).

Johnson, Adrienne: *Taiping Pipe Dreams – Women's Roles in the Taiping Rebellion* (thesis, 2006).

Karlgren, Bernhard: *Från Kinas tankevärld* (1929).

Kim, Jaeyoon: *The Heaven and Earth Society and the Red Turban Rebellion in Late Qing China* (Journal of Humanities & Social Sciences, Volume 3, 2009).

Kuhn, Philip A: *The T'uan-lien Local Defense System at The Time of The Taiping Rebellion* (Harvard Journal of Asiatic Studies, Vol. 27, 1967).

Kuhn, Philip A: *Origins of the Taiping Vision – Cross-Cultural Dimensions of a Chinese Rebellion* (Comparative Studies in Society and History, Jul., 1977).

Kuhn, Philip A: *The Taiping Rebellion* (ur The Cambridge History of China, Volume 10, Late Ch'ing, 1800–1911, Part I, 1978).

Lee, Lily Xiao Hong: *Biographical dictionary of Chinese women – The Qing Period, 1644-1911*, Volym 1 (1998).

Lin-Le (Augustus Lindley): *Ti-Ping Tie.Kwoh – The History of the Ti-Ping Revolution* (1866).

Lone, Stewart (ed.): *Daily Lives of Civilians in Wartime Asia – from the Taiping Rebellion to the Vietnam War* (2007).

Mann, Susan: *Widows in the Kinship, Class, and Community Structures of Qing Dynasty China* (The Journal of Asian Studies, Feb. 1987).

MacKie, J. Milton: *Life of Tai-Ping-Wang – Chief of the Chinese Insurrection* (1857).

Mann Jones, Susan: *Dynastic decline and the roots of rebellion* (ur The Cambridge History of China, Volume 10, Late Ch'ing, 1800–1911, Part I, 1978).

McCord, Edward A: *The Power of the Gun – The Emergence of Modern Chinese Warlordism* (1993).

Meadows, Thomas Taylor: *The Chinese and their Rebellions* (1856).

Michael, Franz (ed.): *The Taiping Rebellion – History and Documents*, tre volymer (1971).

Mu Yang Li: *Public Finance and Political Order: Lessons from China's Economic Development in the Late Nineteenth* Century, 2002.

Ohanjanian, A: *Taiping Agrarian Policy – Some Chinese and Soviet Views* (Pacific Affairs, No. 1/2 1966).

Ono, Kazuko & Fogel, Joshua A.: *Chinese women in a century of revolution, 1850-1950* (1988).

Overmyer, Daniel L: *Alternatives – Popular Religious Sects in Chinese Society* (Modern China Apr. 1981).

Perry, Elizabeth J: *When Peasants Speak: Sources for the Study of Chinese Rebellions* (Modern China, Jan. 1980).

Perry, Elizabeth J: *Tax Revolt in Late Qing China – The Small Swords of Shanghai and Liu Depei of Shandong* (Late Imperial China, Volume 6, Number 1, 1985).

Platt, Stephen R: *Autumn in the Heavenly Kingdom – China, the West, and the Epic Story of the Taiping Civil War* (Knopf, 2012).

Porter, Jonathan: *Tseng Kuo-fan's Private Bureaucracy* (University of California 1972).

Rawski & Li (ed.): *Chinese History in Economic Perspective* (1992).

Reilly, Thomas H: *The Taiping Heavenly Kingdom – Rebellion and the Blasphemy of Empire* (2004).

Reilly, Thomas H: *The Shang-ti Hui and the Transformation of Chinese Society – The Impact of Taiping Christian Sectarianism* (doctor dissertation 1997).

Ropp, Paul S: *The Seeds of Change – Reflections on the Condition of Women in the Early and Mid Ch'ing* (Signs, Vol. 2, No. 1, 1976).

Rowe, William T: *China's Last Empire – The Great Qing* (2009).

Schoppa, R. Keith: *Song Full of Tears – Nine Centuries of Chinese Life at Xiang Lake* (2002).

Schwartz, Benjamin I.: *The World of Thought in Ancient China* (1985).

Sheel, Kemal: *Post-Taiping Change in Land Tenure – A Preliminary Investigation of Northern Jiangxi and Southern Anhui* (China Report 1985 21:459).

So Kwan-wai, Eugene P. Boardman, Ch'iu P'ing: *Hung Jen-Kan, Taiping Prime Minister, 1859-1864* (Harvard Journal of Asiatic Studies, Vol. 20, No. 1/2, Jun., 1957).

Spence, Jonathan D: *God's Chinese Son – The Taiping Heavenly Kingdom of Hong Xuequan* (1996).

Spence, Jonathan D: *The Taiping Vision of a Christian China 1836-1864* (1998).

Spence, Jonathan D: *The Search for Modern China* (1999).

Swisher, Earl: *Chinese Intellectuals and the Western Impact, 1838-1900* (Comparative Studies in Society and History, Oct. 1958).

Stewart, Seth L: *Qianlong, the Taipings, and change – The decline of the Qing Empire and the Dynastic system of governance* (2008).

Tan Chung: *Chinese Peasant War for Taiping Dreams (1850–64)* (China Report 1978 14:8).

Teng Yuan Chung: *Reverend Issachar Jacox Roberts and the Taiping Rebellion* (The Journal of Asian Studies, Nov. 1963).

Teng Yuan-Chung: *Note on A Lost Taiping Book* (The Journal of Asian Studies, May, 1964).

Tiedemann, R. Gary: *Daily Life in China during the Taiping and Nian Rebellions, 1850s–1860s* (ur Stewart Lone, ed.: Daily lives of civilians in wartime Asia: from the Taiping Rebellion to the Vietnamn War, 2007).

Uhalley, Stephen Jr: *A New Look at the Diplomatic Missions of 1853-54 to Taiping-held Nanking.*

Uhalley, Stephen Jr: *The Controversy Over Li Hsiu-ch'eng – An Ill-Timed Centenary* (The Journal of Asian Studies, No. 2, 1966).

Uhalley, Stephen Jr: *Lord Elgin and the Taipings* (Journal of the Royal Asiatic Society Hong Kong Branch, Vol. 10, 1970).

Watt, John R.: *The district magistrate in late imperial China* (1972).

Wilson, Andrew: *Chinese Gordon and the Taiping Rebellion* (ur Essays in Military Biography, 1874).

Wolseley, G. J: *Narrative of the War with China in 1860* (1862).

Yeung King-To: *Suppressing the Taiping Rebellion – Bureaucracy and Vacancy Chains in Wartime* (Princeton University 2009).

Yeung King-To: *Suppressing rebels, managing bureaucrats – State-building during the Taiping rebellion, 1850–1864* (2007).

Zhang Daye: *The World of a Tiny Insect – A Memoir of the Taiping Rebellion and its Aftermath* (2012).

Register med ordförklaringar

Kinesiska namn skrivs här med det i Kina numera använda transkriberingssystem pinyin. För mer kända personer och platser anges även hur namnet tidigare har skrivits och ibland fortfarande skrivs med det äldre transkriberingssystem Wade-Giles (ex: Hong Xiuquan / Hung Hsiu-ch'üan).